American Footballtraining

Widmung

Dieses Buch ist Mary Jo gewidmet, dem Mädchen, das ich vor 32 Jahren geheiratet habe, und unseren elf Kindern - Kelly, Robin, Tracy, Kristin, Barry, Mark, Erin, Whitney, Ryan, Molly und Kyle, der „Heimmannschaft".

Bob Reade

American Footballtraining

Meyer & Meyer Verlag

Originaltitel:
„Coaching Football Succesfully"
Bob Reade
Copyright © 1994 by Bob Reade
Human Kinetics, Champaign – IL, USA

Die Deutsche Bibliothek – CIP-Einheitsaufnahme

Reade, Bob:
American-Football-Training / Bob Reade.
[Aus dem Amerikan. von Jürgen Schiffer]. – Aachen : Meyer & Meyer, 1996
(Athleten und Trainer der Welt)
Einheitssacht.: Coaching football succesfully <dt.>
ISBN 3-89124-334-0

Alle Rechte, insbesondere das Recht der Vervielfältigung und Verbreitung sowie
das Recht der Übersetzung, vorbehalten. Kein Teil des Werkes darf in irgendeiner
Form – durch Fotokopie, Mikrofilm oder ein anderes Verfahren – ohne schriftliche
Genehmigung des Verlages reproduziert oder unter Verwendung elektronischer Systeme verarbeitet, gespeichert, vervielfältigt
oder verbreitet werden.

© 1996 by Meyer & Meyer Verlag, Aachen
Übersetzung: Jürgen Schiffer, Mechernich-Satzvey
Titelfoto: Sportpressefoto Bongarts, Hamburg
Fotos Innenteil: Fred Marzolph, Dennis Collins Photo, Greg Boll/ Quad-City Times
Grafiken: Tom Janowski, Tim Offenstein
Umschlaggestaltung: Walter Neumann, N&N Design-Studio, Aachen
Umschlagbelichtung: frw, Reiner Wahlen, Aachen
Satzbelichtung: Typeline, Dagmar Schmitz, Aachen
Lektorat: Dr. Irmgard Jaeger, Aachen
Satz: Quai
Druck: Druckerei Queck, Jüchen
ISBN 3-89124-334-0

Inhaltsverzeichnis

Vorwort 7
Danksagungen 8
Einführung 9

Teil I	**Grundlagen des Coachings** 11	
	1	Entwicklung einer Coaching-Philosophie im Football 11
	2	Wie man seine Methode vermittelt 28
	3	Wie man die Spieler motiviert 52
	4	Der Aufbau eines Footballprogramms 71
Teil II	**Trainingspläne** 95	
	5	Saisonplanung 95
	6	Trainingsplanung 116
Teil III	**Angriffstraining** 134	
	7	Grundlegende Angriffspositionen und -formationen 134
	8	Das Vermitteln von Angriffstechniken 147
	9	Das Vermitteln des Laufspiels 167
	10	Das Vermitteln des Paßspiels 184
Teil IV	**Abwehrtraining** 197	
	11	Grundlegende Defensivpositionen und -aufstellungen 197
	12	Das Vermitteln von Abwehrfertigkeiten 205
	13	Das Vermitteln der Mannschaftsabwehr 213
	14	Das Vermitteln des Schußspiels 224
Teil V	**Das Training des Spiels** 236	
	15	Spielvorbereitung 236
	16	Das Bewältigen von Spielsituationen 251
Teil VI	**Trainingsauswertung** 266	
	17	Spieleranalyse 266
	18	Programmanalyse 277
Anhang	**Beispielhafter Trainingsplan für die Vorsaison** 292	

Vorwort

Was für ein gutes Timing! Just in der Zeit, in der an Colleges und High Schools darüber nachgedacht wird, Footballprogramme zurückzuschrauben oder sogar ganz abzuschaffen, setzt sich das Buch *"American Footballtraining"* vehement für unseren Sport ein. Niemand kann überzeugendere Argumente vorbringen als Bob Reade, dessen High School- und College-Programme mehr als 30 Jahre der Inbegriff hervorragender akademischer und sportlicher Leistungen waren.

Viele Leser kennen Bobs unglaubliche Erfolgsbilanz, u.a. eine Serie von 60 Siegen inklusive vier nationaler Meisterschaftstitel hintereinander. Wichtiger ist jedoch, daß Bob diese Leistungen durch das Festhalten an hohen Werten sowie durch Disziplin und Bescheidenheit erreicht hat. Aus diesem Grunde ist das Augustana-College alles andere als eine "Footballfabrik", obwohl die Sieg-Niederlage-Bilanz dieses Colleges den Neid jedes anderen Colleges, an dem man versucht hat, eine derartige Fabrik zu errichten, erwecken würde.

Dieses Buch ist Pflichtlektüre für Trainer auf allen Ebenen. Die Spieler und die Eltern junger Spieler sollten das Buch ebenfalls lesen, nicht nur, um mehr über Football zu erfahren, sondern auch, um noch einmal über die Rolle des Footballs in ihrem Leben nachzudenken.

Das Beeindruckende an Bobs Buch ist, daß es ebenso tadellos organisiert ist wie die von ihm trainierten Mannschaften, daß es verständlich und exakt geschrieben ist. Die Hauptstärke des Buches ist jedoch nicht sein Äußeres, sondern seine Substanz. Bob behandelt alle Trainingsprinzipien von der Planung bis zur Auswertung.

Wenn Sie nach ausgiebigen Informationen über die Techniken und die Taktik des Footballspiels suchen, werden Sie bei der Lektüre dieses Buches voll auf Ihre Kosten kommen. Bob präsentiert Ihnen nicht nur eine ausgesprochene Vielfalt von Spielformationen, Spielzügen, Fertigkeiten und Übungen, er führt Sie auch durch den gedanklichen Prozeß der Entwicklung eines Angriffs- und Abwehrsystems. Des weiteren erklärt er, wie man die Spieltechniken und -taktiken vermittelt, die die Spieler in bestimmten Spielsituationen beherrschen müssen.

Trainer wie Bob Reade sind die Säulen unseres Berufsstandes und unseres Sports. Lesen Sie dieses Buch, und beziehen Sie sich häufig darauf. Noch besser ist jedoch, wenn Sie das Buch mehrfach lesen und Ihr Training an dem Standard orientieren, den dieses Buch setzt.

Joe Paterno
Penn State University

Danksagungen

Niemand kann ohne die Hilfe anderer erfolgreich sein, und alle Erfolge, die man erreicht, kann man erst richtig genießen, wenn man sie mit seinen Freunden teilt.

All den Menschen, die mir im Laufe der Jahre geholfen haben, zu danken, würde mindestens ein Kapitel in Anspruch nehmen. Dennoch möchte ich die Gelegenheit nutzen, einigen wenigen meine Anerkennung zu zeigen und Dank zu sagen.

Zuallererst möchte ich all den jungen Männern danken, die ich unterrichten und coachen durfte. In diesen Dank möchte ich die Eltern dieser Spieler miteinschließen. Ich habe das Gefühl, daß ich als Trainer mit den größten Talenten gesegnet wurde, und ohne den Einsatz dieser Spieler hätte es meine Mannschaften nicht gegeben.

Ich danke den Trainern, die mir sowohl in der High School als auch auf dem College geholfen haben, vor allem Tom Schmulbach, der jetzt Assistent des Cheftrainers und Angriffskoordinator am Augustana College ist. Ich danke auch Larry Johnsen, dem Abwehrkoordinator. Wir drei haben sowohl in der High School als auch auf dem College 20 Jahre zusammengearbeitet. Dank gehört ihnen und all den anderen Trainern, die selbstlos ihre Zeit geopfert und sich bemüht haben, unser ausgezeichnetes Footballprogramm aufzubauen und hochzuhalten.

Mein Dank gehört auch Merle Harris, dem besten High School-Trainer, den ich je getroffen habe. Er machte mich in Maquoketa, Iowa, zu seinem Assistenten und war insofern der erste, der mir Verantwortung übertrug.

Ich möchte auch all den großen Footballtrainern im gesamten Land danken, die mir einen Einblick in ihre Vorstellungen und ihre Spielbücher gewährt und mir geholfen haben, das Footballspiel zu erlernen.

Ich danke auch Ted Miller von Human Kinetics für seine Ermutigungen und sein Fachwissen, das er mir beim Schreiben dieses Buches zuteil werden ließ.

Dank gehört auch meinen Eltern, Mary Jos Eltern und Mary Manning sowie all unseren Kindern für ihre Liebe und ihre Unterstützung in guten wie in schlechten Zeiten.

Mein Dank gehört auch Leo Cabalka, einem High School-Trainer, der sich ganz besonders für mich interessierte und der mich in den Trainerberuf einführte.

Einführung

Vor sechs Jahren schenkte meine Tochter mir das Buch von Harold Kushner *„Wenn alles, was Sie wollten, nicht genug ist" (When All You've Ever Wanted Isn't Enough)*. Es ist vielleicht das beste Buch, das ich je gelesen habe. Kushner behauptet, daß ein Mann drei Dinge in seinem Leben tun muß: ein Kind zeugen, einen Baum pflanzen und ein Buch schreiben. Mit dem Schreiben dieses Buches habe ich diese Dreiheit vervollständigt.

Bis zu dem Zeitpunkt, als Ted Miller von Human Kinetics mit der Bitte an mich herantrat, dieses Buch zu verfassen, hatte ich keinen Gedanken daran verschwendet, Buchautor zu werden. Und als ich erfuhr, wie lang das Buch werden sollte, war ich noch weniger daran interessiert, es zu schreiben. Meine Tage waren bereits mit meiner Familie, meiner Trainertätigkeit und dem Unterrichten zu Genüge ausgefüllt. Wie sollte ich die Zeit finden, ein Buch zu schreiben? Es schien unmöglich, aber nun liegt es vor Ihnen!

Dieses Buch ist kein typisches Buch eines Footballtrainers – es ist weder eine Biographie noch ein Handbuch im eigentlichen Sinne. Statt dessen ist es eine Kombination dieser beiden Varianten, eine Verbindung von Lebensprinzipien und einer Methode des Footballtrainings. Meiner Vorstellung nach ist selbst der erfolgreichste Trainer nur dann erfolgreich, wenn sein Programm vernünftige Werte widerspiegelt und sich innerhalb bestehender Regeln abspielt.

Ich glaube sehr an das, was in den ersten vier Kapiteln dieses Buches steht. Wenn Sie sonst nichts lesen, lesen sie auf jeden Fall Teil I. Vielleicht erklären Sie sich nicht mit allem, was ich über die Trainingsphilosophie, Kommunikation, Motivation und den Aufbau eines Footballprogramms geschrieben habe, einverstanden, aber zumindest werden Sie über diese Themen nachdenken – denn sie sind die Grundlage für jeden langfristigen Erfolg in unserem großartigen Sport.

Im nächsten Abschnitt wird beschrieben, wie man die Saison und die Trainingseinheiten plant. Wir alle haben unterschiedliche Methoden der Planung, aber es gibt einige grundlegende Richtlinien, die es zu befolgen gilt. Die wichtigste Regel ist, daß jeder Trainer planen muß.

In Teil III finden Sie Footballtechniken, -taktiken und -übungen für das Training des Angriffs, der Abwehr und für das Training der Sondereinheiten. Mehrere Formationen und Strategien werden vorgestellt, der Schwerpunkt liegt jedoch auf unserem Augustana-Wing-T-Angriff und der 5-2-Rover-Abwehr. In den betreffenden Abschnitten finden Sie nicht nur Diagramme, sondern es wird auch erklärt, wann man eine besondere Fertigkeit oder Strategie anwenden könnte und wie man sie vermittelt.

Alles, was die Vorbereitung und das Training des Spiels betrifft, wird in Teil IV dargestellt. In diesem Abschnitt wird betont, daß Spiele im Grunde zwischen Dienstag und Donnerstag im Training entschieden werden. Ferner wird die Wichtigkeit hervorgehoben, daß sich die Spieler auf jedes Spiel konzentrieren und freuen.

Der letzte Teil des Buches behandelt die Spieler-, Mannschafts- und Programmanalyse. Die Kapitel 17 und 18 beinhalten mehr als einen bloßen Blick auf Statistiken und Sieg-Niederlage-Bilanzen. Entscheidend ist die Auswertung, wenn es darum geht, die Einstellung und die Leistung Ihrer Spieler und des Betreuerstabes zu verbessern.

Bevor ich diese Einleitung beende, möchte ich eins klarstellen: Die Verwendung des Wortes „ich" ist mir nie sehr angenehm gewesen. Aber der Verlag beharrte darauf, daß ich dieses Pronomen an verschiedenen Stellen im Buch statt des Proromens „wir" verwenden sollte. Es tut mir leid, wenn an einigen Stellen der Eindruck entstehen sollte, ich sei besserwisserisch. Sie müssen mir bitte glauben, wenn ich sage, daß ich weder ein Besserwisser noch ein Alleskönner bin. Das Footballtraining ist genau wie das Spiel selbst ein *Mannschafts*unternehmen.

Ich kann mich glücklich schätzen, bei unseren Programmen große Unterstützung erfahren und großartige Spieler gehabt zu haben. Ein Ergebnis dieser Tatsachen war, daß wir auf der High School- und College-Ebene sehr großen Erfolg hatten. Dennoch behaupten wir nicht, auf alles eine Antwort zu wissen. Was also in diesem Buch steht, ist schlicht das, was bei uns am besten funktionierte. Ich hoffe, Sie finden etwas in diesem Buch, daß bei Ihnen ebensogut funktioniert.

TEIL I
GRUNDLAGEN DES COACHINGS

1 Entwicklung einer Coaching-Philosophie im Football

Als ich zum ersten Mal eine Footballmannschaft trainierte, interessierte mich vorrangig die Frage, wie viele Talente ich in der Mannschaft hatte, wie groß und schnell die Spieler waren, ob meine Strategien funktionierten und welchen Gegnern wir uns stellen mußten. Ich lernte bald, daß diese Dinge zweitrangig sind, wenn es darum geht, ein erfolgreicher Footballtrainer zu werden.

Wichtiger ist, eine Basis zu haben – eine Philosophie oder eine Grundlage, auf die Sie sich beziehen können, wenn es darum geht, Entscheidungen zu treffen. Bevor ich also in diesem Buch auf Einzelheiten eingehen werde, werde ich Ihnen einige meiner Ideen zu einer Philosophie des Footballtrainings vorstellen.

Ich glaube, daß Football ein Mannschaftsspiel ist, auf das christliche Prinzipien zutreffen: Alle arbeiten zusammen, spielen hart, befolgen die Regeln und jeder behandelt den anderen als seinesgleichen. Wenn es darum geht, harte Trainingsentscheidungen zu treffen, sollten Sie sicherstellen, daß Sie Ihre Entscheidungen auf diese wichtigen Prinzipien gründen. Der Grund ist, daß ich glaube, daß solche Werte durch den Sport, in dem ich als Trainer wirke, vermittelt werden können.

Zwei Schlüssel für eine erfolgreiche Trainingsphilosophie

Alle erfolgreichen Footballtrainer haben eine solide Grundlage, von der sie sich leiten lassen. Im folgenden finden Sie drei Voraussetzungen für das Schaffen dieser Basis:

- *Lernen Sie sich selbst kennen.* Sind Sie eher ein Sicherheitsmensch oder sind Sie von Natur aus eher ein Spielertyp? Vielleicht liegen Sie irgendwo zwischen diesen Extremen. Wenn Sie nicht wissen, wo Sie stehen, denken Sie einmal über die fünf wichtigsten Entscheidungen nach, die Sie in den letzten beiden Wochen getroffen haben. Was waren das für Entscheidungen? Wie haben Sie sich gefühlt, nachdem Sie sie getroffen haben? Wenn Sie diese Fragen beantworten, werden Sie besser verstehen, wie Sie funktionieren.
- *Seien Sie Ihrem Selbst treu.* Jeder hat Heldenbilder. Aber zu häufig versuchen Trainer, den Stil eines großen Trainers zu kopieren, oder sie verwenden die „neue" Strategie eines erfolgreichen Trainers. Ich empfehle weder die eine noch die andere Vorgehensweise, es sei denn, die Methode oder der Stil stehen in Einklang damit, wie Sie Ihre sonstige Arbeit oder Ihr sonstiges Leben angehen.
- *Seien Sie sich selbst und anderen gegenüber ehrlich.* Trainer, die denken, sie könnten andere, und vor allem ihre Spieler, zum Narren halten, sind nicht sehr erfolgreich und können sich nicht lange halten. Verhalten Sie sich geradeheraus – das mindeste, was Sie auf diese Weise aufrechterhalten können, ist Ihre Integrität, und möglicherweise sichern Sie sich so auch eine lange Karriere als Trainer.

Sie müssen wissen, was Sie vermitteln wollen

Vor allem anderen müssen Sie wissen, wer Sie sind und was Sie wollen. Was mich betrifft, so habe ich immer Spiele gemocht. Football ist ein Spiel, und ich liebe es. Durch das Coaching bleibe ich somit einer Sache verbunden, die mir sehr teuer ist. Einige Trainer haben leider das „Spiel" weggenommen und Football zu einem Geschäft gemacht. Gleichgültig, auf welcher Ebene ich als Trainer tätig war, ich war stets bemüht, daß Football ein Spiel blieb.

GRUNDLAGEN DES COACHINGS

Wahrscheinlich läßt sich der wichtigste Aspekt meiner Persönlichkeit, der zu meinem Erfolg als Footballtrainer beigetragen hat, in einer alten Redensart zusammenfassen, die lautet: Es ist egal, wer das Lob erhält, Hauptsache ist, daß die Arbeit erledigt wird. Dieses Mannschaftskonzept habe ich immer betont.

Mehr als in anderen Sportarten brauchen Sie im Football den Mitmenschen neben sich, und er braucht Sie. Ein Cheftrainer braucht seine Assistenten; ein Quarterback braucht seine Angriffsreihe. Während z. B. Michael Jordan ein Basketballspiel dominieren kann, kann man in einem Footballspiel nur durch einen kombinierten offensiven und defensiven *Mannschafts*einsatz dominieren.

Denken Sie also zuerst mannschaftlich, und ermutigen Sie alle Ihre Trainer und Spieler, das gleiche zu tun. Dies ist die Antriebskraft hinter einem erfolgreichen Footballprogramm.

Untersuchen Sie Ihre Philosophie

Mein Start als Trainer war in gewisser Weise typisch. Ich hatte Glück und begann meine Arbeit als Assistent von Merle Harris, dem besten High School-Trainer, den ich kenne. Aber wie viele Assistenten, wollte auch ich weiter nach oben kommen.

Ich beeilte mich also, die Trainerrangleiter weiter emporzusteigen. Nachdem ich einige Jahre lang in einer kleinen Schule Cheftrainer gewesen war, wechselte ich zu einer größeren Schule. Damals wurde mir bewußt, daß es wichtig ist, eine gute und stabile Philosophie zu besitzen, und ich begann, mich mit dem Coaching um seiner selbst willen und nicht um der Position willen zu beschäftigen. Um die gleiche Zeit realisierte ich, daß der wirkliche Reiz des Trainerberufs in der Freude besteht, dazu beitragen zu können, daß die Mannschaft jedes Jahr ihre Ziele erreicht und daß die Größe der Schule, an der man tätig ist, im Grunde unwichtig ist.

Ein besonderer Augenblick

Eines der glücklichsten Erlebnisse als Trainer und die größte Freude, die ich je bei einer Mannschaft gesehen habe, war nicht die nach dem Gewinn einer Staats- oder nationalen Meisterschaft, sondern war die, als meine Mannschaft in meinem ersten Jahr als Cheftrainer das erste Spiel gewann, nachdem sie zwei Saisons ohne Sieg geblieben war. Die Spieler der Mannschaft hatten nicht entfernt daran gedacht, ein Spiel zu gewinnen. Wir hatten nur 16 Spieler in der Mannschaft, und dies sogar einschließlich der Studenten des ersten (Freshmen) und zweiten Studienjahres (Sophomores) als Mitglieder der Schulauswahl (Varsity). Aber ich kann Ihnen versichern, daß nach diesem Sieg auf der

> Rückfahrt im Bus kein Auge trocken blieb. Es war und ist ein ganz besonderes Erlebnis, Spieler, die sich im ersten Training wie geprügelte Hunde benommen hatten – und die nie an ihren Erfolg geglaubt hatten - angesichts ihres Erfolgs so aufgeregt und freudig zu sehen.

Derartige Erfahrungen halfen mir bei der Ausbildung meiner Philosophie, genau wie sie auch Ihre eigene Philosophie beeinflussen. Aufgrund dieser Erlebnisse war meine Trainingsphilosophie während der letzten 30 Jahre folgende: *Dazu beizutragen, daß einige junge Männer sich jede Saison zu einer Gruppe zusammenfinden, daß sie als Einheit so gut spielen wie nur möglich und daß sie sich gegenseitig respektieren.* Diese Einstellung wird sich auch während meiner restlichen Trainerjahre kaum ändern. Es klingt einfach, aber ich halte den in dieser Philosophie ausgedrückten Gedanken für den anspruchsvollsten und befriedigendsten Aspekt des Coachings.

Überbewerten Sie Football nicht
Ich rate Ihnen dringend, Football als reines Spiel zu sehen. Aber denken Sie daran, daß dieses Spiel denen, die es betreiben und als Trainer tätig sind, wertvolle Lernerfahrungen vermitteln kann.

Wenn Sie Ihre Spieler wie Maschinen behandeln, die nur so viel wert sind, wie die Anzahl der von ihnen herausgespielten Siege, verweigern Sie ihnen die verdiente Freude am Spiel.

Zu viele Trainer denken anders. Sie glauben, daß der Sieg wichtig ist, um den Mannschaftsgeist und -zusammenhalt aufzubauen. Ich habe mir nie zu viele Sorgen um Siege oder Niederlagen gemacht; Siege stellen sich ganz von selbst ein, wenn Sie sich zunächst um den Aufbau der Mannschaft kümmern.

Die drei Fs
Um das Footballspiel nicht überzubewerten, rate ich meinen Spielern, eine Werteskala aufzustellen:

1. Glaube *(Faith)*
2. Familie
3. Football

Die *Fellowship of Christian Athletes* (Gemeinde Christlicher Sportler) ist mir sehr wichtig, weil sie diese drei Fs in der richtigen Reihenfolge sieht. Es ist nicht leicht, diese Ordnung beizubehalten. Wenn Sie also zu sehr von Ihren Footballproblemen eingenommen werden, sollten Sie Abstand nehmen und sich bewußt machen, daß Football nur an dritter Stelle auf Ihrer Liste steht.

Glaube: Sie können Ihren Glauben und Ihre Ansichten anderen Menschen weder predigen noch aufdrängen. Aber während meiner Zeit als Trainer habe ich herausgefunden, daß ein erfolgreiches Leben auf einem starken Glauben basiert – dem Glauben an Gott und dem Glauben an den Spieler neben Ihnen.
    Die Spieler guter Mannschaften haben immer diesen Glauben. Jeder Spieler glaubt daran, daß die Spieler neben ihm ihre Jobs tun werden und die anderen nicht hängenlassen. Dies ist der Glaube, den ich meine: Jeder Spieler tut sein Bestes.

Familie: Das Footballspiel sollte nie vor der Familie stehen. Weil ich den Sonntag für einen Familientag halte, fordere ich meine Spieler und Trainer nie auf, sich am Sonntag zu treffen. Der Trainer, die Spieler und die Eltern der Spieler sollten einen freien Tag haben, an dem sie tun können, was sie wollen. Die Sonntage und die Ferien sind wertvolle Zeiten, die man mit seinen Liebsten verbringen sollte.

Football: Football steht in der Rangordnung an dritter Stelle. Wenn Sie jedoch Mitglied einer Footballmannschaft sind, muß es Ihnen wichtig sein. Sie müssen bereit sein, einen gewissen Preis dafür zu zahlen.
    Wenn wir das Spielfeld betreten, möchte ich, daß meine Spieler wissen, daß es ab jetzt um Arbeit geht. Die Spieler müssen arbeiten, werden unterrichtet, gelobt, getadelt, und sie müssen laufen. Es wird ein Höchsteinsatz von ihnen verlangt. Sie werden aufgefordert, alles zu geben, und wenn sie das Feld verlassen haben, können sie sich wieder ihren eigenen Beschäftigungen widmen, ihrem Leben fernab vom Football.

Nur wenige der Spieler, die wir trainieren, werden Berufssportler. Wir neigen dazu, dies manchmal zu vergessen. Wenn Sie einem Kind vier Jahre lang jeden Tag seines Lebens wegnehmen, haben Sie dieses Kind vieler Chancen im Leben und vieler Freiheiten beraubt. Sie könnten sagen, daß Sie besser als das Kind wissen, was es während der spielfreien Zeit tun soll. Indem Sie ihm vier Jahre lang alles vorschreiben, können Sie seinen Reifeprozeß erheblich verzögern. Denken Sie darüber nach. Erinnern Sie sich, daß das Kind, wenn es einmal erwachsen ist, vielleicht viel länger eine Sportlerpersönlichkeit und vielleicht ein Vater sein wird.

Als Trainer ist es Ihre Verantwortung, Ihre Spieler zu führen und den Spielern den Eindruck zu vermitteln, daß die Mitgliedschaft in der Mannschaft die größte Erfahrung in ihrem Leben ist. Wenn sie sich entscheiden, Football auf einem anderen Level weiterzuspielen, ist dies gut, aber es ist wichtig, daß sie eine komplette High School-Karriere durchlaufen haben. Sie selbst können dazu beitragen, daß ihre Tage als Footballspieler schöne Tage sind.

Bleiben Sie sich selbst treu

In meinem Sportpsychologie-Unterricht sage ich den Studenten immer wieder, daß sie nicht versuchen sollen, jemand anderes als sie selbst zu sein. Sie können nicht Don James oder Don Shula sein; sie müssen Ihrem Selbst treu bleiben.

Dennoch werden wir von denen, die wir treffen und bewundern, beeinflußt. Lernen Sie also von den John Woodens und Vince Lombardis genauso, wie Sie von Ihren Eltern und anderen Menschen, die Sie respektieren, lernen. Aber reden Sie sich nicht ein, daß etwas für Sie nur deshalb wirkt, weil es auch für Joe Paterno gewirkt hat.

Bo hatte seinen eigenen Stil
Der Footballtrainer Bo Schembechler hatte an der University of Michigan einen kontroversen Ruf. Manchmal verlor er an der Seitenlinie oder bei der Pressekonferenz nach dem Spiel die Nerven. Er warf seine Kopfhörer von sich, wurde Offiziellen gegenüber ausfallend, kritisierte die Medien und richtete seinen

Finger auf Sportprogramme, die er für Betrug hielt. Gleichgültig, ob er recht oder unrecht hatte, so war Bo eben. Er war ehrlich in seinem Umgang mit dem Spiel. Er war ehrlich zu den Fans und den Medien. Am wichtigsten war jedoch, daß er ehrlich gegenüber seinen Spielern war. Aus diesem Grunde respektierten die Spieler ihn außerordentlich und setzten sich voll für ihn ein. Sie wußten, daß er ausgesprochen ehrlich mit ihnen umging und daß er sie alle fair behandelte.

Es ist witzig, aber wahr, daß die Vorstellungen, die Sie oder ich von anderen Trainern aufnehmen, in Einklang mit unseren eigenen Vorstellungen stehen. Wenn ein Redner Dinge sagt, mit denen Sie sich einverstanden erklären, denken Sie wahrscheinlich, es sei eine großartige Rede gewesen. Wenn Sie umgekehrt mit dem Redner nicht einverstanden sind, halten Sie die Rede wahrscheinlich für schlecht. Wir neigen dazu, Dinge, die mit unserer eigenen Philosophie in Einklang stehen, attraktiver zu finden, und verstehen sie leichter. Wenn Sie von Natur aus konservativ sind, ist es wahrscheinlich, daß Sie leicht aufnahmebereit für Dinge sind, die ein anderer Konservativer sagt oder tut. Wir können uns nur in begrenztem Umfang ändern. Daher müssen wir das Beste aus dem machen, was wir sind, und wir müssen verstehen, daß andere mit dem, was wir sagen und tun, nicht immer einverstanden sind.

Der Spieler wird zum Trainer
Ich war nie ein großer Spieler, aber ich war ein denkender Spieler, der sich seiner Verantwortung bewußt war und dieser Verantwortung so gut wie möglich gerecht zu werden versuchte. Ich habe den Einfluß meiner mentalen Konzentration und Spielvorbereitung auf meine Leistung stets für wichtig gehalten, und dieser Meinung bin ich auch noch als Trainer. Als Spieler habe ich mich nie um Angeberverhalten gekümmert, und ich habe es auch nie praktiziert. In vielerlei Hinsicht verhalte ich mich als Trainer genauso wie als Spieler. Ich versuche, den Spielern Angebertum auszureden, weil derartige Aktionen die Aufmerksamkeit auf das Individuum und nicht auf die Mannschaft lenken. Ich bin froh zu sehen, daß einige Regeln geändert werden, um solches Verhalten bestrafen zu können. Die Aufmerksamkeit sollte im Football ganz besonders auf die Mannschaft als Gruppe gerichtet sein.

Sorgen Sie dafür, daß Ihre Philosophie funktioniert

Jeder, der behauptet, die Sieg-Niederlage-Bilanz Ihrer Mannschaft sei unwichtig, war nie Footballtrainer oder -Spieler. Ich möchte daher keine Zeit damit vergeuden, über die Bedeutung des Siegs zu reden. Aber Trainer, Spieler und Eltern, die den Sieg als ihr *einziges* Ziel verstehen, sind mißgeleitet und haben eine viel zu enge Sichtweise.

Wenn Sie die Priorität auf den Sieg, den Spaß und die Entwicklung der Spieler legen, ist es entscheidend zu verstehen, – und stellen Sie sicher, daß die Spieler und ihre Eltern dies auch tatsächlich verstehen – daß Siege sich dann einstellen, wenn Ihre Sportler als Mannschaft spielen und an dem, was sie tun, Spaß haben. Daher sollte jeder, der in das Programm involviert ist, sich auf die Grundvoraussetzungen des Sieges konzentrieren: auf das *Mannschaftsspiel* und den *Mannschaftseinsatz* statt auf die Spielergebnisse. Mannschaftskooperation und -einsatz entstehen, wenn ein Trainer seinen Spielern Fertigkeiten und Strategien effektiv beibringt, und wenn die Spieler den Wunsch entwickeln, das Spiel zu spielen. Der Erfolg im Football hängt von vielen Leuten ab, die jeder für sich das Richtige tun, und dann ihre Rollen koordinieren.

Die Entwicklung von Spielern

Ich glaube, daß es sinnvoll ist, mit den Grundlagen zu beginnen. Bringen Sie den Spielern grundlegende Individualtechniken und Mannschaftskonzepte bei, und der Sieg wird sich von alleine einstellen. Betonen Sie auch die Werte, die das Rückgrat jedes langfristig erfolgreichen Programms darstellen.

Das Training kann nicht immer Spaß machen. Training ist harte Arbeit. Sie müssen betonen, daß der echte Spaß sich erst am Freitagabend oder am Samstag einstellt. Mit anderen Worten, der Spaß stellt sich erst mit dem Kickoff ein.

Wenn ich meine Spieler auf ein Spiel vorbereite, lege ich den Schwerpunkt auf das Unterrichten – d.h., ich helfe den Spielern beim Lernen – denn Coaching ist Unterrichten. Unterrichten Sie so, daß Ihre Spieler Sie verstehen und an das, was Sie ihnen beibringen, glauben. Seien Sie in Ihrem Unterricht auch konsequent.

Sorgen Sie dafür, daß das Footballspiel Spaß macht

Wenn die Saison vorüber ist, sollten Sie in den körperlichen, mentalen und sozialen Fertigkeiten Ihrer Spieler eine gewisse Entwicklung beobachten können. Sie sollten auch beobachten, daß sie eine vergnügliche Zeit haben, denn sie haben zuviel Zeit mit Ihnen verbracht, um das, was sie tun, nicht zu mögen.

GRUNDLAGEN DES COACHINGS 19

Wenn das Footballspiel für Sie selbst und Ihre Spieler ein Spiel ist, und wenn Sie Ihren Spielern erlauben, Football als Spiel und nicht als eine Angelegenheit auf Leben oder Tod zu betrachten, sollte es Spaß machen. Und fraglos ist der Spaß dann am größten, wenn die Mannschaft sich verausgabt hat und das Spiel erfolgreich war.

Beachten Sie, daß ich „erfolgreich" statt „siegreich" gesagt habe. Erfolg und Sieg gehen oft Hand in Hand, aber Erfolg kann stets unter Ihrer eigenen Kontrolle und der Kontrolle der Spieler sein; der Sieg hängt zumindest zum Teil von der Leistung der gegnerischen Mannschaft ab.

Selbst das Training, das mit viel Arbeit verbunden ist, kann Spaß machen. Wenn ich es für angebracht halte, versuche ich, die Trainingseinheiten abwechslungsreich zu gestalten und mit einem Schuß Humor zu versehen. Wenn man dafür sorgt, daß die Spieler fröhlich und interessiert bleiben, hilft man ihnen, besser zu lernen und ermutigt sie, sich im Training mehr einzusetzen.

Sicherlich hat die Anzahl der siegreichen Spiele einen Einfluß darauf, wie sehr den Spielern die Saison gefallen hat. Aber wenn die Saison vorbei ist, vermissen sie die lohnenswerten Erfahrungen, die sie beim Erringen dieser Siege gesammelt haben, am meisten.

Siegesperspektive

Ich lege auf Siege nur eine geringe Betonung, weil sie ein *Ergebnis* und nicht selbst ein *Ziel* sind. Und der Sieg hängt zum Teil von der Leistung des Gegners ab. Die Spieler hören schon von ihren Eltern, Klassenkameraden und Fans genug von Siegen und Niederlagen. Sie sollten also ihre Aufmerksamkeit auf die Entwicklung ihrer Footballfertigkeiten richten, auf ihren Enthusiasmus für das Spiel und ihren Einsatz. Statt nur auf die Sieg-Niederlage-Bilanz zu schauen, sollten Sie dafür sorgen, daß Ihre Spieler sich selbst zwei entscheidende Fragen stellen:

- *Habe ich so gut gespielt wie möglich?*
- *Haben wir als Mannschaft so gut gespielt wie möglich?*

Das Ergebnis eines Spiels ist, verglichen mit der individuellen Leistung, dem Teamwork und dem Einsatz, zweitrangig. Tatsache ist, daß ich mit meinen Mannschaften nach Siegen häufiger geschimpft habe als nach Niederlagen. Der Grund ist, daß wir einige Spiele trotz schlechten Spiels nur aufgrund unserer überlegenen Fähigkeiten gewonnen haben. Es ist wichtig, daß die Mannschaft nach einem derartigen Spiel realisiert, daß sie sich unabhängig vom Ergebnis zurückentwickelt hat.

Teilen Sie Ihre Philosophie

Die Frage lautet also: „Gründen Sie Ihre Saison auf einer 9:0-Bilanz oder darauf, so gut wie nur möglich gespielt zu haben?" Wenn Sie sie auf der Sieg-Niederlage-Bilanz gründen, stehen die Chancen gegen Sie, denn nur wenige Programme überstehen auch nur eine Saison ohne Niederlage. Wenn Ihre Mannschaft jedoch so gut spielt, wie sie kann und trotzdem gegen eine bessere Mannschaft verliert, können Sie dennoch einen Erfolg verbuchen.

Der wirkliche Wert einer guten Sieg-Niederlage-Bilanz besteht darin, daß sie dazu

beiträgt, daß jeder sich Ihrer Philosophie anschließen wird. Wenn Sie Glück genug haben, in Ihrem ersten oder zweiten Jahr zu gewinnen, werden die am Programm Beteiligten, aber auch die Unbeteiligten, ganz aufgeregt werden, und sie werden einen positiven Impuls in die von Ihnen intendierte Richtung erzeugen. Wenn dieser Impuls fehlt, werden die Spieler weniger bereitwillig das akzeptieren, was Sie zu sagen haben.

Teilen Sie Ihre Philosophie mit den Spielern

Wir sagen unseren Spielern vor der Saison, daß wir verlieren können, aber nicht zweimal auf die gleiche Weise. Dies bedeutet, daß man von seinen Niederlagen und Fehlern lernt. Dies ist eine Lebensweisheit, die die Spieler aus dem Football übernehmen können. Ich will damit nicht sagen, daß Sie verlieren müssen, um diese Lektion zu lernen, aber Sie müssen die Spieler auf die Fehler aufmerksam machen, die sie nicht selbst korrigieren können.

Das ist der Grund, warum wir einige Mannschaften selbst nach Siegen kritisieren: Wir wollen nicht später ein Spiel nur aufgrund schlechter Gewohnheiten verlieren, die wir entwickelt haben, weil wir trotz eines letztendlichen Sieges nachlässig gespielt haben.

Teilen Sie Ihre Philosophie mit Ihren Assistenten

Sie müssen zuversichtlich sein, daß Ihre Assistenten mit Ihrer Philosophie einverstanden sind, denn Sie können nicht zwei Philosophien haben. Wenn dies doch der Fall ist, wird es zwischen den Trainern zu Disharmonie kommen. Die Spieler müssen wissen, daß die Assistenten für den Cheftrainer arbeiten und daß die Befehlshierarchie intakt bleibt.

Ein Trainerstab, der untereinander kooperiert und an Ihre Philosophie glaubt, trägt dazu bei, daß die Dinge reibungslos laufen. Ich kann mich glücklich schätzen, einen hervorragenden Trainerstab zu besitzen – alles gute Trainer und gute Freunde – der zusammenarbeitet und an den Spielern ein ernsthaftes Interesse hat.

Teilen Sie Ihre Philosophie mit den Eltern der Spieler

Als Trainer empfinde ich auch den Eltern der Spielern gegenüber Verantwortung. Als ich Trainer an der High School war, wurde mir bewußt, daß ich mit vielen meiner Spieler mehr Zeit verbrachte als ihre Eltern. Ich erkannte also eine Verantwortung darin, meine positiven Werte weiterzugeben und das schulische und mannschaftsbezogene Engagement der Spieler zu stärken.

> **Über Engagement**
> Ein Vater fragte mich einmal nach der Saison: „Wie schaffe ich es, daß mein Sohn ein ebensoguter Junge nach der Saison ist wie während der Saison?" Ich sagte ihm, daß sein Junge dem Football und dem Rest der Mannschaft sehr verbunden sei, aber nicht mir. Ich glaube, daß ein großer Teil des Coachings darin besteht, Hingabe, Aufopferung und positive Einstellung zu betonen. Wenn Sie dies tun, werden Sie überrascht sein, welche erhebliche menschliche Entwicklung einige Spieler durchlaufen.

Einige Trainer halten vor der Saison Elternversammlungen ab, um ihnen ihre Trainingsphilosophie zu erklären. Ich habe immer geglaubt, daß meine Handlungen und die Handlungen der Spieler ausreichend effektive Mittel waren, um meine Philosophie zu vermitteln. Es ist zwar schwieriger, zu handeln als zu reden, es erscheint mir aber weitaus effektiver.

Vermitteln Sie Lebenswerte

Ich habe großen Respekt vor dem Titel „Trainer". Ein Cheftrainer oder ein Assistenztrainer zu sein und die Verantwortung für das Wohlbefinden der Spieler zu tragen, ist ein harter Job. Aber es ist gleichzeitig eine große Chance. Denn Sie als Trainer können Ihren Spielern beibringen, worum es im Leben geht.

John Wooden ist der größte Trainer aller Zeiten. Die Werte, die er seinen Spielern vermittelte, waren grundlegende, lebenslang gültige Prinzipien. Dennoch waren seine Spieler manchmal nicht bereit, das, was er predigte, zu akzeptieren.

> **Eine Lektion vom Magier**
> Der große Bill Walton hatte lange, zottige Haare, bevor er in seine Senior-Saison einstieg. Einige fragten Wooden nach dem freigeistigen Centerspieler und wie er ihn zu disziplinieren gedächte. Wooden hat darauf angeblich erwidert: „Es ist o.k., daß Bill seine Haare lang tragen will, er wird mit diesen Haaren nur nicht für UCLA Basketball spielen." Wooden spielte sich weder auf noch drohte er; er beharrte lediglich auf seinen Prinzipien und sagte, es sei in Ordnung, wenn der beste College-Basketballspieler sich an die Mannschaftsregeln hielte. Und wenn nicht? Wir werden es niemals wissen, denn Bill Walton ließ sich

die Haare ordnungsgemäß schneiden. Und heute würde er Ihnen sagen, daß er von dieser einfachen Lektion in Sachen Teamwork profitiert hat - eine von vielen Lektionen, die Wooden vermittelte.

Ich war in den sechziger Jahren High School-Footballtrainer, Lehrer und *„Dean of Boys"* (Aufsichtsperson, auch bekannt als „Chef-Arschtreter"), als die Disziplin aus der Mode kam. Ich hatte es mir zum Prinzip erhoben, absolut *fair* zu sein, egal welcher Spieler in Schwierigkeiten geriet. Es gab Übeltäter, die zum wiederholten Male meine Fairneß auf die Probe stellten, aber es ist interessant, daß gerade diese Jungen – die regelmäßig mein Dekanbüro besuchten – später als reife Erwachsene zu den dankbarsten Menschen wurden, die ich kenne.

Sie merkten, daß ich nie versuchte, ihnen mehr oder weniger zu geben, als ihnen zustand. Ich glaube, daß sie sehr darüber lachen mußten, als sie meinen Namen an die Wände schrieben und mir Spitznamen gaben, die nicht druckreif sind. Es scheint jedoch so, daß dieses Lachen von einem tiefen Respekt vor der fairen Behandlung, die sie durch mich erhielten, begleitet wurde.

Mehr als ein Haarschnitt

Regeln, die die Mannschaft als Einheit definieren, können wertvolle Lektionen darstellen. Besonders einer meiner Spieler widersetzte sich der Regel, die die in den sechziger Jahren übliche Haarlänge festlegte. Heute ist er ein erfolgreicher Anwalt in Illinois. Aber während eines Bewerbungsgesprächs um eine innerbetriebliche Stelle in einer Rechtsfirma wurde ihm gesagt, daß er, wenn er die Stelle bekommen und behalten wolle, jeden Tag Anzug und Krawatte tragen und sein Haar kurz schneiden lassen müsse. Seine Eltern sagten mir: „Sie wissen, daß es gut ist, daß er das schon vorher einmal gehört hat und daß es ihm bewußt geworden ist, daß es manchmal nötig ist, Konformität zu dokumentieren."

Bedrohung der Werte

Der Professionalismus im Sport und die Betonung des finanziellen Unterhaltungsaspektes im Sport haben selbst vom High School-Sport Besitz ergriffen. Die Folge ist, daß in zu vielen Fällen der Sieg die einzige Sache ist, für die sich die Schulverwaltung interessiert.

Diese Betonung des Sieges bedeutet, daß viele Menschen bereit sind, dafür Werte zu opfern. Profimannschaften ziehen sich jemanden in der ersten Runde heran, obwohl er ein verurteilter Schwerverbrecher ist. Colleges rekrutieren *"blue chippers"* (herausragende Spieler), die allerdings in einer akademischen Umgebung nichts verloren haben, nur damit das Fernsehen und die „alten Herren" zahlen. Und nun kann man das gleiche auch in High Schools beobachten, die junge Talente mit Lockmitteln umwerben.

Conference-Meisterschaften sind heutzutage fast bedeutungslos, und selbst Staats-Meisterschaften haben viel von ihrem Reiz verloren. Jetzt ist es der *nationale* Titel, auf den jeder scharf ist. Selbst in der *„Little League"* ist der World-Series-Titel der Gipfel aller Träume.

All das trägt dazu bei, Werte zu zerstören, und man gewöhnt sich an die Korruption. Die Leute zucken heutzutage kaum noch zurück, wenn sie erfahren, daß ein NCAA-Meister (= National Collegiate Athletics Association) auf dem Weg zum Titel die Regeln übertreten hat. Es wird behauptet: „Es ist o.k., zu pfuschen und zu gewinnen", oder es wird die inkorrekte und zynische Ansicht geäußert: „Gut, alle anderen betrügen, warum sollte ich es also nicht tun?" Ein Trainer, der eine dieser beiden Alternativen vertritt, ist kein guter Lehrer und versäumt es, wichtige Werte aufrechtzuerhalten.

Coaching und Betrug
Wie bereits erwähnt, ist es paradox, daß nur wenige Personen von dem, was Sie tun, um die Spieler zu entwickeln und ihnen Freude am Spiel zu vermitteln, überzeugt sind, wenn Ihre Mannschaft nicht gewinnt. Daher werden Sie wenig Unterstützung von den Eltern, der Gemeinde oder der Schule erhalten. Niemand wird Ihren Spielern sagen, daß Sie wirklich gute Arbeit leisten. Aber Jugendliche wollen und brauchen diese Art von Verstärkung.

Sie können alle wesentlichen Grundlagen vermitteln, aber wenn Sie nicht gewinnen, werden all diejenigen sich melden, die glauben, mehr über das Spiel zu wissen als Sie. Wenn Sie zu häufig verlieren, werden Sie schließlich zum Rücktritt aufgefordert.

Heißt das, daß Sie betrügen sollen, um bessere Spieler zu bekommen, oder die Regeln verletzen? Auf keinen Fall. Wenn Sie betrügen müssen, um Ihren Job zu behalten, nehmen Sie Abstand, und denken Sie darüber nach, ob der Job es wert ist, Ihre Standards so tief anzusetzen. Lohnt es sich, Ihren Spielern ein derartiges Beispiel zu setzen? Und wenn Sie erwischt werden, hat es sich gelohnt, für immer als Betrüger bekannt zu sein?

Wenn Sie an einer Schule sind, an der eine Sieg-über-Alles-Philosophie herrscht, sollten Sie sich selbst fragen, ob Sie dazu beigetragen haben, diese Philosophie zu fördern. Wählen Sie unfaire Abkürzungen, verletzen Sie die Regeln, führen Sie insgeheim unerlaubte Trainingseinheiten außerhalb der Saison durch? Wenn dies der Fall ist, verdienen Sie, was Sie erhalten, wenn das Programm über Ihnen zusammenbricht.

Das Fehlen von Werten im Sport ist dafür verantwortlich, daß jahrelang erfolgreiche Programme so selten sind. Die UCLA- und Green-Bay-Dynastien waren von Werten durchdrungen, die von ihren Trainern ausgingen. Sie beweisen, daß eine stabile Grundlage wichtig ist. Jeder kann eine Bande von Gesetzlosen zusammenstellen, die so gut sind, daß sie ein Jahr lang ohne Niederlage spielen. Aber wenn eine Mannschaft keine solide Grundlage hat, – eine Philosophie, die der Trainer und die Spieler teilen – dann wird sie unter Disziplinschwierigkeiten leiden und von innen zersetzt werden.

Gewinnen Sie nicht nur auf der Wertungstafel

Es ist wirklich eine Tragödie, daß alles – zumindest die Urteile der meisten Fans und der Medien – auf der Wertung basiert. Vor Jahren sagte ich als Redner beim *„Weekend of Champions"* der *„Fellowship of Christian Athletes"* in Fort Dodge, Iowa, die Wertungstafel sei der größte Fehler des High School-Sports, weil die Wertungstafel jedem sofort sagt, wer gewonnen und wer verloren hat, aber sie sagt nichts über die Mannschaftsleistung oder die individuelle Leistung aus. Die „unterlegene" Mannschaft kann ihr bestes Spiel absolviert haben, oder ein Spieler kann über seine eigentlichen Fähigkeiten hinaus gespielt haben, aber dennoch wird die Seite mit der geringeren Anzahl von Punkten auf der Wertungstafel als Verlierer dastehen. Es ist jedoch sehr gut möglich, daß die andere Mannschaft, der „Sieger", unter ihren Möglichkeiten gespielt und nur halben Einsatz gezeigt hat. Sagen Sie mir also, wer der *wirkliche* Sieger ist, die Mannschaft oder der Spieler, der bzw. die einen besseren Einsatz als je zuvor gezeigt hat und trotzdem „verloren" hat, oder die Mannschaft bzw. der Spieler, die bzw. der mit halbem Einsatz gespielt, aber nichtsdestotrotz „gewonnen" hat?

Die Sieg-über-Alles-Philosophie trifft nicht zu. Wichtiger ist, in den Wettkampf zu gehen und den höchsten Einsatz zu zeigen. Sie sind in einer Position, um Ihren Spielern dieses grundlegende Prinzip beizubringen und viele andere Werte, die mit Teamwork zusammenhängen, wie z.B. Hingabe, Aufopferung und Disziplin.

> **Ein bißchen verloren, viel gewonnen**
> Es ist nicht immer leicht, seinen Überzeugungen treu zu bleiben. So sperrten wir z. B. im Jahr 1982, das wir als Zweiter der III. Division abschlossen, vier unserer besten 48 Spieler, bevor wir in das Halbfinalspiel der Playoff-Runde gingen. Es war eine harte Entscheidung, denn sie bedeutete den Verzicht auf unseren führenden Rusher und einige wichtige Abwehrspieler. Es kann sogar sein, daß diese Entscheidung uns die nationalen Meisterschaften gekostet hat. Ich bin jedoch überzeugt, daß die Treue, die ich bei dieser harten Entscheidung gegenüber meiner Philosophie bewiesen habe, erheblich dazu beigetragen hat, daß wir die vier folgenden nationalen Meistertitel gewannen.

Football soll ein Spiel mit fairen und ehrlichen Wettkämpfen sein. Als Trainer ist es Ihr Job, darauf zu achten, daß Sie und Ihre Mannschaft diesen Weg wählen. Natürlich kämpfen wir gegeneinander so hart wir können. Aber nach dem Spiel akzeptieren wir das Ergebnis und bereiten uns darauf vor, im nächsten Spiel noch bessere Leistungen zu bringen. Wir fühlen uns im Wettkampf gut, weil wir ehrlich spielen. Wenn Sie jedoch außerhalb der Regeln spielen, kann ich dies nicht akzeptieren.

Geben Sie ein gutes Beispiel für Ihre Philosophie

Die Spieler brauchen charakterliche Vorbilder. Leider scheint es weniger Sporthelden zu geben, denen junge Menschen nacheifern können.

Wir erwarten von unseren Spielern, daß sie gute Rollenmodelle sind, daß sie für die Jugendlichen, die zu ihnen aufsehen, Vorbilder sind, denen sie folgen können. Ein egoistischerer Grund ist, daß alle meine Söhne von dem Alter an, als sie einen Ball halten konnten, Balljungen waren; ich wollte, daß sie gute Rollenmodelle haben. Daher müssen unsere Spieler *und* Trainer sowie auch ich selbst, durch unsere Handlungen führen.

Es ist enorm wichtig für einen Trainer, ein gutes Beispiel zu setzen. Ihr persönliches und berufliches Verhalten hat einen großen Einfluß auf die Disziplin Ihrer Mannschaft. Sie sind ein Profi. Sie können nicht so „reden" und anders „handeln".

Zwei Schwerpunkte

Wenn ich zwei Punkte nennen müßte, die man von Spielern unbedingt erwarten sollte, so wären dies Einsatz und Teamwork. Die Mannschaften, die hart spielen und als Team auftreten, werden Sie nie enttäuschen. Wir erklären unserer Mannschaft, daß es darauf hinausläuft, daß sie den Unterschied zwischen *sollte* und *könnte* verstehen. Jede Mannschaft gewinnt so viel, wie sie gewinnen *sollte*, aber nicht unbedingt so viel, wie sie gewinnen *könnte*.

Zusammenfassung

1. Ich glaube fest, daß die Philosophie eines Trainers und seine Fähigkeit zu vermitteln, wichtiger sind als die Aufstellung, die die Mannschaft vor dem *„Snap"* wählt.
2. Ich fordere Sie dringend auf, Ihre Philosophie zu durchdenken und sie mit der Vermittlung stabiler Werte zu verbinden.
3. Es ist meine Erfahrung, daß diese Lehren der lohnenswerteste und beständigste Teil des Erfolges unserer Mannschaften sind.

2   Wie man seine Methode vermittelt

Als Erzieher und Trainer können wir nur unterrichten *und* lernen, wenn wir effektive Vermittler sind. Erfolgreiche Trainer senden und empfangen Informationen klar und effizient. Trainer müssen effektiv interagieren mit

- den Spielern
- den Assistenztrainern
- den Offiziellen (Schiedsrichtern)
- anderen Trainern
- den Eltern der Spieler und
- den Medien.

Ich hoffe, daß dieses Kapitel Ihnen helfen wird, mit diesen Personen und anderen, mit denen Sie zu tun haben, zurechtzukommen. Wir sind alle unterschiedlich: Was für mich am besten ist, braucht es für Sie nicht zu sein. Und dennoch ist das wichtigste Prinzip der Kommunikation – nämlich andere beim Sprechen, Zuhören und Beobachten mit Respekt zu behandeln – allgemein gültig.

Erfolgreiche Trainer sind Führer, und sie wissen, wie sie ihre Führungsrolle effektiv mitteilen. Des weiteren wissen sie, wie sie Führungsqualitäten bei ihren Spielern fördern.

Kommunikation mit den Spielern

Ich habe den Spielern gegenüber stets den Begriff „reden mit" dem Begriff „sprechen zu" vorgezogen. Während der erste Begriff ein Nehmen und Geben impliziert, bezeichnet der zweite einen Monolog.

Die Spieler werden Ihnen Dinge beibringen, wenn Sie sie beobachten und ihnen zuhören. Weil wir als Trainer mit unseren Spielern, absichtlich oder unabsichtlich und unter den unterschiedlichsten Umständen über viele Dinge kommunizieren, konzentriere ich mich auf drei Arten von Interaktionen:
- *persönlich:* Sorge und Respekt
- *philosophisch:* Charakter und beispielhaftes Verhalten
- *beruflich:* Training und Spiel.

Zeigen Sie, daß Sie sich um die Spieler sorgen

Wenn Sie mit den Spielern außerhalb der Saison reden, ist es wichtig zu zeigen, daß Sie um jeden einzelnen besorgt sind. Fragen Sie sie nach ihrer Familie, ihrer Schularbeit und ihrem allgemeinen Wohlbefinden, nicht nur nach ihrer letzten Trainingseinheit. Es ist wichtig, daß Sie den Spielern vermitteln, daß sie Ihnen nicht nur als Footballspieler, sondern auch als Menschen wichtig sind.

Vermitteln Sie Respekt

Der Spieler ist die wichtigste Person im Programm. Er muß von jedem Trainer mit Respekt behandelt, und seine Würde muß geachtet werden. Sie können ihn zwar hin und wieder kritisieren, setzen Sie ihn jedoch nicht herab, beleidigen Sie ihn nicht persönlich, und bringen Sie ihn nicht in Verlegenheit. Behandeln Sie jeden Footballspieler als etwas Besonderes, ganz egal, ob er ein All-American-Spieler oder als Anfänger nur einer von vielen ist. Jeder Spieler hat Opfer gebracht, um in der Mannschaft zu sein, und jeder hat Eigenschaften, die ihn zu etwas Besonderem machen.

Sie können den Starspieler nicht als jemanden behandeln, der mehr wert ist als der am wenigsten talentierte Spieler auf der Liste. Es ist naiv zu glauben, daß Spieler ihre Hackordnung nicht kennen; der fünftklassige Spieler weiß, daß er fünftklassig ist. Aber Sie müssen allen Spielern vermitteln, daß sie Ihnen und der Mannschaft wichtig sind.

Vermitteln Sie Ihre Philosophie

In Kapitel 1 habe ich die Wichtigkeit der Entwicklung einer Philosophie betont. Der Schlüssel für das Umsetzen dieser Philosophie in die Praxis ist ihre effektive und konsequente Vermittlung an die Spieler. Betonen Sie stets, daß Football ein Spiel ist, daß es nicht um Leben oder Tod geht. Aber vergessen Sie auch nicht, daran zu erinnern, daß die Spieler trainieren und ihr Bestes geben müssen.

> **Die einzige Methode**
> Eines Jahres hatten wir den Träger einer Schulauszeichnung in der Mannschaft, einen Anfänger, der zurückkam, nachdem er den ganzen Winter und das ganze Frühjahr im Kraftraum gearbeitet hatte. Dann, im Herbst, als zweimal täglich trainiert wurde, machte er nicht richtig mit. Es war offensichtlich, daß er auf den Beginn der Saison wartete, um spielen zu können. Er absolvierte das Übungsprogramm nur lustlos. Ich sprach mit ihm und sagte: „Du arbeitest nicht, was ist los?" Er erwiderte: „Ich werde mitmachen, Sie können sich auf mich verlassen." Ich forderte ihn auf, sich anzusehen, wie die anderen Spieler arbeiteten und welche Fortschritte sie machten.
>
> Als es Zeit wurde, die Mannschaft für das Auswärtsspiel zusammenzustellen, konnte ich den jungen Mann einfach nicht in den Bus setzen. Er hatte es nicht verdient. Trotzdem wußte ich, daß er besser spielen würde als derjenige, der statt seiner spielen sollte.
>
> Der Spieler verließ schließlich die Mannschaft. Ich wollte eigentlich nicht, daß er ging, weil er einen Beitrag leisten konnte, aber es wäre den anderen gegenüber unfair gewesen, ihm nachzugeben.
>
> Zweifellos hätten wir das Spiel an jenem Tag gewinnen können. Aber wir hätten die nationale Meisterschaft nicht gewonnen, wie es der Fall war, wenn ich das gleichgültige Verhalten dieses Spielers unterstützt hätte.

Sie müssen darauf achten, daß die Spieler sich einsetzen. Aber Sie sollten die Spieler immer ermutigen, sich selbst zu kontrollieren, indem Sie sich selbst die beiden folgenden Fragen stellen:

- *Wie gut habe ich gespielt?*
- *Spiele ich so gut ich kann?*

Natürlich haben Spieler schlechte Tage, aber worauf Sie achten müssen, ist, ob ein Spieler häufige „Aussetzer" hat.

Wir versuchen, die Spieler nicht auf der Grundlage ihres Potentials spielen zu lassen, sondern auf der Basis dessen, was sie geleistet haben. Unsere Anfangsaufstellung hängt also nicht von einer Größentabelle oder einer Schnelligkeitstabelle ab, sondern vielmehr von guter Leistung und hohem Einsatz. Dadurch wird bei der gesamten Mannschaft – vom besten bis zum schwächsten Spieler – die Einstellung gefestigt, daß sie arbeiten und sich verbessern müssen, wenn sie spielen wollen.

Vermitteln Sie Charakter

Charakterschulung basiert auf einem guten Beispiel. Sie erwarten von jedem Spieler Ehrlichkeit. Sie fordern ihn auf, abends zeitig ins Bett zu gehen und pünktlich zum Training zu erscheinen. Sie fordern offene Antworten von ihm. Wenn Sie ihm beibringen, daß Betrug auf dem Spielfeld in Ordnung ist, wird es nicht lange dauern, bis er auch abseits des Spielfeldes betrügt. Indem Sie illegale Handlungen vermitteln, zerstören Sie einen grundlegenden Wert, einen Wert, der nur schwer wieder zu vermitteln ist, wenn er einmal verloren ist.

Einige Trainer sagen ihren Spielern: „Dies ist die Methode, wie man jemanden hält, ohne erwischt zu werden. Ich weiß, daß es ein Regelverstoß ist, aber wir werden es trotzdem so machen." Hat ein Trainer, nachdem er etwas derartiges gesagt hat, ein Recht, von diesen Jungen Ehrlichkeit zu verlangen?

Die jungen Leute von heute lernen schnell genug, daß es o.k. ist, gerade noch durchzukommen. Sie sollten allerdings von Ihren Spielern und für Ihre Spieler mehr wollen als das. Sie wollen, daß sie die besten Spieler sind, die sie sein können.

Denkmal Woody

Es ist schade, daß viele Fans sich an einen der besten Trainer aller Zeiten vor allem erinnern, weil er einem Clemson-Spieler aus Frustration einen Faustschlag versetzte. Sicherlich ist diese Handlung unentschuldbar, aber Woody Hayes, der ehemalige Trainer der Ohio State University, verdient einen besseren Ruf, weil er ein weitaus besserer Mensch war, als die Öffentlichkeit glaubte.

Woodys ehemalige Spieler sind sich in ihrem Lob einig. Das liegt daran, weil Woody es stets vermied, einen Spieler in der Öffentlichkeit zu kritisieren. Er war z. B. eher bereit, die Medienschelte auszuhalten dafür, daß er einen Spieler aus der Mannschaft geworfen hatte, statt zu erklären, daß dieser Spieler vorher betrunken zum Bankett einer Siegesfeier gegangen war. Woody sagte einfach, der Spieler habe eine Regel durchbrochen, womit er niemals die Würde des Spielers verletzte und ihm gegenüber loyal blieb. Der betreffende Spieler kam im folgenden Jahr zurück, arbeitete härter als je zuvor und wurde All-American-Spieler. Woody gab ihm diese zweite Chance.

Charakter und Disziplin müssen vermittelt werden. Wir haben beides nicht von Natur aus. Wir glauben, wir könnten uns diszipliniert verhalten, aber das stimmt nicht. Als Trainer müssen Sie den Spielern Lebensmuster vermitteln und Disziplin, die ihnen solange hilft, bis sie bereit sind, mehr Verantwortung im Leben zu übernehmen.

Unflätige Redensarten
Viele Footballtrainer, -spieler und -fans verwenden unflätige Redensarten. Ich mag das nicht, aber ich erkenne auch an, daß es zwei verschiedene Arten von unflätigen Redensarten gibt.

Vulgäre Profanität beinhaltet das Wort „Du" und ist gegen eine andere Person gerichtet. Die andere Art von Profanität wird fast wie Slang während eines Gefühlsausbruchs verwendet und zielt nicht darauf ab, jemanden zu verletzen.

Weder die eine noch die andere Form unflätiger Sprache ist korrekt, aber in meinen Augen besteht ein großer Unterschied zwischen beiden Formen. Und ich war immer der Meinung, daß eine Trennung wichtig ist, weil man mit der einen Form eine andere Person verletzen will, während es sich bei der anderen Form um Slang handelt, der einer Frustration entspringt.

Seien Sie bei Ihrer Kommunikation mit den Spielern ein Beispiel

Ich habe stets daran geglaubt, daß Menschen mehr Dinge automatisch erwerben, als sie gelehrt bekommen. Wenn ich Disziplin und keine unflätige Sprache haben will, muß ich den Standard setzen. Ich kann die Spieler nicht auffordern, sich korrekt zu verhalten und ein gutes Benehmen zu zeigen, wenn ich selbst nicht mit gutem Beispiel vorangehe. Was ich von ihnen erwarte, können sie auch von mir erwarten. Dies mache ich vom ersten Tag an klar.

Sie müssen Ihre Prinzipien auch leben. Dies bedeutet nicht, daß wir Heilige sein müssen oder daß wir von unseren Spielern Perfektion erwarten sollen. Aber wir müssen bereit sein, auf subtile Weise Handlungen zu korrigieren, die eine negative Auswirkung auf die ganze Mannschaft haben.

Wirken Sie bei Ihrer Kommunikation mit den Spielern als Erzieher

Der Schwerpunkt jedes Footballprogramms muß auf der Erziehung liegen. Meiner Meinung nach versuchen die College-Präsidenten durch die NCAA das „College" wieder in den „College-Sport" zu integrieren.

Die Anträge 48 und 42 waren gedacht, eine Botschaft durch die Colleges zu den High Schools und den Junior High Schools zu senden: „Junge, Du hast ein volles College-Stipendium bekommen, aber nur dann, wenn Du in das College gelangst, indem Du in den Hauptkursen eine ausreichend hohe Punktzahl erreichst und eine bestimmte Punktzahl in der College-Aufnahmeprüfung." Statt also 30 Stunden auf dem Footballplatz zu verbringen, verbringt der Spieler nur 15 Stunden dort und studiert 15 Stunden. Er kann sowohl seinen Sport betreiben als auch sein Studium absolvieren. Diese klaren Aussagen helfen ihm auch zu realisieren, daß wir an seinem Leben interessiert sind und nicht nur an seinem Footballspiel.

Die Betonung des Studiums muß von der Spitze der Pyramide ausgehen, d.h. vom Trainer. Arbeiten Sie mit jungen Männern, um ihnen dabei zu helfen zu verstehen, daß die Schularbeit wichtig ist, sogar wichtiger als Football. Jedem wird sehr schnell klarwerden, daß das Studium in Ihrem Programm ernst genommen wird.

Machen Sie Ihren Spielern klar, daß sie sich selbst gegenüber verantwortlich sind. Dies ist eine gute Lernerfahrung für junge Menschen. Sie müssen wissen, daß die Regeln nicht gebeugt werden. Diejenigen, die Noten verändern oder Sportlern Pausen gewähren, vermitteln eine schlechte Botschaft.

Kommunizieren Sie während des Trainings

Ich bin kein Trainer, der große Vorlesungen hält. Das einzige Thema, über das ich Vorlesungen abhalte, ist die mentale Einstellung. Mit anderen Worten, ich unterhalte mich mit den Spielern über Konzentration, – worüber sie nachdenken müssen, worauf sie achten müssen – um dafür Sorge zu tragen, daß sie sich auf ihre Verantwortungen konzentrieren.

Wir absolvieren den größten Teil des Unterrichts auf dem Spielfeld. Wir ziehen es vor, den Spielern die Theorie durch Praxis beizubringen. Ich mache es ihnen lieber vor und lasse sie die Offensiv- und Defensivtaktik auf dem Feld durchlaufen. Es gibt nur wenige Einheiten, die ausschließlich im Unterrichtsraum stattfinden.

Ich bezweifle, daß ein Spieler eine Fertigkeit erlernen kann, indem er liest oder einem Vortrag zuhört. Sie können das Golfbuch von Jack Nicklaus immer wieder lesen, aber ohne Übung werden Sie den perfekten Schwung nie erlernen.

Ich bin ein praxisorientierter Trainer, und ich möchte eine Mannschaft von praxisorientierten Spielern haben. Eine zur rechten Zeit vermittelte Trainingsstrategie kann nur dann zum Sieg beitragen, wenn die Details korrekt und wiederholt geübt wurden.

Vermitteln Sie Footballtechnik und -taktik
Bei der Fertigkeitsvermittlung läuft die Kommunikation in drei Schritten ab. Zunächst erklären Sie dem Spieler, wie er es tut, dann zeigen Sie ihm, wie er es tun soll, und dann lassen sie ihn die Übung absolvieren. Dann beginnen Sie erneut, erklären, demonstrieren und leiten ihn durch die Technik.

Zurück zu den Grundlagen

Die Leute erzählen, daß Vince Lombardi nach einer der seltenen Niederlagen seiner Green Bay Packers ganz besonders verärgert über die vielen Ballverluste seiner Mannschaft war. Er zeigte seinen Spielern – die eine der besten Profimannschaften aller Zeiten darstellten – also die wichtigste Grundfertigkeit: das Halten eines Footballs. Sie haben hier also einen der am meisten respektierten Profitrainer im Football, der einem erfahrenen, professionellen Runningback zeigte, wie man den Ball während des Laufs hält, genauso wie ein Trainer der Pop Warner Liga es einem 10 Jahre alten Anfänger zeigen könnte. Einer der Mannschaftsclowns der Packers konnte sich folgenden sarkastischen Kommentar nicht verkneifen, als er beobachtete, wie der Trainer mit seiner Lektion fortfuhr: „Langsamer, Sie sind zu schnell für mich."

Wenn Spieler immer wieder die gleichen Fehler machen, kann es sein, daß Sie die Fertigkeit oder die Taktik ungenügend vermittelt haben. Gehen Sie zurück zu den Grundlagen und lassen Sie Ihren Spieler die betreffende Fertigkeit noch einmal ausführen. Glauben Sie bloß nicht, daß die Spieler etwas verstehen, nur weil sie mit den Köpfen nicken, wenn Sie die Fertigkeit erklären und demonstrieren.

Betten Sie die Fehlerkorrektur in einen positiven Kommunikationsrahmen
Ein Wort, das ich im Training besonders betone, ist „aber", z. B. folgendermaßen: „Das war zwar eine großartige Leistung, *aber* so wäre es ganz richtig gewesen ..." Sie verstärken das, was gut war und kritisieren das, was Sie lieber nicht sehen wollen. Entscheidend ist, daß die Botschaft eine positive Komponente beinhaltet.

Wenn Sie angesichts eines Fehlers, den ein Spieler begeht, nur schreien, kann es sein, daß dem betreffenden Spieler noch nicht einmal bewußt wird, was er falsch gemacht hat. Aber Sie verletzen ganz bestimmt seinen Stolz. Verwenden Sie also das Wort *aber*, wenn Sie Fehler korrigieren, vor allem bei Spielern, die gerade die Spieltechniken erlernen.

Versuchen Sie auch, mit den Spielern auf nichtverbale Weise zu kommunizieren. Gesten – ein Lächeln, ein Wink, ein Kopfschütteln – können mehr ausdrücken als Worte. Der Gesichtsausdruck ist oft der beste Weg, privat zu kommunizieren – nur Sie und der Sportler sind im Bilde. Auf diese Weise stellen Sie den Spieler nicht vor 1000 oder 5000 Leuten bloß.

Kommunizieren Sie während des Spiels

Entscheidend für gutes Coaching ist eine effektive Kommunikation während des Spiels. Sie müssen ein einfaches System haben, daß schnelle Anpassungen, die Sie vornehmen müssen, ermöglicht. Es ist zu spät, wenn Sie erst in den Spielpausen derartige Anpassungen vornehmen. Stellen Sie also während des Trainings sicher, daß Ihre Spieler wichtige Alternativen zum Basisangriff und zur Basisabwehr kennen, um mit speziellen Situationen umzugehen. Und finden Sie einfache Methoden, um diese Veränderungen in der Aufregung des Spiels zu vermitteln.

Kommunizieren Sie auf geeigneten Ebenen

Sie können mit Spielern, die sich auf unterschiedlichen Entwicklungsstufen befinden, sicherlich nicht auf die gleiche Weise umgehen. Ein Trainer muß sich auf die Entwicklungsstufe seiner Spieler einstellen.

Sie müssen das technische Level jeder Gruppe kennen. Wichtiger ist jedoch vielleicht noch, daß Sie zunächst einmal versuchen herauszufinden, warum die Spieler überhaupt in der Mannschaft sein wollen. Ein Junge an der Junior-High School hat andere Motive als ein High School-Schüler. Und ein High School-Schüler spielt wahrscheinlich aus anderen Gründen als ein College-Student.

> **Mögliche Faktoren, die die Kommunikation mit den Spielern behindern**
> - Trainer, die dem Wert der Kommunikation gleichgültig gegenüberstehen – sie versuchen erst gar nicht, mit ihren Spielern zu kommunizieren.
> - Trainer, die die Sportler zwingen, in einem vorgeschriebenen Stil zu kommunizieren, weil sie glauben, die Spieler seien ein Spiegelbild ihrer selbst.
> - Trainer, die so damit beschäftigt sind, die Spieler mit ihrem Wissen über das Spiel zu beeindrucken, daß sie nicht *mit* ihnen reden.
> - Trainer, die schlechte Lehrer sind, – sie können nicht so unterrichten, wie sie wollen, und vernachlässigen geeignete methodische Schritte.

Kommunizieren Sie mit den Mitgliedern des Betreuungspersonals

Ich lasse meine Assistenten das Training leiten. Es ist sehr wichtig, einem Assistenztrainer die Freiheit und die Autorität zu geben, Entscheidungen zu treffen. Dies bewirkt nicht nur, daß er härter arbeitet, sondern er erhält auch mehr Respekt von seinen Spielern, weil sie sehen, daß er Verantwortung trägt. Wenn er kein guter Trainer ist, wenn er das Training nicht so leitet, wie Sie es gerne hätten, oder wenn er gegen Ihre Prinzipien handelt, dann ist es im Sinne der Mannschaft und in seinem eigenen besten Interesse, ihn gehen zu lassen.

> **Assistenztrainer-Tage**
> Ich erinnere mich noch an meinen ersten Tag als Assistenztrainer bei Merle Harris. Mann, war ich aufgeregt. Ich war der Line-Trainer, und er war der Trainer der Backs und gleichzeitig Cheftrainer. Meine Erwartungen hinsichtlich meiner Verantwortung waren also nicht zu hoch. Als die Mannschaft mit der Gymnastik fertig war, sprach Merle 10 Minuten mit den Spielern und sagte schließlich: „Die Linespieler gehen mit Trainer Reade dahinten hin, und die Backs kommen her zu mir." Nun war ich zu meiner großen Überraschung plötzlich ganz alleine mit 30 Linespielern, die mit mir das Spielfeld runtertrabten. Ich war ihr Trainer. Zum ersten Mal war ich als Trainer auf dem Feld, und mir wurde die volle Verantwortung für die halbe Mannschaft übertragen.

Das Gute daran war, daß ich von diesem Tag an wußte, daß ich während jeder Trainingseinheit eine Zeitlang als Line-Trainer fungierte, und während dieser Zeit war ich auch der *Cheftrainer* dieser Spieler. Nach jeder Trainingseinheit begann ich also, mich auf meinen Unterricht am nächsten Tag vorzubereiten.

Ich mußte mich vorbereiten. Der Cheftrainer setzte die Zeitspanne, während der ich die Linespieler trainierte, fest, und er nannte mir bestimmte Schwerpunktbereiche, dann jedoch überließ er mir die Verantwortung. Ich mochte diese Methode sehr gern, und ich verbrachte soviel Zeit fernab vom Spielfeld mit der Vorbereitung, wie ich es getan hätte, wenn ich für den mir zugeteilten Zeitabschnitt Cheftrainer gewesen wäre.

Obwohl die Assistenten nicht Abziehbilder des Cheftrainers sein sollten, hätte ich gerne Assistenten, die eine ähnliche Philosophie wie ich selbst haben. Das ist wichtig, wenn es um die Kommunikation geht. Wenn die Assistenztrainer die Philosophie des Chefttrainers in Frage stellen, wissen die Spieler nicht, wem sie glauben sollen.

Das bedeutet keineswegs, daß die Assistenztrainer hinsichtlich jeden Aspekts des Spiels der gleichen Meinung wie der Cheftrainer sein sollten. So kann z. B. mein Defense-Line-Trainer durchaus einen aggressiven Spielansatz vertreten. Mein Angriffskoordinator kann analytischer sein und ein ruhigeres Verhalten zeigen. Die Assistenten können sich hinsichtlich ihrer Persönlichkeit unterscheiden, wichtig ist jedoch, daß sie sich alle um die Spieler kümmern und sie respektieren und daß sie Ihre Philosophie tagein tagaus unterstützen.

Genauso, wie Sie einen Spieler nicht vor den anderen bloßstellen sollten, so sollten Sie nie einen Assistenztrainer für einen Fehler öffentlich kritisieren. Ein ehemaliger Rektor riet mir einmal, niemals etwas Herabsetzendes zu einem Mitglied des Personals zu sagen, weil dieses Mitglied dann bei den Spielern Respekt verlieren würde.

Später können Sie dem Assistenten sagen, Sie wären mit der Situation anders umgegangen. Jeder gute Assistent wird zustimmen und mit dem Cheftrainer zusammenarbeiten.

Kommunizieren Sie mit den Schiedsrichtern

Ich glaube, daß alle Schiedsrichter grundsätzlich ehrlich sind. Sie machen zwar Fehler, aber auch Trainer sind nicht fehlerfrei. Der große Unterschied ist, daß Trainer meist Kritik üben, wenn Schiedsrichter Fehler begehen.

Während all meiner Trainerjahre habe ich nicht häufiger als ein dutzendmal das Spielfeld betreten, um einen Schiedsrichter zu kritisieren. Wenn ich das tat, dann, weil der Schiedsrichter einen eindeutigen Fehler begangen hatte, der den Spielern hätte schaden können.

Das Entscheidende bei der Konfrontation mit einem Schiedsrichter ist, daß Sie das sagen, was Sie sagen wollen und es dann gut sein lassen. Vermeiden Sie, daß Ihre Emotionen Sie bei Ihrer Coaching-Aktivität während der restlichen Spielzeit stören. Zu viele Trainer beschweren sich am Ende des Spiels über zuviele Fehlentscheidungen im ersten Viertel, von denen sie annehmen, daß sie sie das Spiel gekostet haben. Aber wenn sie sich auf das erste Viertel konzentriert haben, wie konnten sie dann die Mannschaft während der letzten drei Viertel coachen? Sie haben nur 48 oder 60 Minuten Zeit, um erfolgreich zu sein, wenn Sie also die Konzentration auf das Spiel verlieren, verlieren Sie Zeit, die Sie hätten nutzen können, um der Mannschaft zu helfen.

Ein weiterer negativer Auswuchs ist, daß, wenn Sie anfangen zu schreien, es schwierig ist, die Spieler daran zu hindern, das gleiche zu tun. Wenn die Spieler anfangen zu meckern, konzentrieren sie sich nicht mehr auf das Spiel.

Regeländerung
Die Geneseo High School hält noch immer den Penalty-Rekord bei den State-Playoff-Spielen, obwohl wir zu der Zeit, als ich dort Trainer war, gegen keine geschriebene Regel verstießen. Wir verwendeten ein Handsignal, um unseren Wingback in Bewegung zu setzen. In den State-Playoff-Spielen begann ein Schiedsrichter damit, uns eine illegale Bewegung anzuhängen, obwohl sie legal war. Ich erhielt sogar einen Brief vom Präsidenten des High School-Verbandes, der besagte, daß wir uns regelkonform verhalten hatten!
Später erklärte der Staat es für illegal, einen Spieler durch Handsignale des Quarterbacks in Bewegung zu setzen. Ich bin sehr stolz, daß wir dies so gut machten, daß der Staat sich veranlaßt sah, die Regeln zu ändern, um uns zu stoppen. Wir nannten die neue Regel die „Geneseo-Regel".

Wenn Sie etwas Illegales in der Filmaufzeichnung eines gegnerischen Spiels sehen, – z.B. Halten oder *„Crackback Blocks"* – glaube ich, daß es Ihre Pflicht gegenüber Ihren Spielern ist, mit den Schiedsrichtern darüber vor dem nächsten Spiel zu sprechen.

Unsere Footballregeln haben den Sinn, die Spieler zu schützen und das Spiel fair zu halten. Wenn Sie also bei der anderen Mannschaft etwas sehen, das einen Regelverstoß darstellt, ist es Ihre Pflicht, die Offiziellen aus Sicherheitsgründen darüber zu informieren.

Vor einem Spiel werden die Schiedsrichter Sie aufsuchen. Sie werden Sie fragen, ob Sie irgendwelche spezielle Spielzüge einsetzen wollen oder ob Sie bei der gegnerischen Mannschaft etwas gesehen haben, auf das sie achten sollten. Es ist Ihre Pflicht, die Schiedsrichter vollständig zu informieren.

Kommunizieren Sie mit anderen Trainern

Ich habe großen Respekt vor den vielen guten Freunden, die ich unter den Footballtrainern im ganzen Land habe. Ich freue mich wirklich auf die jährlich stattfindende Versammlung der *„American Football Coaches Association"* (AFCA).

Ich glaube, daß wir innerhalb der Trainergemeinde eine gute Kommunikation haben. Es ist eine großartige Sache für High School- und College-Trainer, sich der AFCA anzuschließen. Alle bei der jährlichen Konferenz anwesenden Footballtrainer sind bereit, ihre Informationen zu teilen. Wenn Sie an einem Programm teilnehmen, in dem ein Trainer über etwas spricht, das Sie auch einsetzen möchten, wird er sich wahrscheinlich die Zeit nehmen, Ihre Fragen zu beantworten.

> **Studienzeit**
> Als ich in der Graduate School der University of Iowa war, fragte ich die Iowa-Trainer andauernd, ob ich mir einen Film ansehen könnte. Ich war derart hartnäckig, daß sie mir den Schlüssel des Filmraums gaben. Ich wollte sie nicht belästigen, aber ich wollte mir Filme ansehen und etwas lernen. Das Anschauen der Filme – von denen ich viele auch mehrfach sah – war wirklich sehr wertvoll für mich.
> Ich lernte von diesen Filmen, obwohl der Stil, den die Manschaft spielte, sich von meinem Stil erheblich unterschied. Dies sollte eine Lektion für jüngere Spieler sein: Machen Sie sich mit so vielen Systemen wie nur möglich vertraut, denn selbst wenn Sie das betreffende System nicht einsetzen, werden Sie wahrscheinlich einmal einem Gegner gegenüberstehen, der ebendieses System einsetzt.

Es störte mich, wenn College-Assistenztrainer, die nur eine Position trainierten an die High School kamen, um Talente zu rekrutieren, aber keine Fragen über irgendeine andere Phase des Spiels beantworten konnten. Ich glaube, daß derartig spezialisierte Trainer einen beruflichen Fehler begehen, wenn sie keine anderen Bereiche des Spiels kennen, vor allem dann, wenn sie Cheftrainer werden wollen.

Dies ist der Vorteil eines High School-Cheftrainers gegenüber anderen Trainern: Er muß über alle Angriffs- und Abwehrpositionen sowie über die Sondereinheiten Bescheid wissen. Dadurch gewinnen Sie wirklich einen allgemeineren Überblick über das Spiel. Ich sehe also die mentale Vorbereitung vieler junger Trainer, die z. B. nicht über die Defense Backs oder Receiver hinaussehen, kritisch. Sie verlieren die Tatsache, daß nicht nur die Leistung von vier oder fünf, sondern von allen Spielern auf dem Spielfeld entscheidend ist, aus den Augen.

Kommunizieren Sie mit den Eltern

Mein Ratschlag bezüglich der Kommunikation mit den Eltern ist, daß Sie zuerst sicherstellen, mit dem betreffenden Spieler gut zu kommunizieren. Dies ist entscheidend. Wenn der Spieler zufrieden ist (und er wird nicht immer glücklich sein), fair behandelt zu werden, dann bringt er auch eine positive Einstellung nach Hause.

Stellen Sie sicher, daß der Spieler weiß, daß er fair behandelt wurde. Aber egal, wie fair Sie zu sein versuchen, einige werden Ihre Handlungen immer als unfair einschätzen. Dies ist eine sehr schwierige Angelegenheit, aber Sie müssen sich selbst kennen, – Ihre Motive – und Sie müssen sicher sein, daß Sie einen Jungen nur deswegen nicht spielen lassen, weil er weiß ist, oder einen anderen nicht, weil er schwarz ist; Sie lassen keinen jungen Mann spielen, weil er 1,90 m groß ist; und Sie lassen auch einen jungen Mann nicht nur deswegen spielen, weil er Jones oder Smith heißt.

Wenn die Spieler Ihnen vertrauen und an Ihre Integrität glauben, werden Sie ihre besten Botschafter gegenüber ihren Eltern sein. Das ist das Ergebnis Ihrer Beständigkeit. Es geht nicht, daß Ihre Worte und Handlungen einander widersprechen. Denken Sie stets daran, daß Sie nicht nur Football, sondern gleichzeitig auch Werte vermitteln.

Sie stehen in der Öffentlichkeit, und Sie tragen gegenüber Ihrer Gemeinde, Schule, den Eltern der Spieler und den Spielern selbst Verantwortung. Sie können also nicht tun, was Sie wollen. Sie müssen selbstdiszipliniert sein – genauso, wie Sie von Ihren Spielern Selbstdisziplin verlangen.

Obwohl ich gesagt habe, daß Ihre erste Sorge den Spielern gelten muß, sollten Sie nicht den Eindruck haben, daß die Kommunikation mit den Eltern der Spieler unwichtig ist. Wenn Sie Ihren Job tun, werden Sie immer wieder mit den Eltern kommunizieren. Wenn Sie Ihrer Philosophie treu sind, werden Sie und die Eltern die gleiche Sorge haben – den Jungen.

Wenn Eltern mit einem Problem zu Ihnen kommen, seien Sie so ehrlich, wie Sie können. Sagen Sie ihnen, was Sie zu tun versuchen und daß Sie den Jungen mit Ihren Handlungen nicht verletzen wollten. Machen Sie deutlich, daß Sie nur das Beste für den Jungen wollen. Die Eltern ihrerseits sollten darauf vertrauen, daß Sie ihren Sohn fair und richtig behandeln.

Einen Spieler vom Spiel auszuschließen, ist eine drastische Maßnahme. Manchmal wird der Junge, weil er weiß, daß er etwas falsch gemacht hat, nach Hause gehen und sagen, daß er lieber ganz aufhört, als vom Spiel ausgeschlossen zu werden. Ich glaube nicht, daß es meine Verantwortung ist, Vater und Mutter eine andere Geschichte zu erzählen. Aber wenn sie mit mir reden wollen, habe ich keine Probleme, ihnen die Wahrheit und meine Gründe für die Entscheidung mitzuteilen.

Das dritte Mal ist es ein Zauber
Manchmal haben Trainer – ich selbst eingeschlossen – kleine Vorurteile. Ich hatte einmal einen Jungen, der als Sophomore zu mir kam und wieder aufgab. Dann kam er als Junior wieder und schmiß die Sachen nach zwei Wochen hin. Schließlich tauchte er als Senior wieder auf und ich fragte mich, was das wohl bringen sollte. Wie Sie sehen, hatte ich ihn also für sein zweimaliges Aufgeben bereits auf dem Kieker.

Als er also einen Monat vor Trainingsbeginn kam, um seine Ausrüstung abzuholen, sagte er: „Ich muß Ihnen sagen, Trainer, daß ich an den ersten Trainingseinheiten nicht teilnehmen kann, weil ich mit meinem Vater zum Fischen fahre." Ich dachte: „Um Gottes willen, warum kommt er überhaupt? Er wird nur eine Woche durchhalten." Aber ich sagte zu ihm: „Gut, Du hast ja schließlich familiäre Verpflichtungen."

Nach dem Ausflug zum Fischen tauchte er beim Training auf. Wir trainierten noch immer zweimal täglich, und an einem besonders heißen Tag spielte er in der Abwehr gegen unseren besten Angriff. Während dieses Testspiels spielte er uns dumm und dämlich. Ihm gelang einfach alles. Wir konnten keinen Meter gewinnen. Und die ganze Zeit über denke ich, daß ich nicht wollte, daß der Junge es schaffte. Ich muß zugeben, daß ich alles getan hätte, um diesen Jungen los zu werden, weil ich ihn aufgrund seiner vergangenen Handlungen satt hatte.

Nach dem Training sah ich diesen Jungen schweißnaß auf der Zementmauer nahe dem Eingang der High School sitzen. Obwohl es mir schwerfiel, mußte ich ihm angesichts seiner Leistung sagen: „Hey, Du hattest aber einen guten Tag." Er blickte auf und sagte: „Sie wissen, daß ich dieses Jahr nur mitmache, weil mein Vater mich gezwungen hat, aber es macht trotzdem Spaß." Er avancierte schließlich zum Abwehrspieler in der All-Conference-Auswahl.

Wenn Sie auch Vater oder Mutter sind, können Sie besser verstehen, daß Eltern eine ganz andere Sichtweise haben als Trainer. Erstens wollen Eltern, daß ihr Sohn der Beste von allen wird, und das kann ihr Denken vernebeln. Zweitens sehen Eltern jede Bewegung, die dieser Junge in einem Spiel macht. Sie beobachten das ganze Spiel, während Sie selbst jeden einzelnen Spieler erst dann begutachten, wenn Sie die Filmaufzeichnung sehen. Genauso schwer, wie es Ihnen fällt, die Fehler in Ihrer eigenen Familie und bei Ihren Freunden zu erkennen, so schwer ist es für Eltern, einige der Fehler ihrer eigenen Söhne zu sehen.

Wenn Sie Ihren eigenen Sohn trainieren

Ich werde nie den ersten Trainingstag mit einem meiner Söhne in der Mannschaft vergessen. Es war irgendwie niedlich. Er kam zu mir und wollte mir etwas sagen, während ich mit jemand anders sprach. Um meine Aufmerksamkeit zu wecken, sagte er: „Dad? Trainer? Dad?" Er wußte einfach nicht, wie er mich anreden sollte!

Den eigenen Sohn zu trainieren, kann schwerfallen. Wenn Sie jedoch sicher sind, daß Sie ihn spielen lassen sollten, weil er der beste Spieler auf dieser Position der Mannschaft ist, sollten Sie keine Zweifel haben. Irgend jemand wird Sie immer kritisieren, und Kritiker sind willkommen. Aber wenn die Assistenztrainer und die übrigen Spieler der Mannschaft auf Ihrer Seite sind, sollten diese Kritiker kein Problem darstellen.

Auch für den Sohn des Trainers ist es schwer, denn irgend jemand wird mit Sicherheit sagen, daß er nur spielt, weil Sie sein Vater sind. Dies wird besonders dann der Fall sein, wenn er in Konkurrenz zu anderen Spielern steht, die diese Position auch bekleiden könnten. Ich hatte Glück, als ich meinen Sohn Barry trainierte, denn er beherrschte die wohl objektivste Fertigkeit im Football – das Schußspiel. Er spielte jedoch auch als Quarterback, eine subjektiv einzuschätzende eher fertigkeitsorientierte und obendrein gut sichtbare Position.

Es ist wichtig, daß Ihr Junge hart arbeitet und sich den Respekt seiner Kameraden erwirbt. Er darf nie versuchen, aus der Verwandtschaft mit Ihnen einen Vorteil zu ziehen. Einige Dinge müssen Sie auf Basis der Vater-Sohn-Beziehung regeln, andere auf der Grundlage der Trainer-Spieler-Beziehung. Auf dem Spielfeld, im Training und während des Spiels sollten Sie sich so verhalten, als sei er nicht Ihr eigener Sohn.

Eine Trainer-Sohn-Situation ist auch für die Ehefrau und Mutter schwer. Stellen Sie sich vor, sie säßen auf der Tribüne und ein Kerl neben Ihnen kritisiert nicht nur Ihren Sohn *sondern auch* Sie selbst! Die Ehefrau des Trainers hört schlimme Dinge über ihr Kind und über ihren Ehemann. Und die übrigen Kinder des Trainers hören auch, wie ihr Vater mit einer Reihe geringschätziger Namen bedacht wird. Ich glaube, daß die Fans manchmal vergessen, daß die Familie des Trainers unter den auf den Trainer gerichteten Kommentaren leiden kann.

Mehr als eine Familienangelegenheit

Meine Frau zog mich einmal nach einem Spiel auf. Wir lagen 40:0 in Führung, als ein gegnerischer Linespieler meilenweit ins Abseits sprang, und unseren Extra-Point-Kick abblockte. Die Schiedsrichter vergaben keinen Penalty, was schlimm war, weil der betreffende Spieler die Scrimmage Line (Anspiellinie) weit übertreten hatte. Schlimmer war noch, daß er einen anderen Spieler zu Boden riß, was obendrein auch regelwidrig ist.

Ich war verärgert, daß ein Schiedsrichter dem Spieler erlaubte, gegen zwei Regeln auf einmal zu verstoßen, ohne abzupfeifen. Ich beschwere mich daher bei ihm, und er erwiderte: „Warum beklagst Du Dich bei mir, Bob? Das wird Deiner Mannschaft nicht weh tun. Ihr habt das Spiel gewonnen."

Ich sagte ihm: „Ich weiß, daß es in diesem Spiel keinen Unterschied gemacht hätte, aber in Zukunft könnte uns ein derartiges Schiedsrichterverhalten die nationale Meisterschaft kosten, weil jemand wie Sie nicht die Regeln durchsetzt."

Als ich in den Bus stieg, um zusammen mit meiner Frau nach Hause zu fahren, drehte sich sich um und sagte: „Es ist klar, daß Du Dich aufregst, wenn man einen Kick Deines eigenen Sohnes abblockt. Wenn es sich um jemand anders gehandelt hätte, hättest Du nicht soviel Wirbel gemacht." Sie mußte mich sogleich aufziehen, weil ich ausgesehen haben muß wie ein aufgeregter Little-League-Vater, der versucht, seinen Sohn, dessen Kick man abgeblockt hat, zu rechtfertigen.

Elterntreffen

Ich habe nie vor der Saison Orientierungstreffen für Eltern durchgeführt. Derartige Treffen sind jetzt sehr populär, und ich halte sie grundsätzlich für gut. Wenn Sie Trainer in einer Schule, in einer Metropole oder am Stadtrand sind, in der Sie keine großen Chancen haben, sich häufig mit den Eltern zusammenzusetzen, sind derartige Meetings sehr sinnvoll.

Diese Meetings können viele positive Konsequenzen haben. Die Eltern können Sie treffen und über Ihre Arbeitspläne mit den Jungen sprechen. Verhalten Sie sich natürlich, denn Sie möchten nicht, daß die Eltern einen schlechten Eindruck gewinnen oder von Ihnen etwas erwarten, daß Sie nicht erfüllen können.

Kommunikation mit den Medien

Publizität kann gut für Ihre Schule sein, vorausgesetzt, sie ist ein positiver und kein störender Einfluß. Ich kann Ihnen versichern, daß es positive Auswirkungen für Ihre Schule hat, wenn Sie im Mittelpunkt der Aufmerksamkeit stehen. Während einer Footballsaison – als alles gut lief – hatten wir wenig Disziplinprobleme. Die ganze Schule identifizierte sich mit dem Programm. Schüler lesen gerne Positives über ihre Schule, auch wenn sie keine Sportler sind.

Anspruch auf Ruhm
Ich wuchs in einer kleinen Stadt im Nordosten von Iowa auf, wo die Leute damit angaben, die größte Staubwedelfabrik der Welt zu haben. Als Kind glaub-

te ich, das sei eine prima Sache – der Größte in der Welt zu sein. Tatsächlich jedoch war das Gebäude nur ein großes Haus, und da Staubwedel der Vergangenheit angehören, ist das Gebäude mittlerweile abgerissen worden. Aber ich hatte sicherlich das Gefühl, daß es ganz wichtig sei, in einer Stadt zu wohnen, die einen derartigen Anspruch erheben konnte. Der Wert positiver Publizität ist etwas, das jedem ein gutes Gefühl bereitet, gleichgültig, was ihr Ursprung ist.

Stellen Sie sicher, daß Sie Ihr Programm und Ihre Schule den Medien im bestmöglichen Licht präsentieren. Und seien Sie obendrein zu jedem Reporter, dem Sie begegnen, offen und ehrlich.

Untaten der Medien

Was mich stört, ist, wenn die Medien ihre Grenzen überschreiten, um mehr Zeitungen zu verkaufen oder Zuschauer zu gewinnen. Das vielleicht schlimmste Beispiel dafür war die übermäßige Darstellung des ehemaligen Spielers der University of Oklahoma, Brian Bosworth, beim Orange Bowl von 1987, nachdem er aufgrund der Einnahme von Anabolika gesperrt worden war. Alles, was die Medien taten, war, Unwahrheiten zu verbreiten. Man gewinnt oder verliert kein Spiel mit den Männern, die nicht spielen. Man gewinnt oder verliert mit den Männern, die spielen.

Die Sportmedien versuchen auch hin und wieder, die Meinung des Trainers zu beeinflussen. Sie lassen eigene Antworten auf ihre Fragen einfließen. Das ist nicht fair gegenüber dem Trainer oder dem Programm.

Wie man die Geschichte richtigstellt

Ich erinnere mich an einen Artikel, der vor Jahren über unser Programm an der Geneseo High School geschrieben wurde. Im Zentrum des Artikels stand das von uns entwickelte Jugend-Footballprogramm und sein Einfluß auf die Gemeinde und unsere Schulmannschaft. In der Story wurde ich folgendermaßen zitiert: „Ohne unser Little-League-Programm würden unsere Jungen noch nicht einmal wissen, wie sie ihre Hosen anziehen sollen."

So etwas würde ich nie sagen. Der Schreiber hatte meine drei Assistenztrainer, die die höheren Altergruppen trainierten, angegriffen, indem er behauptet hatte, daß sie noch nicht einmal wüßten, wie man den Spielern beibringt, die Trikots anzuziehen.

Ich entschuldigte mich bei jedem meiner Assistenztrainer. Sie wußten, daß ich das, was mir zugeschrieben wurde, nie behauptet hätte, und so war zumindest diese Bereinigung kein Problem. Aber wie kann man die Angelegenheit bei all denjenigen, die den Artikel lesen, richtigstellen?

Kommentare an die Medien vor der Saison

Prognosen vor der Saison sind ausgesprochen hypothetisch. Alle Trainer müssen sagen, sie seien gut oder würden gut sein. Das ist das Großartige mit dem Coaching – entweder ist Ihr Programm perfekt, oder es ist zumindest nahezu perfekt. Antworten auf Umfragen vor der Saison sind bestenfalls vage Vermutungen, die auf bloßen Plänen, zurückkehrenden Spielern und Tradition beruhen.

Sie wollen, daß es positiv für Ihren Sport ist, wenn er in den Medien ist. Sie wollen also die Medien nicht vernachlässigen, und ich gebe sogar zu, daß ich enttäuscht bin, wenn nicht über uns geschrieben wird.

Manche Trainer wollen die Aufmerksamkeit der Medien erregen, indem sie ihre gegenwärtige Mannschaft mit ehemaligen Mannschaften vergleichen. So etwas habe ich noch nie gemocht.

Ein Trainer antwortete auf die Frage, was seine beste Mannschaft war: „Ich habe diese Mannschaft noch nicht." Diese Antwort gefiel mir, weil sie niemanden, der in der Vergangenheit für ihn gespielt hatte, herabsetzte, und weil sie die Anforderungen für kommende Mannschaften nicht unnötig in die Höhe schraubte. Ich war noch nie der Meinung, daß man Mannschaften vergleichen kann; sie spielen nach unterschiedlichen Plänen und haben unterschiedliche Spieler. Es ist also nicht fair, Mannschaften zu vergleichen, und es ist auch nicht fair, einzelne Spieler miteinander zu vergleichen.

Die Antwort auf eine dumme Frage

Als ich am Augustana-College anfing, wußte ich nicht, wie wir abschneiden würden, weil ich die Mannschaft noch nicht spielen gesehen hatte und die Stärken und Schwächen der Gegner auch nicht kannte. Ich hatte in meinem ganzen Leben erst acht Spiele der III. Division gesehen! Wie sollte ich wissen, ob wir gewinnen würden? Aber nichtsdestotrotz fragte mich ein Reporter auf der Pressekonferenz anläßlich meiner Anstellung: „Wie lange, glauben Sie, werden Sie brauchen, um das Augustana-Programm auf den Stand des Geneseo-Programms zu bringen?"

Mir erschien diese Frage zugegebenermaßen ziemlich dumm. Daher antwortete ich: „Ich weiß nicht, ob wir das jemals schaffen, was die Siege angeht. Aber ich kann Ihnen sagen, wann das Augustana-Programm so gut wie das Geneseo-Programm sein wird: Wenn jeder am Augustana-College unser Footballprogramm gut findet, unsere Sportler respektiert, so wie sie sind und kommt, um sie spielen zu sehen." Diese Antwort hatte nichts mit Gewinnen oder Verlieren zu tun, war aber die einzige Möglichkeit, eine ehrliche Antwort zu geben.

Wenn Sie also jemand während der Pressekonferenz vor der Saison fragt, wie Ihre Mannschaft in diesem Jahr abschneiden wird, sollten Sie eine ehrliche Antwort geben, die auf Ihrer Erfahrung mit dem Programm und den Gegnern gründet. Benutzen Sie die Medien nicht, um Ihre Mannschaft auf- oder abzuwerten.

Kommentare den Medien gegenüber vor dem Spiel

Medienvertreter fragen vor einem besonders wichtigen Spiel immer wieder: „Wie ist die Einstellung der Mannschaft?" Ich antworte darauf nur: „Wir freuen uns auf das Spiel. Wir werden bereit sein zu spielen." Dieses Gefühl habe ich immer. Ich kann kaum abwarten, bis es losgeht. Die Spannung vor großen Spielen ist noch größer.

Ich gebe vor dem Spiel nie Prognosen ab, weil ich nie das Gefühl habe, daß wir in ein Spiel gehen, das wir verlieren werden. Trotzdem habe ich immer das Gefühl, daß wir verlieren *können*. Ich respektiere jeden Gegner, aber ich hatte immer das Vertrauen, daß wir gewinnen werden, wenn unsere Mannschaft ihr Bestes gibt.

Sie haben vielleicht schon einmal gelesen, daß ich vor nationalen Meisterschaftsspielen folgendermaßen zitiert wurde: „Wir werden o.k. sein, wenn wir so gut spielen, wie wir spielen können." Das ist kein Ausweichen, sondern wirklich meine ehrliche Antwort. So gut zu spielen, wie man kann, ist die Definition des Sieges.

Kommentare an die Medien nach dem Spiel

Ich mag ein zehnminütiges Abwärmen nach Spielen, vor allem nach einem harten Playoff-Spiel oder einer kraftraubenden Niederlage. Dies ist eine Zeit, in der Sie bei der Mannschaft sein sollten, entweder um zu feiern oder Ratschläge zu geben. Nach einem großen Sieg heben Sie den Medien gegenüber die Dinge hervor, die die Mannschaft gut gemacht hat. Wenn Sie nicht gut gespielt und trotzdem gewonnen haben, sollten Sie bei Ihrer Einschätzung ehrlich sein. Die Spieler werden Ihren Kommentar lesen und ihn dann montags noch einmal hören.

Football ist ein Mannschaftsspiel, konzentrieren Sie Ihre Kommentare also auf die Mannschaft. Wenn ein einzelner Spieler hervorragend gespielt und durch sein Spiel über den Sieg entschieden hat, sollten Sie das durchaus auch sagen. Sie sollten jedoch auch in diesem Fall die Mannschaftsperspektive wahren.

Eines der schlimmsten Dinge, die Sie tun können, ist, einen Spieler aus der Mannschaft herausheben. Sie sollten also nie so etwas sagen wie: „Wenn der Rest der Mannschaft so gut gespielt hätte wie Jeff, wären wir o.k. gewesen." Dadurch isolieren Sie Jeff von den übrigen Spielern.

> **Wenn Sie mit den Medien sprechen,**
> - sollten Sie eine andere Mannschaft oder einen anderen Spieler nie herabsetzen,
> - sollten Sie nie über Ihre eigenen Spieler herziehen,
> - sollten Sie nie die persönlichen Probleme der Spieler diskutieren.

Vermeiden Sie auch hervorzuheben, daß der Angriff oder die Abwehr besser gespielt hat. Dadurch schaffen Sie zwei Mannschaften. Als ich an das Augustana-College kam, hatten wir zwei Mannschaften. Ich hörte dauernd, daß die Abwehr gut sei, der Angriff jedoch nicht. Beim ersten Trainer-Meeting sagte ich daher: „Eins möchte ich von vornherein klarstellen: Wir haben hier keine zwei Mannschaften. Wir haben keinen Angriff und keine Abwehr, selbst wenn wir aus zwei Zügen bestehen. Wir sitzen in einem Boot." Der Erfolg des einen hängt vom Erfolg des anderen Teils ab.

Zeigen Sie, daß Sie führen können

Eines der am schwersten greifbaren und dennoch wichtigen Dinge, die ein Trainer den Spielern vermitteln muß, ist seine Fähigkeit zu führen. Ich bin der Meinung, daß es eine Führungspyramide geben muß, bei der der Cheftrainer die Spitze bildet. Die Assistenztrainer und die Spieler müssen sich bewußt sein, daß die Dinge so organisiert sind. Sie können nicht davon ausgehen, daß sie es wissen; daher müssen Sie es bereits beim ersten Treffen mit ihnen klarstellen. Die schlimmsten Dinge passieren, wenn der Cheftrainer seine Führungsposition nicht durch eine effektive Führung untermauert.

Das bedeutet nicht, daß es sich um eine Einbahnstraße handelt, vom Trainer herunter zu den Assistenten und dann zu den Spielern. Ich ermutige meine Assistenztrainer *und* die Spieler, einen konstruktiven Input zu leisten. Nicht selten hatten Spieler bessere Ideen als ich selbst. Ich bin stets bereit, den Empfehlungen der Assistenztrainer und der Spieler zuzuhören, aber sie müssen eine gute Erklärung dafür haben, daß ihre Methode besser ist als die, die wir anwenden wollten.

Ich versuche stets, das Gefühl der Assistenten und Spieler für das Spiel zu wecken. Aufgrund ihrer Positionen sehen Quarterbacks und Defense Backs Handlungen auf dem Spielfeld oft auf eine Weise, die ihnen gute, funktionsfähige strategische Ideen gibt.

Obwohl dieser kooperative Ansatz auf Geben und Nehmen beruht, muß dahinter eine gewisse Autorität stehen. Die Spieler müssen wissen, daß Sie empfänglich für ihre Ideen sind. Wenn Sie Ihren Vorschlägen gegenüber offenbleiben und mit ihnen nicht ungeschickt umgehen, werden sowohl Sie selbst als auch die Spieler davon profitieren.

Führungsstile

Der autoritäre Stil wird zu oft mißbraucht und wird eher zu einer reglementierenden als zu einer disziplinierenden Methode. Wenn es sich bei Ihrer Mannschaft um eine streng reglementierte Mannschaft handelt ohne Kooperation, wird es im Falle von Mißerfolgen zu Frustrationen kommen. Sie werden sagen, daß Sie nur die Robotermethode kennen. Die kooperative Vorgehensweise ist viel besser, weil der Spieler die Freiheit hat, sich selbst ein wenig zu entfalten, und nicht derart reglementiert ist, daß er glaubt, es gäbe nur *eins*, was er tun könnte. Ein kooperativer Stil lockert die Zügel und gibt den Spielern die Flexibilität und die Wahlmöglichkeiten, ihren Job zu erledigen.

Wenn Sie sich große Programme ansehen, – das Lombardi-Programm oder das Basketball-Programm der UCLA – so werden Sie feststellen, daß diese Programme offensichtlich von guten Leuten geführt werden. Bei diesen Programmen gab es eine zentrale Person, von der jeder wußte, daß sie verantwortlich war, und um die sich alles drehte. Das ist wichtig. Weil das Spiel so schnell ist, muß Übereinstimmung hinsichtlich desjenigen, der die Verantwortung trägt, bestehen, so daß Anpassungen rechtzeitig stattfinden können.

Spielerführung

Spielerführung auf und abseits vom Spielfeld ist entscheidend. Der Führungsstil kann variieren, aber er sollte stets kooperative und autoritäre Komponenten aufweisen. Er sollte insofern kooperativ sein, als Input erlaubt ist, aber gleichzeitig so autoritär sein, daß jeder zum rechten Zeitpunkt die Anweisungen des Führers befolgt. Die Spieler können diese Anweisungen nicht in Frage stellen. Wenn ein Spielzug bekanntgegeben wird, muß jeder reagieren.

> **Zu viele Chefs**
> Es ist problematisch, wenn in einer Mannschaft viele Spieler sind, die sich für clevere Jungs halten. Sie alle kennen das automatisierte System genausogut wie der Quarterback. Bei einem unserer nationalen Meisterschaftsspiele bedrängten unser Guard und unser Tackle den Quarterback, er sollte auf einen bestimmten Spielzug verzichten. Dies verärgerte den Quarterback, so daß er eine Auszeit ausrief, zur Seitenlinie kam und erklärte, was die Linespieler gesagt hatten. Nach der Serie von Downs rief ich die Offense zusammen, zeigte auf den Quarterback und sagte: „Hört nur auf ihn. Wenn der Quarterback den Spielzug ausruft, führt ihn aus. Er ist der Führer."

Einige sind zum Führer geboren, andere werden dazu gemacht. Einige Menschen haben eine natürliche Gabe zu führen, weil sie talentierte Spieler sind und bereit sind, das Spiel zu machen. Gott gab ihnen ihr Talent. Sie sind Führer aufgrund ihrer Fähigkeiten. Andere Spieler führen aufgrund ihrer Intelligenz. Sie kennen das Spiel, studieren es und denken schneller im Spiel als andere, weil sie härter arbeiten als andere.

Die besten Führer sind sowohl Führer auf als auch abseits des Spielfelds. Gute Führung schlägt sich im Unterrichtsraum, in der Umkleidekabine und auf dem Trainingsplatz nieder.

Führung auf dem Spielfeld

Führer treiben andere zu großen Taten. Sie zeigen höchsten Einsatz und ermutigen ihre Mannschaftskameraden im Training, nach dem Training und während des Spiels. Führer müssen in der Lage sein, selbst das zu tun, wozu sie ihre Mannschaftskameraden auffordern. Führer reden nicht nur, sie geben Beispiele, denen andere folgen.

Wenn Sie gute Führer haben, hilft Ihnen das als Trainer. Es ist hart für einen Trainer, die Führerrolle in jedem Bereich zu übernehmen, da er normalerweise hinsichtlich kleiner Dinge zu kritisch ist. Wenn dann große Dinge auf ihn zukommen, fehlt dem Hund, der gebellt hat, der Biß.

Der Quarterback ist oft derjenige, dem man die Führung übergibt, da er im Huddle die Spielzüge ausruft, sie absagt und in einer Position ist, von der aus er alles sieht. Manchmal ist die Führungsrolle also ohne besonderes Dazutun an eine Spielposition gebunden.

Führung abseits des Spielfelds

In mancherlei Hinsicht ist es entscheidender, daß Ihre Spieler eine gute Führung abseits des Spielfeldes zeigen als auf dem Feld. Sie sehen die Spieler auf dem Feld nur etwa drei Stunden pro Tag. Wenn ein Spieler Ihnen und den Werten, die Sie durch den Football vermitteln, nicht besonders verbunden ist, ist es unmöglich, in drei Stunden genug zu vermitteln, um das auszugleichen, was er in den übrigen 21 Stunden aufschnappt.

Zusammenfassung

1. Sie können Kommunikation nicht vortäuschen.
2. Sie müssen ein sozialer Mensch sein. Einige der hier erwähnten Dinge werden helfen, aber es ist wichtiger, daß Sie ehrlich an anderen interessiert sind. Aus dieser Perspektive können Sie die kommunikativen Fähigkeiten entwickeln, die nötig sind, um den Job zu erledigen.

3 Wie man die Spieler motiviert

Ich werde oft gefragt: „Wie schaffen Sie es, daß Ihre Spieler immer mit soviel Einsatz spielen?" Diese Frage konnte ich weder in einer Unterhaltung noch in einem Trainerseminar jemals beantworten. Aber jetzt hat man mir die Gelegenheit dazu gegeben: ein ganzes Kapitel über die Motivierung von Spielern! Motivation ist der Schlüssel zum Erfolg.

Wenn jeder wüßte, wie er die Spieler jederzeit optimal motiviert, würden alleine Kondition und technisches Können über den Erfolg eines Trainers entscheiden. Wir wären alle gleich. Aber weil die Motivation ein derart flüchtiger Aspekt des Coachings ist, ist es gerade die Fähigkeit, Spieler zu motivieren, durch die sich erfolgreiche von weniger erfolgreichen Trainern unterscheiden.

Die Basis der Motivation

Als Trainer glauben wir, daß High School-Footballspieler intrinsisch motiviert sein sollten. Diese Art von Motivation kommt aus dem inneren Antrieb eines Spielers. Es ist die Art von Motivation, nach der jeder Trainer sucht, die jedoch nur wenige Spieler haben. Daher suchen Footballtrainer wie Sie und ich immer nach Methoden, um den Wunsch der Spieler zu spielen zu steigern und unsere Mannschaften zu stärken.

WIE MAN DIE SPIELER MOTIVIERT

Meinen motivationalen Ansatz habe ich nicht aus einer komplexen oder populären psychologischen Theorie abgeleitet. Ich bin zu praxisorientiert und außerdem zu alt für solche Methoden. Statt dessen stammen meine Meinungen zur Motivation von meinem *Wissen* darüber, was funktioniert und was nicht funktioniert. In diesem Zusammenhang ist die folgende Überzeugung am wichtigsten: *Sie können einen Spieler nicht dazu bringen, etwas zu tun, sie können ihn nur dazu bringen, daß er etwas tun will.* Das ist es also, was wir zu tun versuchen, das ist unser Ziel. Und um dieses Ziel zu erreichen, muß ein Trainer meiner Meinung nach drei Dinge tun:

1. *Ordnen Sie Ihre Prioritäten und vermitteln Sie sie konsequent.* Ihre Fähigkeit zu motivieren, hängt sehr stark von Ihrer Philosophie (Kapitel 1) ab und davon, wie Sie diese Philosophie anderen vermitteln (Kapitel 2). Eine sichere Methode, die Motivation zu erhöhen, besteht darin, den Athleten deutlich zu zeigen, daß ihr Wohlbefinden den höchsten Stellenwert hat. Umgekehrt wird eine Einstellung, die nur den Sieg im Auge hat, und die den Spielern durch einseitige Monologe diktiert wird, wenig zur Motivationssteigerung beitragen.

2. *Zeigen Sie, daß Sie an jedem einzelnen Spieler interessiert sind, und lassen Sie jeden Spieler wissen, daß Sie ihm dabei helfen wollen, sich zu verbessern.* Es mag einfach klingen, aber die Spieler müssen wissen, daß die Motive, die den *Trainer* zum Coaching veranlassen, auch in ihrem eigenen besten Interesse sind. Ihr Bemühen, die körperlichen, sozialen, psychologischen und emotionalen Fähigkeiten der Spieler zu verbessern, wird Ihre Spieler zu einem höheren Einsatz motivieren.

3. *Erlernen Sie die allgemeinen Prinzipien der Motivation.* In diesem Kapitel werde ich erklären, was ich für die grundlegenden Methoden der Motivierung der Spieler halte. Zusammengefaßt lesen sie sich wie folgt:

- Seien Sie positiv.
- Setzen Sie Ziele.
- Seien Sie konsequent.
- Sorgen Sie für Disziplin.
- Geben Sie ein gutes Beispiel ab.
- Vermeiden Sie Selbstgefälligkeit.
- Strafen Sie selten.
- Räumen Sie den Spielern ein Mitspracherecht ein.

Seien Sie positiv

Die beste Regel, um mit Spielern zu arbeiten, besteht darin, zu ermutigen statt zu entmutigen, vor allem, wenn Sie ein Programm entwickeln (Kapitel 4). Sie müssen selbst positiv auftreten, wenn Sie Ihre Spieler zu positivem Denken erziehen wollen. Um Erfolg zu haben, müssen sie an sich selbst glauben, und das ist leichter, wenn die Spieler wissen, daß Sie an sie glauben.

Vermeiden Sie es, den Spielern nur dann ein positives Feedback zu geben, wenn das Sieg-Niederlage-Verhältnis stimmt. Es ist kein Problem, die Spieler zu loben, wenn ihre Leistung und das Sieg-Niederlage-Verhältnis gut sind. Und es macht wirklich Spaß zu coachen, wenn jeder Ihnen auf die Schulter klopft. Aber wenn die Dinge nicht so gut laufen und sich dies im Sieg-Niederlage-Verhältnis niederschlägt, kann es sein, daß Ihre Ermutigung der Spieler nachläßt, und es kann dann schwererfallen, positiv zu sein. Die Spieler hören nur von ihren Fehlern, und so kommt es, daß ihre Motivation entweder unten oder auf Angst gegründet ist – beide Alternativen sind nicht positiv.

Statt also auf das Spielergebnis, sollten Sie Ihr Lob und Ihre Belohnung der Spieler darauf gründen, wie diese die Frage beantworten: „Habe ich mein Bestes gegeben?" Ich selbst stelle mir stets diese Frage, wenn ich den Trainingsplatz oder das Spielfeld verlasse. Und ich erwarte von jedem meiner Spieler das gleiche. Sie sollten nicht mit der Antwort warten, bis Sie die Aufzeichnung des Spiels gesehen haben. Sie und Ihre Spieler sollten in der Lage sein, diese Frage zu beantworten, bevor Sie den Umkleideraum erreicht haben. Wenn Sie alles nur Erdenkliche getan haben, haben Sie allen Anlaß, mit erhobenem Kopf zu gehen.

Die Spieler müssen wissen, daß manchmal die Tatsache, daß sie ihr Bestes gegeben haben, nicht gut genug für ein positives Ergebnis auf der Wertetabelle ist. Aber sie sollten auch lernen, unabhängig vom Ergebnis, auf ihren Einsatz stolz zu sein. Und dieser Stolz wird sie ein Leben lang motivieren.

Setzen Sie Ziele

Ein hoher Einsatz hilft nur, wenn er zielgerichtet ist. Wenn Sie Ziele setzen, haben die Spieler etwas, worauf sie hinarbeiten können – Zwischenziele sind Stufen zu großen Zielen. Letztendlich heißt es: „Keine Ziele gesetzt, nichts erreicht."

Einige Trainer setzen Ziele, weil dies gut aussieht und sie dadurch vorbereitet wirken. Wirklich lohnenswerte Ziele sind jedoch leichter gesetzt als erreicht. Seien Sie bei der Zielsetzung vorsichtig, und wenn Sie die Ziele einmal gesetzt haben, geben Sie Ihr Ganzes, um sie auch zu erreichen. Wenn Sie feststellen, daß die Ziele unerreichbar sind, durchdenken und überarbeiten Sie sie noch einmal, und arbeiten Sie dann mit Eifer auf diese neuen Ziele hin.

Die Spieler brauchen etwas, auf das sie hinarbeiten. Und es ist wichtig, daß das, was sie anstreben, mit Ihrer Philosophie und Ihren Zielen übereinstimmt.

Mannschaftsziele

Sie können eine ganze Mannschaft durch eine geeignete Zielsetzung motivieren. Versuchen Sie, die Motive Ihrer Spieler durch die Mannschaft zu kanalisieren. Vor jeder Saison diskutieren wir darüber, was wir als Gruppe realistischerweise erreichen können.

Trainer, die das bloße Punktergebnis zum Ziel ihrer Mannschaft erheben, unterliegen einer Selbsttäuschung; das Ziel muß mehr umfassen. Natürlich kann das Gewinnen einer bestimmten Anzahl von Spielen ein Ziel sein. Aber Ihre Chance, dieses Ziel zu erreichen, hängt auch davon ab, gegen wen und wo Sie spielen. Es kann also unmöglich sein zu gewinnen, auch wenn Sie so gut spielen, wie Sie können.

Wenn der bloße Sieg das Ziel ist, kann sich dies in einer unbeständigen Leistung niederschlagen, denn der Punktestand ändert sich in einem Spiel laufend. Eine Mannschaft kann träge werden, wenn sie vorne liegt, oder sie kann in Panik geraten, wenn sie hinten liegt.

Betonen Sie also nicht, daß das Spiel 6-3 oder 5-4 für Sie stehen könnte, sondern sprechen Sie statt dessen lieber davon, wie gut die Mannschaft spielen kann, und setzen Sie dann Ziele, um dieses Niveau zu erreichen. In Jahren, in denen ich glaube, daß wir einen Conference-, State-, oder nationalen Titel gewinnen können, bin ich offen zu den Spielern und sage es ihnen. Aber ich betone auch, daß sie hart arbeiten müssen, wenn sie ihre Chance nutzen wollen.

Individuelle Ziele
Vor der Saison spreche ich mit jedem Spieler über die Ziele: seine individuellen Ziele und seine Ziele für die Mannschaft. Jeder Spieler hat seine eigenen Ideen, und als Trainer ist es wichtig, daß Sie diese Ziele offen durchsprechen. Versuchen Sie, die Ziele der Spieler auf einem realistischen Niveau zu halten, und stellen Sie sicher, daß ihre individuellen Ziele mit den Mannschaftszielen übereinstimmen.

Sagen Sie einem Spieler nie, daß er etwas nicht erreichen kann, selbst wenn es sich um ein unrealistisches Ziel handelt. Er muß irgendwann lernen, wie man sich als Spieler und im normalen Leben realistische Ziele setzt. Wenn er durch Fehler lernt, was für ihn im Football realistisch und unrealistisch ist, wird er vielleicht eines Tages in der Lage sein, derartige Einschätzungen auch besser im normaler Leben zu treffen. Wenn Sie sehen, daß ein Spieler entmutigt wird, weil er feststellt, daß er sich seine Ziele zu hoch gesteckt hat, sollten Sie ihm eine entsprechende Hilfe geben.

Kurzfristige und langfristige Ziele
Das kurzfristige Ziel, das Spieler permanent anstreben sollten, ist ein maximaler Einsatz zusammen mit einer guten Ausführung. Eine Mannschaft, die dieses Ziel in jedem Spiel erreicht, wird erfolgreich sein.

Als langfristiges Ziel, vorausgesetzt, es ist realistisch, strebe ich gerne den Conference-Titel an. Wenn Sie eine Chance haben, gegen andere Conference-Mannschaften zu bestehen, wird der Sieg bei der Conference-Meisterschaft zu Ihrem langfristigen Ziel.

Wenn wir erst einmal ein beständiges Erfolgsniveau erreicht hatten, waren unsere Ziele auf High School-Niveau immer:

1. den Conference-Titel zu gewinnen,
2. die State-Playoff-Runde zu erreichen,
3. State-Meister zu werden und
4. State-Meister zu werden, ohne eine Niederlage einzustecken.

Änderung der Ziele

Manchmal klappt alles nicht so reibungslos. So verloren wir in einer Saison einmal die Conference-Runde mit 7 Punkten Rückstand, kamen in die Playoff-Runde und wurden State-Meister. Jeder war glücklich, obwohl wir nicht alle unsere langfristigen Vorsaisonziele erreicht hatten. Wir Trainer beschlossen also, daß unser zukünftiges Ziel ganz einfach sein würde, 13 Spiele zu spielen und das letzte zu gewinnen.

Fehlgerichtete Ziele

Ich habe nie Ziele gemocht, wie, dafür zu sorgen, daß der Gegner null Punkte macht oder weniger als 100 Yards mit dem Ball läuft. Natürlich versuchen wir wie jede andere Mannschaft auch, den Gegner so lange wie möglich kleinzuhalten, aber ich habe das meinen Spielern gegenüber nie übermäßig betont.

Keine Seitenpfade

In einer Saison spielten wir ohne Niederlage und ohne Punktverlust. Im vierten Viertel des fünften Spiels beendete der gegnerische Quarterback einen Punktepaß gegen unsere Junior-Varsity-Truppe. Ein Assistenztrainer sagte daraufhin: „Oh, Mann!" Auf meine Frage, was los sei, antwortete er: „Sie haben gegen uns gepunktet, unser erster aufgegebener Touchdown in diesem Jahr." Ich sagte: „Hey, das ist doch gut." Er blickte erstaunt und fragte: „Warum sagen Sie so etwas?" Ich antwortete: „Es ist gut, weil wir nicht versuchen sollten, zwei Spiele in einem Spiel zu spielen. Wenn wir das tun, kann die andere Mannschaft zweimal mehr punkten, bevor wir wieder auf den richtigen Weg kommen. Wenn wir ein sinnloses Ziel verfolgen, wie z. B., jemanden nicht zum Zuge kommen zu lassen, wird es uns von unserem eigentlichen Ziel, ohne Niederlage zu bleiben, ablenken." Aus diesem Grund habe ich derartige Ziele nie betont.

Wenn die Saison vorüber ist, interessieren sich die meisten Fans und die Medien nur dafür, wie viele Spiele Sie gewonnen haben. Es ist ihnen mehr oder weniger egal, ob Sie mehr erste Versuche als die Gegner hatten. Und keine Mannschaft, die sich darauf konzentriert hat, hinsichtlich der ersten Versuche die Nummer 1 zu werden, hat jemals langfristig Erfolg gehabt oder für ihre „Leistungen" Anerkennung erhalten.

Seien Sie konsequent

Siegreiche Mannschaften zeichnen sich durch Beständigkeit aus. Ein beständiger Einsatz und eine beständige Leistung mag manch einem als langweilig erscheinen, aber es dürfte Ihnen schwerfallen, mir zwei Spieler der All-American-Auswahl zu nennen, die in diesen beiden Bereichen beständig sind. Siegesserien basieren auf Beständigkeit, und sie werden durch den Einsatz vieler Spieler erreicht, nicht nur durch den Einsatz von zwei Spielern.

Sie sind der entscheidende Faktor. Ihre Mannschaft wird nur beständig sein, wenn Sie

- ein *Spiel mit hohem Einsatz* und *als geschlossene Mannschaft* über alles andere stellen,
- für *Disziplin sorgen*, die eine gesunde Philosophie stützt und
- ein *Beispiel* durch Ihre eigene Beständigkeit *setzen*.

Betonen Sie die Härte des Spiels

Das wichtigste Ziel, nach dem man stets streben sollte, ist, *die ganze Zeit über sein Bestes zu geben*. Beständigkeit wird erreicht, wenn die Ziele unabhängig von der Leistung des Gegners sind. Um beständig zu sein, sollten Sie weniger das Spiel des Gegners als vielmehr Ihr eigenes Spiel im Auge haben. Das Entscheidende ist, daß Sie den Spielern beibringen, mit einem so hohen Einsatz wie nur möglich und als geschlossene Mannschaft zu spielen. Das Schöne bei dieser Haltung ist, daß die Spieler immer motiviert sein werden und nicht je nach Gegner oder in Abhängigkeit von Sieg oder Niederlage schwanken.

Wenn Sie also vor der Saison mit der Mannschaft sprechen, sollten Sie nicht irgendein besonderes Spiel als *das* Spiel hinstellen. Betonen Sie, daß jedes Spiel von entscheidender Bedeutung und die Vorbereitung wert ist. Aus diesem Grunde heben die Spieler Gewichte; aus diesem Grunde absolvieren sie Intervallsprints; aus diesem Grunde geben sie jeden Tag im Training ihr Ganzes.

Aber gleichgültig, was Sie tun, einige Mannschaften bleiben hinter ihrer Leistungsfähigkeit zurück, während andere ihre alten Leistungen übertreffen. Offensichtlich ist, daß Sie dafür sorgen sollten, daß Ihre Mannschaft in jedem Jahr ihr Potential erreicht.

Und dies wird der Fall sein, wenn Sie alles in Ihrer Macht stehende tun, um Beständigkeit zu erzielen, die daraus resultiert, daß die Spieler in jedem Training und Spiel ihr Bestes geben.

Den Biß verlieren
Während unserer 52 Spiele umfassenden Siegesserie war die Mannschaft von 1968 ihren Gegnern talentmäßig ebenbürtig. Wir hatten zwei All-State-Backs, die den Hochschulabschluß erreicht hatten, verloren, und jeder hatte das Gefühl, unsere Siegesserie wäre zu Ende. Aber in diesem Jahr hatten wir die entschlossenste Gruppe von Jungen, die sich ein Trainer nur wünschen kann. Aufgrund ihrer mentalen Einstellung konnten sie einfach nicht verlieren. Sie gewannen mit Ergebnissen wie 21-20 und 13-7. Schließlich standen wir unentschieden, und ich glaube, es lag daran, daß wir in der Woche zuvor den Conference-Titel unter Dach und Fach gebracht hatten, und die Spieler nicht mit dem Einsatz spielten, der möglich gewesen wäre. Nachdem sie ihr Ganzes gegeben hatten, um den Titel zu gewinnen, schienen sie jetzt zu spielen, als ob sie Angst vor einer Niederlage hätten.

In Playoff-Spielen ist die Beständigkeit noch wichtiger. Ein schlechtes Spiel, und Sie sind draußen. Playoff-Spiele lehren Sie den Wert der Beständigkeit, aber wenn Sie diese Lektion gelernt haben, ist es in der Regel zu spät.

Beständigkeit versus Rekorde: Einige Trainer glauben, daß statistische Rekorde eine hohe, motivierende Wirkung haben. Sie verlangen von einem Back, daß er versucht, 1000 Yards mit dem Ball zu laufen etc.

Ich bin gegen diese Einstellung, da hierbei die individuelle Leistung über die Mannschaftsleistung gestellt wird. Dies ist vielleicht der Grund, warum meine Mannschaften jedes Jahr eine ähnliche Statistik aufwiesen. Wir zielen darauf ab, daß *alle unsere Rückraumpositionen* 1000 Yards mit dem Ball laufen. Wir heben keinen einzelnen Runningback heraus, sondern vielmehr die Position. Wir motivieren und entwickeln gleichzeitig eine große Leistungsdichte.

Wir haben am Augustana-College einige nationale Rekorde im Hinblick auf den Mannschaftsangriff und die -abwehr aufgestellt. All diese Rekorde wurden durch konsequentes Spiel erreicht, *nicht* durch die Betonung des Rekords über das Spiel.

Keine flüchtige Idee
Wir versuchen, zu den Spielern, die wir rekrutieren wollen, immer ehrlich zu sein. Ich erinnere mich an ein Gespräch mit dem Vater eines All-State-Quarterbacks, der in unserem System ein Dropback-Passer gewesen wäre, und ich sagte: „Nein, wir betonen hier das Laufen mit dem Football. [Unser Quarterback ist

eher ein flexibler Läufertyp, kein Dropback-Passer.] Wir hätten Ihren Sohn zwar gerne bei uns, aber wir vertreten nicht den Spielstil Ihres Sohnes." Der betreffende Spieler ging zu einer anderen Schule. Aber im nächsten Jahr kam der Quarterback, der in der High School hinter ihm spielte, zu uns.

Wir hatten auch einmal einen jungen Mann, der von Indiana zu uns wechseln wollte. Er glaubte, in unserem System alle auf dieser Ebene möglichen Rekorde anstreben zu können. Ich sagte ihm ganz klar, daß er mit dieser Einstellung kaum zufrieden werden würde, weil wir die Mannschaftsleistung und keine individuellen Rekorde betonten.

Wie würden Sie sich fühlen, wenn Sie einer Mannschaft gegenüberstehen würden, die einen Einzelspiel-Paß-Rekord anstrebt, während Sie bereits 0:50 zurückliegen? Seien Sie nicht beleidigt, wenn Sie es für sinnvoll halten, solche Rekorde anzustreben. Aber ich denke lieber in einem größeren Rahmen und gründe unsere Ziele auf wichtigere Dinge.

Mannschaftserfolg = individuelle Belohnungen

Unsere Spieler verstehen, daß sie eher individuelle Belohnungen erhalten, weil sie Bestandteil eines erfolgreichen Programms sind. Im ersten Jahr, als wir hier ohne Niederlage blieben (1981), wandte sich nach dem Conference-Awards-Meeting unser Kapitän (Greg Bednar, ein großer Spieler und Academic All-American) mir zu und sagte: „Sehen Sie einmal, wie viele Spieler wir im All-Conference-Team haben!" Er und die anderen sahen, daß das System diejenigen belohnt, die Mitglieder eines erfolgreichen Programms sind. Aus diesem Grunde hängen an den Wänden meines Büros die Porträts aller All-American-Spieler, die wir hatten, und keiner von ihnen stand jemals an der Spitze einer individuellen Statistik. Wir haben wirklich selten jemanden in unserer Mannschaft, der die Conference in irgendeiner statistischen Kategorie anführt.

Sorgen Sie für Disziplin

Sie sollten jeden Tag die gleichen Werte fördern und Gleiches lehren. Das heißt, daß Sie nicht zwischen lockerem und autoritärem Verhalten hin- und herschwanken sollten. Das ist, als würden Sie ohne Vorwarnung einmal mit der Wünschelrute und ein andermal mit der Schrotflinte vorgehen. Das einzige Resultat eines derartigen Verhaltens ist Verwirrung und Frustration auf seiten der Spieler, und sie werden aus dieser Erfahrung wenig lernen.

Die Spieler brauchen eine berechenbare Atmosphäre, in der sie etwas lernen können. Sie brauchen Absicherung und Vertrauen, um den Einsatz und die Konzentration aufzubringen, die für ein beständiges Spiel wesentlich sind.

Die Spieler müssen auch den Wert des Mannschaftsspiels verstehen. Wir verlieren potentielle Footballspieler, weil viele Trainer versäumen, dafür zu sorgen, daß Football eine wertvolle Erfahrung für sie wird. Unsere Betonung des Sieges hat eine große Anzahl frustrierter ehemaliger Footballspieler im Kielwasser. Die Sportler sagen: „Wenn ich nicht die Nummer 1 bin, höre ich auf." Hier beginnt der ganze Kreislauf, bis hinunter zur Junior High School.

Obwohl sich die Werte geändert haben, haben sich die Kinder nicht sehr verändert. Sie brauchen noch immer Disziplin und wollen geführt werden, so lange, wie dies die Prinzipien sind, die auf die ganze Mannschaft angewandt werden.

Kein Gefallen an diesem Angeber

In meinem ersten Jahr am Augustana-College hatten wir einen angeberischen Spieler, der gleichzeitig unser Punter war. Während des vierten Viertels des ersten Spiels jenes Jahres lagen wir mit zwei Touchdowns vorne. Wir hatten ungefähr eine 4th-and-2 Situation und waren daher in der Punt-Formation. Aber als der Ball im Snap übergeben wurde, lief der Punter zur First-Down-Markierung und machte einen Touchdown.

Ich schimpfe nur selten öffentlich mit einem Spieler, aber dieses Mal wies ich den Punter vor den übrigen Spielern zurecht, daß er nicht, wie instruiert, gepuntet hatte. Er sagte: „Aber ich habe doch einen Touchdown gemacht, Trainer!" Worauf ich sagte: „Es ist mir egal, ob Du einen Touchdown gemacht hast, Du kannst nicht unabhängig von der Mannschaft agieren." Der Spieler nahm sich das zu Herzen und wurde später zum All-Conference-Spieler.

Einflüsse der Eltern

Einige Spieler versuchen, in die Footballmannschaft zu gelangen, weil ihre Eltern (normalerweise der Vater) dás wollen. Allzu oft sind die Prioritäten der Eltern mit denen des Jungen nicht identisch. Es kann sein, daß der Vater durch den Jungen etwas nachholen will, was er selbst nicht erreicht hat.

Die Elternfalle

Ein Spieler, der hinter einem All-American-Spieler spielte, hatte einen Vater, der nicht verstehen konnte, warum sein Sohn nicht häufiger spielte. Der Junge war im Training zwar sehr gut, hatte jedoch auf dem Footballplatz keinen Mut. Ich meine damit, daß er, wenn er mit Höchstgeschwindigkeit auf einen Runner zulief, der ebenfalls maximal schnell war, nachgab. Er sah wirklich wie ein guter Spieler aus, bis es zum Zusammenstoß kam; dann verließ ihn der Mut.

Ich versuchte, dem Vater klarzumachen, daß sein Sohn nicht zum Einsatz kam, weil ein All-American-Spieler vor ihm stand. Aber der Vater trieb mich in die Ecke, und schließlich mußte ich ihm die krasse Wahrheit sagen, warum sein Sohn auf der Bank saß. Es verletzte ihn sehr, aber ich konnte nichts anderes sagen. Sie können mir ruhig glauben, ich sagte alles Mögliche, nur um seine Gefühle nicht zu verletzen, aber er war so hartnäckig, daß ich schließlich die verletzende Wahrheit sagen mußte.

Im allgemeinen wollen die Eltern aber nur das Beste für ihre Söhne, und sie vertrauen Ihnen, daß Sie dafür sorgen, daß das auch eintritt. Die Eltern sind ein sehr wichtiger Teil eines erfolgreichen Programms, auch wenn einige versuchen, Einfluß auszuüben und Ihr Programm dominieren wollen.

Geben Sie ein gutes Beispiel ab

Die Motivation der Spieler liegt in der Verantwortung des Cheftrainers. Wenn Sie nach dem Spiel den Pressevertretern sagen: „Wir haben emotionslos und ohne Intensität gespielt," geben Sie zu, nichts getan zu haben, um die Einstellung der Spieler und ihre mentale Vorbereitung verbessert zu haben.

Trainer müssen die ganze Zeit über hart arbeiten und ein gutes Beispiel abgeben. Die Spieler sind ein Spiegelbild des Trainers. Wenn Sie aufgeregt sind und bereit sind loszulegen, wissen sie es, sie spüren es. Umgekehrt ist es, wenn Sie niedergeschlagen und uninteressiert sind, auch das spüren sie und spielen entsprechend.

Emotionale Niederlage

Ich erinnere mich an ein Spiel, das wir hätten gewinnen können. Der Grund für unsere Niederlage war, daß ich mich bis Donnerstag noch nicht von einer Niederlage, die wir in der Woche vorher erlitten hatten, erholt hatte. Ich tat mir selbst zu lange leid, und die Spieler spiegelten meine Einstellung wider.

Eines der schwierigsten Dinge ist, sich von einer Niederlage emotional zu erholen und die Spieler wieder aufzubauen. Besser ist, Ihr System von der Niederlage zu bereinigen. Wenn der Montag einmal gekommen ist, haben Sie nur noch fünf Trainingstage, um sich auf das Spiel vorzubereiten. Wenn Sie Montag, Dienstag, Mittwoch und Donnerstag damit vergeuden, sich selbst leid zu tun, haben Sie die Chance Ihrer Mannschaft auf einen Sieg um 80 % reduziert. In diesen Situationen sage ich am Montag, was ich zu sagen habe, und es ist vorbei. Das ist es. Ich sage den Spielern: „Laßt uns von hier aus weitermachen, und wenn es nicht 9-0 sein kann, dann immerhin 8-1."

Als Cheftrainer tragen Sie die Verantwortung gegenüber 50 oder 100 Leuten. Wenn Sie der Führer sind, müssen Sie zeigen, daß Sie sich wieder aufrappeln können. Jugendliche sind sehr aufmerksam; sie lassen sich nicht täuschen. Wenn Sie sich nicht wieder aufrappeln, werden die Jugendlichen es auch nicht tun.

Eine Notwendigkeit für Trainer: intrinsische Motivation
Ich kann mich glücklich schätzen, daß mein Job gleichzeitig mein Hobby ist. Ich liebe das Coachen. So weit ich zurückdenken kann, habe ich in meiner Freizeit Football studiert oder darüber nachgedacht. Und in den Zeiten der Einsamkeit und der Enttäuschung war Football für mich immer eine Quelle des Trostes. Football hilft mir, mich zu entspannen und mich von Problemen zu lösen. Ich bin dankbar dafür, daß ich derartigen Spaß an meinem Beruf habe. Wenn das nicht so wäre, wäre ich bereits vor langer Zeit ausgebrannt.

Motivation muß von innen heraus kommen. Wenn Sie bereit sind loszulegen, können Sie Ihre Spieler inspirieren. Denken Sie jedoch daran, daß jede Gruppe von Spielern ein wenig unterschiedlich ist und anders reagiert. Der größte Motivationsfaktor für High School-Spieler ist zu betonen, daß Sie wünschen, daß sie Spaß am Spiel haben sollen. Es gibt genug andere Dinge im Leben, die sie mit Ernst betreiben müssen.

Die Spieler dazu zu motivieren, sich zu konzentrieren und konzentriert zu bleiben, ist entscheidend beim Coaching. Sie müssen sie dazu bringen, sich während der Woche auf ihre individuellen Verantwortungen zu konzentrieren und einen Freitag-bis-Freitag- oder Samstag-bis-Samstag-Plan beizubehalten. Sie können Vorbereitungstage nicht sausen lassen und trotzdem gewinnen. Diese Tage sind entscheidend. Betonen Sie immer wieder, daß die Spieler besonders scharf und aufmerksam sein und im Training hart arbeiten müssen.

> **Guter Dienstag = Guter Freitag**
> Der Dienstag war in der High School der wichtigste Trainingstag für uns, denn wir reduzierten das Training am Mittwoch, absolvierten am Donnerstag kein Schußtraining und spielten am Freitag. Ich kann mich erinnern, daß ein Junge im Umkleideraum schrie: „Hey, das ist der letzte Dienstag." Die Spieler wußten, daß dies das letzte Dienstagstraining des Jahres war, und sie motivierten sich, ein gutes Training zu absolvieren. Sie wußten, wie wichtig dieses Training im Hinblick auf ihren Erfolg am Freitagabend war. Sie verstanden, daß die Routine, die wir verfolgten, effektiv war. Ich glaube, das half ihnen, sich auf ein großes Spiel vorzubereiten.

Vermeiden Sie Selbstgefälligkeit

Selbstgefälligkeit ist die Annahme, daß Erfolg ohne großen Einsatz zu erreichen ist. Wenn eine Mannschaft regelmäßig gewinnt, ist es leicht, die Dinge schleifen zu lassen. Statt am Mittwoch ein hartes Training zu absolvieren, können Sie auch ein leichtes Training durchführen.

Ich bin selbst in diese Falle geraten, und es schadete der Mannschaft. Wir wurden so gut, – zumindest glaubten wir das – daß die Spieler wußten, daß nach Mittwoch die harte Arbeit getan war. Für einige wurde der Mittwochabend zum Partyabend, und wir hatten schließlich eine aus zwei Zyklen bestehende Woche: Die Spieler arbeiteten nur noch dienstags und mittwochs und dann wieder am Samstag.

In einer derartigen Situation geht es mit der Disziplin der Mannschaft langsam bergab, selbst dann, wenn sie weiter siegreich spielt. Und statt die Probleme sogleich anzugehen, wenn sie entstehen, fragen Sie sich selbst: „Soll ich mich über diese kleine Angelegenheit aufregen? Ist es es wert?" Im Jahr zuvor hätten Sie noch Vorschriften gemacht, aber jetzt wollen Sie nichts mehr stören. Und Sie lassen zunehmend die Dinge laufen.

Manchmal bedarf es einer Niederlage, um Sie dazu zu bringen, einmal darüber nachzudenken, was Sie machen und zurück zu den Grundlagen zu finden. Ihnen wird bewußt, daß es die kleinen Dinge sind, die den Unterschied ausmachen.

Hüten Sie sich vor Selbstzufriedenheit

Ich habe gute Mannschaften gesehen, die bereits früh in der Saison auf hohem Niveau spielten und dann gescheitert sind. Gleichgültig, wie gut eine Mannschaft spielt, es ist wichtig, daß sie ihr Spielniveau im Verlauf der Saison kontinuierlich verbessert. Das geschieht nicht, wenn Ihre Spieler es nicht für nötig halten zu arbeiten.

Im Training und in allem, was wir tun, streben wir im Verlaufe der Saison nach kontinuierlicher Verbesserung. Dies steht in Einklang mit unserer Philosophie, nie zufrieden zu sein. Wir wollen so gut wie nur möglich sein, und unsere Mannschaftsleistung und unsere Individualleistung verbessern.

Keine Mannschaft bleibt auf einem Niveau stehen. Entweder sie verbessert sich mit ihrem Einsatz, oder sie fällt mangels Einsatz zurück.

Nicht *sollte* oder *hätte*, sondern *kann*

Ich hasse die Wörter *sollte* und *hätte* im Sport. Ich höre Spieler und Trainer die ganze Zeit über sagen: „Wir hätten sie schlagen müssen." Und vielleicht *hätten* sie das Spiel gewinnen *können*, aber eine Mannschaft ist nicht vorherbestimmt, eine andere zu schlagen.

Wir versuchen, unseren Spielern beizubringen, nie zu denken, daß etwas passieren *sollte*. Wir sagen, daß wir dafür sorgen *können*, daß es passiert. Wir müssen in jedem Training und jedem Spiel das Beste aus unseren Chancen machen. Wir müssen unseren Erfolg verdienen.

Bestrafen Sie selten

Ich bin kein Trainer, der gerne bestraft. Ein Spieler kann weder das Footballspiel noch für das Leben lernen, indem er Strafrunden dreht.

Das gleiche gilt für offensichtliche Fehler. Ein Spieler weiß, wann er einen Fehler gemacht hat. Sie sollten nicht die Spielzeit eines Spielers kürzen, es sei denn, er hat eine ganze Reihe von Fehlern gemacht und hat seinen Aufgabe für den Rest der Mannschaft nicht erfüllt. Wenn er einen offensichtlichen Fehler gemacht hat, können Sie nicht mehr viel tun. Er wird ihn verbessern, oder er wird durch jemanden ersetzt werden, der es kann.

Wofür strafen

Bestrafen Sie die mentalen Fehler – Leistungsfehler aufgrund von Konzentrationsmängeln oder schlechter Kommunikation. Erinnern Sie die Spieler daran, daß erfolgreiche Mannschaften nur wenige dieser Fehler machen.

Weil mentale Fehler so teuer und demoralisierend sind, können Sie sie nicht tolerieren. Wenn ein Spieler so abgelenkt ist, daß er entscheidende Beurteilungsfehler begeht, werden Sie ihn wahrscheinlich auswechseln müssen. Sie können keinen Spieler tolerieren, der den falschen Mann blockt oder den Ball zum falschen Receiver paßt. Derartige Fehler haben nicht mit körperlichen Fähigkeiten zu tun, sie sind Ausdruck eines Konzentrationsmangels.

Auch wenn Sie Spieler bestrafen müssen, sollten Sie trotzdem jeden fair behandeln. Sie könnten von denen, die Sie ausschimpfen, selbst unfair behandelt werden. Stellen Sie also sicher, daß Sie fair *und* beständig sind.

Die Spielzeit als Motivator
Sie kontrollieren die Spielzeit Ihrer Spieler – sie ist für die meisten das Kostbarste. Aus diesem Grunde stellt die Spielzeit für Sie einen Motivationsknopf dar, den Sie drücken sollten.

Die Spieler sollten wissen, daß sie trainieren, um im Spiel mit dabei zu sein, und daß sie für das Spiel nicht aufgestellt werden, wenn sie auf dem Trainingsplatz keine Leistung bringen.

Spieler in die zweite Mannschaft zu stecken oder sie aus dem Spiel zu nehmen, stellt eine effektive Motivation dar. Nennen Sie es ruhig eine Bestrafung, wenn Sie wollen. Wenn ein Spieler nicht sein Bestes gibt, können Sie ihn nicht im Spiel lassen. Es ist manchmal wirklich hart, wenn Sie einen großen, starken, schnellen Kerl auf dem Platz haben, der nur die Bewegungen absolviert. Solange er keinen Einsatz zeigt, stellt er keinen Nutzen für die Mannschaft dar.

> **Fast die Chance verpaßt**
> Eines Jahres verletzte sich unser Fullback, und wir stellten den Ersatz-Fullback auf. Der Reservespieler war ein Sophomore, der normalerweise im Training großen Einsatz zeigte. Als er jedoch in die Stammannschaft aufrückte, entschloß er sich, nicht mehr blocken zu müssen. Es dauerte nicht lange, bis wir ihn durch einen Freshman ersetzten, der gut blockte. Als der Sophomore das merkte, erarbeitete er sich wieder einen Stammplatz und zeigte stets vollen Einsatz. Als Senior wurde er All-American-Spieler.

Mannschaftsorientierte Disziplin
Obwohl unser Programm sehr diszipliniert ist, würde ich nie eine „Du-darfst-das-nicht-Methode" empfehlen. Disziplin muß der Eigenmotivation entspringen.

Konzentrieren Sie sich auf das Gesamtbild, und verschwenden Sie keine Zeit, indem Sie untersuchen, was die einzelnen Spieler nicht können. Sollten Disziplinarmaßnahmen nötig sein, sollten Sie darauf achten, daß sie mannschaftsorientiert sind. Wenn Sie einen Spieler bestrafen müssen, sollte die ganze Mannschaft die Verantwortung tragen. Wenn also ein Spieler bei einer Konditionsübung bummelt, wiederholt nicht nur er, sondern die ganze Mannschaft die Übung.

Wenn jemand während des Spiels ins Abseits gerät, wird nicht nur dieser Spieler, sondern die gesamte Mannschaft bestraft. Die Schiedsrichter sagen nicht, daß sich nur der linke Tackle beim nächsten Spielzug fünf Yards weiter hinten aufstellen muß. Die ganze Mannschaft geht fünf Yards nach hinten. Ich versuche also wann immer möglich, deutlich zu machen, daß jeder die Verantwortung für die Mannschaft trägt.

Stellen Sie also Richtlinien auf, denen sich die ganze Mannschaft als Gruppe verpflichten kann. Disziplin bedeutet im Leben meistens Verpflichtungen gegenüber anderen – Familie, Freunden oder Mannschaftskameraden. Jeder Spieler sollte glauben, daß die ganze Mannschaft von ihm abhängt.

Räumen Sie den Spielern Mitspracherecht ein

Mir gefällt es, wenn ein Spieler die Initiative ergreift, um die Mannschaft zu stärken. Er wird sagen: „Trainer, mir hat die Art, wie wir dieses oder jenes gemacht haben, nicht gefallen." Oder: „Mir gefiel die Einstellung der College-Studenten nicht." Sie erhalten gute Anregungen, wenn Sie auf derartige Kommentare hören.

Wenn Sie die Türen für die Anregungen der Spieler öffnen, seien Sie auch auf negatives Feedback gefaßt. Es ist natürlich für Jugendliche, daß sie hin und wieder meckern. Football ist harte Arbeit, und die Entscheidungen des Trainers sind nicht immer leicht zu akzeptieren. Wir sagen daher manchmal im Spaß, daß wir die Jungen nicht hart genug arbeiten lassen, wenn alle glücklich sind.

Wenn ein Spieler fragt, warum er nicht öfter eingesetzt wird, sollten Sie ihm eine ehrliche Antwort geben und es erklären. Wenn Sie dem Spieler keine Begründung geben können, *sollte* er wahrscheinlich spielen. Es kann sein, daß er Ihre Begründung nicht akzeptiert, aber machen Sie ihm klar, daß Sie über Ihre Entscheidung nachgedacht haben und die anderen Spieler als besser einschätzen. Sie sollten ihn dann ermutigen, Ihnen während der nächsten Trainingseinheiten zu beweisen, daß Sie unrecht hatten.

Trainer bekommen Schwierigkeiten, wenn sie glauben, alles richtig zu machen. Niemand ist fehlerfrei. Wir müssen stets versuchen, die Sichtweisen der Spieler zu verstehen und ihnen helfen zu verstehen, warum wir unsere Entscheidungen getroffen haben.

Weitere Gedanken über die Motivation

Ihre Methode muß der Entwicklungsstufe Ihrer Spieler angemessen sein. Sie trainieren einen Little-League-Spieler anders als einen Schüler der High School, und einen High School-Schüler anders als einen College-Spieler. Diese Jungen spielen aus unterschiedlichen Gründen und sind für andere Dinge sensibel. Ein Jugend-Footballspieler will vielleicht nur mit einem Freund zusammen in einer Mannschaft spielen; ein High School-Schüler spielt, weil seine Eltern wollen, daß er in der Mannschaft ist; ein College-Spieler spielt vielleicht wegen des Stipendiums.

Kinder und Jugendliche spielen nur selten aus einem einzigen Grund. Es ist viel komplizierter als das, und nicht jeder denkt so wie der andere. Versuchen Sie, die individuellen Persönlichkeiten der Spieler zu verstehen, und betonen Sie den Teil Ihrer Persönlichkeit, der der Persönlichkeit der Spieler am ehesten entspricht.

Mythen über die Motivation

- *Die Mannschaft, die am meisten trainiert, gewinnt auch am häufigsten.* Manchmal ist es am besten, den Spielern trainingsfrei zu geben. Sie brauchen ihnen nur zu sagen: „Du brauchst morgen nicht zum Training zu kommen; wir brauchen einen trainingsfreien Tag." Manchmal brauchen Sie genauso einen freien Tag wie Ihre Spieler.
- *Je mehr Zeit die Mannschaft zusammen verbringt, desto enger ist der Mannschaftszusammenhalt.* Einige Trainer treffen sich zu häufig mit ihren Spielern und machen das Zusammensein somit zu einer lästigen Pflicht. Nach einiger Zeit haben die Spieler keinen Nutzen mehr von diesem Zusammensein, weil sie müde von dem ganzen Gerede und es leid sind, daß man ihnen ihre Zeit, die sie für andere soziale Unternehmungen und für das Studium brauchen, stiehlt.
- *Je mehr Stunden man in die Vorbereitung investiert, desto besser ist die Mannschaft vorbereitet.* Die Trainer, die sagen: „Ich verbringe mehr Zeit in diesem Büro und in diesem Filmraum als ...", haben wahrscheinlich kein besseres Training durchgeführt oder ihre Spieler nicht besser motiviert als Trainer, die weniger Zeit in ihrem Büro verbracht haben. Fragen Sie sich selbst: Wieviel wissen meine Spieler? Wie sehr sind sie interessiert, von mir zu lernen? Sind sie aufmerksam? Macht ihnen das Training Spaß? Verlieren sie das Interesse?
- *Was die eine Mannschaft motiviert, motiviert auch die andere.* Manchmal fallen wir in ein bestimmtes Muster. Was wir am 30. August des vergangenen Jahres gemacht haben, machen wir auch am 30. August des neuen Jahres. Manchmal vergessen wir, daß wir 50 neue Spieler haben, die vielleicht auf das, was wir mit der Mannschaft der letzten Saison gemacht haben, nicht gut

reagieren. Wir haben einmal ein Spiel verloren, weil ich die Pläne eingesetzt hatte, die im vorangegangenen Jahr so gut funktioniert hatten, ohne darüber nachzudenken, inwiefern sich die Mannschaft dieses Jahres von der des letzten Jahres unterschied. Wenn Sie glauben, daß Sie alle Lösungen haben und nichts Neues mehr zu tun ist, werden Sie Probleme bekommen. Wir wurden deutlich von einer Mannschaft besiegt, die wir hätten schlagen können.

Die entscheidende Motivation

Die meisten Spieler, die bei unserem Programm bleiben, mögen es. Sie mögen das Programm, weil sie das nicht Greifbare als positiv empfinden, und sie haben das Gefühl, daß sie sich nicht nur als Footballspieler, sondern auch als Menschen entwickeln. Vor einigen Jahren entschied sich einer unserer Stammspieler vor seinem Seniorjahr, mit dem Football aufzuhören, um mehr Zeit für die Schule zu haben. Das störte mich nicht im geringsten. Im Gegenteil, ich bin sogar auf eine derartige Entscheidung sehr stolz, denn wer in der Lage ist, eine derart positive Entscheidung für seine Zukunft zu treffen, beweist, daß er während der ersten drei Jahre in der Mannschaft sehr gereift ist.

Football ist nichts für die Ewigkeit. Ich habe nie behauptet, Football sei das Leben. Wir heben Football nie höher als die ersten beiden Prinzipien (Glaube und Familie). Wenn ein Spieler sich entscheidet, aus unserem Programm auszuscheiden, um sich in einem anderen Bereich stark zu machen, freue ich mich, weil das bedeutet, daß er ein wenig erwachsen geworden ist.

Die richtigen Motive
Ich ermutigte einmal einen Stammspieler einer nationalen Meistermannschaft, im folgenden Herbst im Rahmen eines Schüleraustauschs für einige Monate nach Europa zu gehen, obwohl er zum zweiten Mal hintereinander in unserer Meistermannschaft hätte mitspielen können. Es war eine schwere Entscheidung für ihn. Er liebte das Spiel und nahm gerne am Programm teil, aber er plante, im Rahmen seines Examens Internationales Recht als Hauptfach zu belegen. Sie können sicher sein, daß ich ihn nicht gerne verlor, aber ich wußte, daß es für seine Zukunft die richtige Entscheidung war. Als Trainer müssen Sie sich bewußt sein, daß Football nur ein Teil der Erziehung der Kinder ist, und daß sie eines Tages mit dem Spiel aufhören werden.

Ich glaube, daß unsere Spieler gerne bei uns spielen, weil sie die Freiheit erhalten, das Spiel als Spiel zu sehen. Wir erlauben ihnen auch, Verantwortung für ihr Leben zu übernehmen. Wir entscheiden nicht, welche Seminare sie belegen und nehmen nicht ihre ganze Zeit in Beschlag. Sie müssen entscheiden, was sie tun müssen, um im Football und im Leben erfolgreich zu sein.

Ein Spieler, der mit dieser Verantwortung nicht umgehen kann, spielt nicht. Das geschieht zu Recht, weil er sich offensichtlich grundsätzlicheren und wichtigeren Dingen als dem Football zuwenden muß.

Zusammenfassung

1. Ich glaube, daß die beste Motivation, die Sie einem jungen Mann geben können, die Freiheit ist, durch harte Arbeit erfolgreich zu sein. Unsere Spieler haben auch die Freiheit zu versagen, indem sie auf einen zusätzlichen Schritt oder auf die Chance, durch harte Arbeit erfolgreich zu sein, verzichten.
2. Wenn jemand kommt, der ein wenig härter arbeitet und sie in den Schatten stellt, haben sie zumindest etwas gelernt: So ist der Ablauf in unserer wettbewerbsorientierten Welt, und man tut gut daran, das zu akzeptieren, denn so wird es das ganze Leben über gehen.
3. Motivation, die aus harter Arbeit, Eigenverantwortung und persönlichem Wachstum entspringt, führt dazu, daß die Spieler auch nach ihrer Footballkarriere erfolgreicher sind. Sie lernen, daß sie, wenn sie kontinuierlich arbeiten, eine große Chance haben, erfolgreich zu sein – allerdings nicht unbedingt auch gewinnen. Wenn Sie sich jedoch zurücklehnen und zusehen, wie der andere sie überholt, haben sie sich bereits mit dem zweiten oder dritten Platz zufrieden gegeben.
4. Denken Sie als Trainer stets daran, daß Sie eine pädagogische Aufgabe haben. Wenn das einzige, was sie einem Footballspieler geben, ein Sieg-Niederlage-Rekord ist und eine Auszeichnung, werden Sie versagen.
5. Sie haben die Möglichkeit, einen Spieler durch eine entsprechende Motivation dazu zu bringen, ein Arbeitsethos zu entwickeln, einen ausgeprägten Sinn für soziale Verbundenheit und die Wertschätzung für körperliche Aktivität, die ihm eine erfolgreiche und gesunde Zukunft bringt.

4 Der Aufbau eines Footballprogramms

In der High School ist das Programm alles. Um ein konstanter Sieger auf der High School-Ebene – vielleicht sogar auf allen anderen Stufen, aber vor allem jedoch in der High School – zu sein, müssen Sie entweder ein besseres Programm als Ihre Gegner haben, oder Sie müssen über mehr Spieler verfügen.

Wenn Sie Glück haben und an einer Schule Trainer sind, die viel größer ist als die Ihrer Gegner, können Sie ein konstanter Sieger aufgrund der Anzahl der Spieler sein. Aber es ist unwahrscheinlich, daß das geschieht; die Conferences neigen dazu, Schulen mit gleichen Schülerzahlen, Interessen und Standorten anzuziehen.

Die Geneseo High School hatte, als ich dort war, etwa 700 Schüler in ihren vier Klassen. Sie galt als High School der Klasse 3A, als Illinois fünf Klassen hatte, und wurde zu einer 4A-Schule, als Illinois auf sechs Klassen aufstockte.

Die Leute machen sich manchmal lustig über einen 1A-Meister in Vergleich zu einem 6A-Meister. Es steht natürlich außer Frage, daß der 6A-Meister eine bessere Footballmannschaft ist als der 1A-Meister. Niemand bezweifelt das. Aber es ist genauso schwer, in der Klasse 1A Meister zu werden wie in der Klasse 6A.

Der Trainer eines 1A-State-Meisters hat also genausoviel geleistet wie der Trainer eines 6A-Meisters. Aus diesem Grund ist das Programm auf jeder Stufe der Schlüssel zum Erfolg. Sie müssen ein besseres System haben, besseres Personal und besser vorbereitete Spieler als die anderen Trainer in der Klasse, in der Ihre Schule spielt.

Wie man ein Programm beginnt

In den meisten High Schools kann man keine Spieler rekrutieren, um die Spielpositionen zu besetzen. Sie müssen nehmen, was da ist. Sie müssen aus den Spielern, die Sie zur Verfügung haben, das meiste herausholen. Sie müssen die Spieler nicht nur körperlich auf Ihren Spielstil vorbereiten, sondern Sie müssen sie auch mental auf Ihre Philosophie einstellen.

Die Auswahl eines Stils

Zu Beginn müssen Sie festlegen, wie der Spielstil aussehen soll, den Sie von Ihren Spielern erwarten. Sie können sich für eine ballkontrollierende, laufende Mannschaft oder eine weit auseinandergezogene, das Paßspiel favorisierende Footballmannschaft entscheiden. Machen Sie es nicht zu kompliziert, andernfalls verwirren Sie nur Ihre Spieler und vielleicht sogar sich selbst. Entscheiden Sie sich für ein System, das flexibel genug ist, um die Talente, die Ihnen jedes Jahr zur Verfügung stehen, spielen zu lassen, ohne die durch Ihr Programm vermittelten Grundlagen ändern zu müssen.

Sie müssen von dem Spielsystem, für das Sie sich entscheiden, absolut überzeugt sein. Nur so können Sie es verkaufen und den Spielern vermitteln. Wenn Sie am System zweifeln, wird sich das bei den Spielern in mangelnder Akzeptanz und Leistung niederschlagen.

Wie man Interesse erweckt

Um Interesse am Programm zu wecken, müssen Sie es den Spielern verkaufen. Sie rekrutieren durch Ermutigung. Sie gehen zur Junior High School und verkaufen sich und Ihr Programm. Machen Sie den jungen Menschen deutlich, daß Sie an ihnen und an der Schule interessiert sind.

Es kann auch sein, daß Sie an der High School rekrutieren müssen, vor allem, wenn Sie ein neuer Trainer sind und das Programm vorher nicht sehr erfolgreich war. Sie müssen bei den Schülern der Schule, die Ihnen durch ihr Spiel helfen können, Interesse wecken.

Aber denken Sie daran, daß Ihre primäre Verantwortung den Spielern gilt, die sich bereits dem Programm verschrieben haben. Wenn diese Spieler an Sie glauben, werden sie ihr letztes Hemd geben.

> **Anerkennung, wem Anerkennung gebührt**
> Als ich zur Geneseo High School kam, hatte sie nur ein Spiel in zwei Jahren gewonnen. Wir hatten 16 Varsity-Footballspieler. Man hatte auf alle Sophomore-Spiele im Jahr zuvor verzichtet, weil nicht genug Spieler da waren. Die erste Schulversammlung verlief schlecht – alle kritisierten die Spieler und machten sich lustig über sie.
>
> Nachdem ich also alle 16 Spieler vorgestellt hatte, schalt ich die übrigen bei der Versammlung anwesenden Schüler. Ich wandte mich meiner Mannschaft zu und sagte zu den Spielern: Immer wenn Ihr diese Leute, diese Schwätzer, die selbst nichts tun, sagen hört, daß Ihr nicht gut seid, solltet Ihr an folgendes denken: Dies ist *Eure* Footballmannschaft. Wenn irgendeiner von denen da sagt, daß er besser ist, lügt er, weil er noch nicht einmal den Mut hat, es selbst zu versuchen." Dann forderte ich die Schüler auf, die Spieler respektvoll zu behandeln und an folgendes zu denken: „Die Spieler vor Euch sind die besten Footballspieler, die diese Schule in dieser Saison aufbieten kann. Diese Spieler haben ein Recht, stolz zu sein. Und Ihr, die Schülerschaft, solltet hinter ihnen stehen, egal, ob sie gewinnen oder verlieren!"
>
> Ich tat das, weil ich den Spielern auf die Schultern klopfen und sie wissen lassen wollte, daß sie für mich und das zukünftige Programm wichtig waren. Ich wollte ihnen klar machen, daß das Programm mit ihnen als seine Vertreter erfolgreich sein würde und daß ich ihnen vertraute.

Das Vermitteln des Systems

Wenn Sie sich einmal für einen Spielstil entschieden und bei den Spielern Enthusiasmus für ihn erzeugt haben, sollten Sie alles tun, um ihn auch zu vermitteln. Nehmen wir an, Sie haben sich für eine *„odd"* Defense Front entschieden. Dann haben Sie innerhalb dieser Aufstellung entschieden, ob Sie Spieler haben, die abwarten, beobachten und die gegnerische Taktik studieren oder die versuchen, Druck zu machen. Denken Sie daran, daß unabhängig davon, für welche Defensivvariante Sie sich entscheiden, diese Ihnen nichts nützt, wenn Sie sie nicht effektiv vermitteln.

Vermitteln Sie allen Spielern auf jeder Stufe die gleichen Grundlagen und die gleiche Philosophie des Systems. Dann werden sich junge Spieler mit den Fertigkeiten und der Einstellung, die sie brauchen, um auf Universitätsniveau Erfolg zu haben, entwickeln. Und nach einigen Jahren des Lernens werden sie diesen Stil beherrschen und einen starken Glauben an das System entwickeln, was vielleicht noch wichtiger ist.

Zu Beginn mag der Stil, den Sie dem Programm auferlegen, Sie vielleicht einige Siege auf unteren Ebenen kosten. Aber nachdem die jüngeren Spieler die von Ihnen vermittelten Fertigkeiten gelernt haben, werden sich die Siege einstellen. Wenn Ihre Freshmen erst einmal Senior-Spieler sind, sollten sie demonstrieren, daß sie Ihr Programm völlig verstanden haben.

Genauso wichtig ist, daß die jüngeren Schüler eine Einstellung entwickeln und anfangen zu arbeiten, um einmal selbst in der Varsity-Mannschaft zu spielen. Sie werden sich Idole in der Mannschaft auswählen, und diese Identifikation wird sie motivieren, zu arbeiten und sich zu verbessern.

Das Programm wird sich also fast automatisch mit disziplinierten und motivierten Spielern aufstocken. Wenn das Programm so weit gediehen ist, daß das Spielniveau über mehrere Jahre hinweg gleichmäßig hoch ist, wissen Sie, daß Sie es geschafft haben.

Wie man Spieler entwickelt

Da es sich bei den meisten Ihrer Spieler nicht um zweite Joe Montanas, Jim Browns oder Dick Butkus handelt, müssen Sie die vorhandenen Talente entwickeln. Aber denken Sie stets an ihre Entwicklungsstufe. Sie können einen Schüler der 7. Klasse nicht so trainieren wie einen Varsity-Spieler.

Auf den unteren Stufen sollten Sie die Teilnahme betonen, um das Engagement der Spieler hochzuhalten. Der normale Schwund von Spielern von der Junior High School zur High School bedeutet, daß Sie einen großen Pool von Siebt- und Achtklässlern brauchen, um eine starke Besetzung der Freshmen- und Sophomore-Mannschaften zu gewährleisten. Das ist hart, weil Jugendliche so viele andere

Dinge neben dem Football zu tun haben. Sie müssen dafür sorgen, daß Football zu spielen, lohnenswerter für sie ist, als bloß am Spielfeldrand zu stehen und ihren Altersgenossen beim Spiel zuzusehen. Das können sie von der Tribüne aus *und* sich gleichzeitig mit ihren Freundinnen unterhalten.

Ich bin oft überrascht, wie ein scheinbar hoffnungsloser Fall in der siebten Klasse sich in seinem Jahr als Senior zu einem All-Conference-Spieler entwickeln kann. Umgekehrt kann ein Junge, der schneller reif geworden ist als andere, ein Little-League-Superstar sein und dann als Senior hinterherhinken.

Rohdiamanten

Als ich zur Geneseo High School kam, war ich Trainer der Freshmen-/Sophomore-Basketballmannschaft. Ich bin der festen Überzeugung, daß man auf der Freshmen-/Sophomore-Ebene viele Jugendliche spielen lassen sollte. Von insgesamt 15 Spielern waren 10 oder 11 etwa gleichstark. Ich fragte also den Cheftrainer der Varsity-Mannschaft, was er davon halten würde, wenn ich sie in Fünfergruppen aufteilte, so daß alle etwa die gleiche Spielzeit bekommen würden.

Das Sieg-Niederlage-Verhältnis war für mich nicht so wichtig. Ich dachte, es wäre wichtiger für jeden Spieler, eine Chance zu erhalten, sich auf dieser Stufe zu entwickeln. Der Cheftrainer sagte mir, ich solle so handeln, wie ich es für richtig hielt. Ich teilte die Gruppe daher das ganze Jahr über in einzelne „Platoons" (Züge) auf und hatte noch immer eine erfolgreiche Saison.

Als diese Gruppe die Senior-Stufe erreicht hatte, war sie eine gute Mannschaft. Aber zwei, die mit angefangen hatten, waren nicht mehr in der Mannschaft, und zwei, die in der Mannschaft des zweiten Platoons gespielt hatten wurden schließlich zu All-Conference-Spielern. Sie waren Spätentwickler.

Ich zog daraus eine Lehre. Vorher hatte ich der Mannschaft, die ich für die erste Mannschaft hielt, die meiste Spielzeit eingeräumt. Wenn ich das weiterhin getan hätte, hätten die Spieler der zweiten Mannschaft längst nicht soviel gespielt oder sich so entwickelt, wie es letztendlich der Fall war.

Förderung der aktiven Teilnahme

Einige der besten High School-Sportprogramme stützen sich auf vier oder fünf Junior High Schools, die sie mit Talenten versorgen. Fraglos beruht ihr Erfolg zum Teil auf bloßen Zahlen. Aber wirklich entscheidend ist, daß die Kinder, die in das Programm aufgenommen werden, die Gelegenheit zum Spiel hatten.

Die Junior High-Stufe: Als ich mit dem Footballprogramm an der Geneseo High School anfing, teilte ich die Spieler an einer Junior High School in zwei gleiche Mannschaften. Dies war die einzige Möglichkeit, ihnen allen mehr Spielzeit einzuräumen. Statt auf 22 aktive Spieler begrenzt zu sein, hatten wir nun 44 Aktive!

Wir vermieden es, die Gruppen „erste" Gruppe und „zweite" Gruppe zu nennen. Ich wollte auf dieser Stufe noch nicht die besten Spieler herausheben. Die Kinder wissen sowieso, wer die besten Spieler sind; Sie brauchen nicht zu sagen, daß die grüne Mannschaft besser als die weiße ist.

Die Varsity-Trainer stellten nicht die beiden Junior High-Mannschaften auf. Statt dessen stellten die Trainer der beiden Mannschaften die Spieler wie in der *„Pro Draft"* auf. Sie versuchten, alle Positionen zu besetzen und die Talente gleichmäßig auf die Mannschaften zu verteilen. Sie handelten genau richtig, indem sie ausgeglichene Seiten herstellten. Die Mannschaften spielten nach dem gleichen Plan, einschließlich eines Spiels gegeneinander, das normalerweise ein knappes Ergebnis hatte, weil die Mannschaften so ausgewogen waren. Die Mannschaften trainierten auch zusammen und absolvierten hin und wieder Trainingsspiele gegeneinander.

Der nächste Schritt ist, so viele Spiele auf der unteren Stufe zu besuchen wie nur möglich. Als ich das Programm aufbaute, besuchte ich nahezu jedes Spiel auf der unteren Ebene. Selbst als das Programm etabliert war, versuchte ich, so viele Spiele wie möglich zu sehen. Der Cheftrainer muß den jungen Spielern, die an dem Programm teilnehmen, zeigen, daß er an ihnen interessiert ist.

Wenn Sie sich diese Spiele anschauen, können Sie auch die Trainer, die an Ihrem Programm beteiligt sind, beobachten und kontrollieren, ob sie Ihre Philosophie befolgen.

Die Freshman-Sophomore-Ebene: Sie werden einige Spieler aus dem Programm verlieren, wenn sie die Freshman-Sophomore-Stufe erreichen. Die, die dabeibleiben, sind am Spiel interessiert, Sie können daher den Schwerpunkt mehr auf die Vermittlung der Techniken legen und die Anforderungen an die Spieler möglicherweise erhöhen.

Die Freshman-Sophomore-Stufe ist ein großartiges Feld für den Trainer, um damit zu beginnen, die kleinen Dinge zu betonen, die das Programm zu etwas Besonderem machen. Und Sie können die Philosophie hinter dem Programm und die damit verbundene Disziplin noch besser umsetzen. Wenn ein Spieler z.B. im Klassenzimmer aus der Reihe tanzt, könnte der Trainer diesen Spieler für ein Spiel auf die Bank setzen. Dadurch lernt der Spieler, daß auf dieser Stufe mehr erwartet wird und daß er sich entscheiden muß, ob sein Wunsch zu spielen stark genug ist, um der Disziplin und den mit dem Programm verbundenen Werten Folge zu leisten.

Es ist für einen Trainer besser, in frühen Phasen der Entwicklung des Spielers Werte zu lehren als auf der Varsity- bzw. Junior- und Senior-Stufe (= 3. und 4. High School-Jahr). Erstens wird der Sieg für die mit dem Programm verbundenen Personen um so wichtiger, je näher der Spieler sich der Varsity-Stufe nähert. Der Spieler tut gut daran, seine Prioritäten vor Erreichen dieser Stufe klar zu setzen, andernfalls wird er dem Druck unterliegen. Zweitens muß der Schüler hohen akademischen Normen gerecht werden, um ein College-Sportstipendium zu erhalten. Drittens sollte der Varsity-Trainer keine disziplinären Probleme haben, wenn das Training auf den unteren Stufen richtig war.

Um die Teilnahme zu intensivieren, bildeten wir eine Freshmen- und eine Sophomore-Mannschaft. Wir erlaubten den besten Freshmen, in der Sophomore-Mannschaft mitzuspielen, aber es war den Freshmen nicht möglich, in beiden Mannschaften zu spielen. Es tut einem Jugendlichen nicht gut, 20 Spiele gegen schwächere Gegner zu spielen. Wir entwickelten aus dem gleichen Grund auch einen Junior-Varsity-Plan, um maximale und geeignete Wettspielmöglichkeiten zu schaffen. Diese Pläne erlauben dem Trainer, jedem Jungen im Programm jede Woche eine Spielgelegenheit zu garantieren.

Entwicklung der Leistungsdichte

Die Entwicklung der Leistungsdichte ist die schwierigste Aufgabe bei der Entwicklung eines Programms. Trainer sind oft der Meinung, daß sie in Spielen, in denen sie keine Siegeschance haben, ein möglichst knappes Ergebnis erreichen sollten. Statt also jüngere Spieler einzusetzen, die der Mannschaft im nächsten Jahr helfen können, lassen sie die älteren spielen, weil sie glauben, daß diese Spieler eher für ein „respektables" Ergebnis sorgen.

Es ist wichtig, auf unteren Stufen für eine hohe Leistungsdichte zu sorgen und darauf zu warten, daß diese Jugendlichen reifen. Wenn alle Spieler die Grundlagen kennen und zusammenarbeiten, wird der Sieg sich von alleine einstellen. Einige Trainer glauben an den unmittelbaren Erfolg, aber so etwas gibt es nicht. Sie müssen eine Grundlage schaffen und dann auf dieser Grundlage aufbauen.

Wie man administrative Unterstützung erhält

Anweisungen auf dem Spielfeld sind zwar sehr wichtig, aber ein Großteil des Aufbauprozesses findet abseits des Footballplatzes statt. Die Entscheidungen der Schulverwaltung haben einen großen Einfluß auf Ihre Fähigkeit, das Footballprogramm zu starten und in Gang zu halten.

Ihre Mannschaft braucht gepflegte Anlagen, eine gute Ausrüstung, qualifizierte medizinische Betreuer und eine gute medizinische Versorgung sowie geeignete Trikots. Ich sage der Verwaltung meiner Schule stets, daß ich von diesen Dingen nicht mehr brauche, als die gegnerische Mannschaft hat, aber weniger geht auf gar keinen Fall.

Wenn der Gegner acht Assistenztrainer hat, dann müssen auch Sie acht haben. Akzeptieren Sie nicht nur fünf Trainer, und fordern Sie keine zehn. Man sollte nie von Ihnen verlangen, ein Programm mit geringeren Basisressourcen aufzubauen als der Gegner. Kleine Schulen können ihre Gegner zahlenmäßig nicht übertreffen, daher benötigen sie qualitativ hochwertige Anlagen und Ausrüstungsgegenstände. Andernfalls sind sie in einem deutlichen Nachteil.

Die meisten Verwaltungsleute werden Ihre Bitten unterstützen, vorausgesetzt, sie sind durchdacht und begründet.

Wie man die Unterstützung der Gemeinde gewinnt

Wenn Sie Trainer an einer Gemeindeschule sind, müssen Sie dafür sorgen, daß Ihr Programm ein Teil dieser Gemeinde wird *und* eng mit anderen Schulaktivitäten verknüpft ist. Einige Trainer machen einen Fehler, indem sie das Footballprogramm und seine Einnahmen vom Rest der Schule abkoppeln.

Ihr Programm sollte ein Bestandteil des Erziehungssystems sein und der Verantwortung der Schulverwaltung und der Schulbehörde unterliegen. Sie müssen die finanziellen Mittel für dieses Programm zur Verfügung stellen. Sie sollten die Bedürfnisse des Programms im Rahmen des dafür vorgesehenen Budgets erfüllen. Ich spreche hier nicht über Luxusartikel, sondern nur über Notwendigkeiten.

Eine gute Helfertruppe ist, als ob man eine zweite Mannschaft hätte. Sie kann helfen, das Programm zu verkaufen und die Gemeinde zusammenzuführen. Dies gilt vor allem für größere Schulen, wo die Treffen der Helfer dafür sorgen, daß Leute, die ansonsten einander fremd sind, zusammenarbeiten. Es kann sein, daß die Helfer sich unabhängig von diesen Zusammenkünften nie sehen, weil sie in unterschiedliche Kirchen gehen, in verschiedenen Läden einkaufen und mehrere Meilen entfernt voneinander wohnen.

In einer kleinen Gemeinde kennt fast jeder jeden, und man sieht sich nahezu täglich. Man geht zur gleichen Bank, zum gleichen Lebensmittelgeschäft und Postamt. Gleichgültig, ob Ihr Programm groß oder klein ist, es ist hilfreich, wenn Sie einen starken Helferclub haben, der einen vereinenden Einfluß ausübt und finanzielle Unterstützung bereitstellt.

Helfer sollten nie die Grundausrüstung des Programms zur Verfügung stellen. Das liegt in der Verantwortung der Schulbehörde. Für mich ist *Bedürfnis* das entscheidende Wort. Die Schule ist dafür verantwortlich, daß Ihre Bedürfnisse erfüllt werden (Helme, Schulterpolster, Trainingsplätze etc.). Wenn Sie zusätzliche Hilfsmittel haben wollen, wie z. B. einen besonderen Blockschlitten zusätzlich zu Ihrem normalen Schlitten, dann können vielleicht die Helfer oder ein örtliches Industrieunternehmen unterstützend eingreifen.

Sie wollen, daß die Schule Ihre Finanzen unter Kontrolle hat. Wenn Sie dauernd zu den Helfern gehen, werden diese zunehmend die Kontrolle übernehmen (das bedeutet, daß sie irgendwann die Macht haben, Trainer anzuheuern oder zu feuern). Das ist nicht das, was Sie wollen. Sie wollen, daß Ihr Job in der Hand der Schulverwaltung bleibt.

Der Vorteil der Privatschulen

Privatschulen bieten eine ideale Situation für Trainer, um die wichtigen Werte des Sports zu vermitteln. Vor allem in Städten bieten sie auch einen Vorteil, wenn es darum geht, ein Programm aufzubauen, weil Privatschultrainer Spieler aus anderen Distrikten rekrutieren können. Privat finanzierte Schulen bieten typischerweise auch viele soziale Veranstaltungen an, die die Leute zusammenführen – Spaghettiessen, Tombolas und viele andere Anlässe, die unter anderem dafür sorgen, daß die Schule läuft. Die Eltern der Spieler, andere Familien in der Schule und die Helfer lernen sich bei diesen Veranstaltungen kennen, und alle arbeiten für die Schule und die Sportmannschaften. All dies trägt dazu bei, daß die Einheit der Schule und die Unterstützung der Mannschaft gestärkt wird.

Wir bauen das Programm einer öffentlichen High School so auf, als ob es sich um ein Privatschulprogramm handelte. Wir nannten das Footballprogramm ein Gemeindeprojekt. Das heißt, daß sich jeder daran beteiligen konnte. Und genau das geschah auch. Das Jugend-Footballprogramm (Klassen 5 bis 7) wurde komplett von der Gemeinde organisiert. (Die 8. Klasse bis hin zum Varsity-Programm wurde vom Schulsystem organisiert.) Jeder Beteiligte konnte stolz darauf sein, das Programm zu unterstützen, und alle hatten das Gefühl, den Spielern näher zu sein, weil sie an ihrer Entwicklung beteiligt waren. Das ist ein Vorteil kleiner Gemeinden: Die Leute identifizieren sich eher mit den einzelnen Spielern. Die Spieler sind nicht nur anonyme Kinder und Jugendliche in einer Footballausrüstung, die Fans wollen ihnen wirklich helfen.

Was herumgeht ...
Talentsucher sind manchmal eine große Motivation für uns. Eines Tages kamen ein paar Talentsucher aus der Gegend von Chicago herunter zu uns, um uns zu beobachten. Unsere Farmergemeinde war ein ziemlicher Schock für sie, und sie fanden unsere Stadt und unsere Mannschaft anscheinend nicht sehr beeindruckend. Sie saßen mit all unseren Fans auf der Tribüne und erzählten, wie hoch ihre Mannschaft der unseren überlegen war. Sie hoben vor allem einen Spieler hervor: „Die Nummer 41 sieht aus wie ein richtiger Waschlappen."

Bei dem Spieler handelte es sich um unseren Guard, Bob Orsi, der später ein All-American-High-School-Spieler wurde und vier Jahre an der University of Missouri spielte. Da wir Bobs Temperament kannten, zogen wir ihn eine ganze Woche vor einem Spiel auf, indem wir die Worte des Talentsuchers benutzten: „Hey, Bob, Du Waschlappen!" Als wir schließlich gegen diese Schule aus der Gegend von Chicago spielten, erzielte Bob vier gegnerische Ballverluste bei seinen ersten vier Tackles. Er spielte mit einem unglaublichen Enthusiasmus, was zweifellos an der negativen Einschätzung der Talentsucher lag.

Entwicklung des Trainerstabs

Sie können ein Footballprogramm nicht alleine in die Wege leiten. Sie brauchen die Unterstützung eines starken Mitarbeiterstabs. Sie müssen davon überzeugt sein, eine erfolgreiche Methode zu haben, die Sie in- und auswendig kennen. Sie müssen willens sein, Verantwortung an die Assistenztrainer zu delegieren, und diesen gemäß ihren Fähigkeiten Pflichten zuzuordnen.

Hin und wieder werden Sie einen Trainer anders einsetzen, weil seine Persönlichkeit für bestimmte Spieler nicht geeignet ist. Manche Trainer, die für die Klassen 7 und 8 bestens geeignet sind, sind als Varsity-Trainer ungeeignet und umgekehrt. Es kann sein, daß Sie Assistenten übernehmen, die Sie selbst wahrscheinlich nicht ausgewählt hätten. Sie sind ein Beweis dafür, warum das Programm nicht erfolgreich war. Einige trainieren vielleicht für einen Gehaltsunterschied von $400. Andere wollen nur gerne „Trainer" genannt werden.

Wenn Assistenztrainer ihre Pflichten nicht erfüllen, müssen Sie ihnen die Verantwortung entziehen. Und das bedeutet, daß Sie diese Verantwortlichkeiten wahrscheinlich zum Teil selbst übernehmen müssen, bis Sie eine Änderung herbeigeführt haben. Aber auf jeden Fall müssen Sie etwas ändern. Trainer müssen wie die Spieler auf die Philosophie des Programms eingeschworen werden, wenn sie nützlich sein sollen.

Gleichbehandlung der Assistenztrainer
Ich habe stets darauf bestanden, daß meine Assistenztrainer in der High School gleich bezahlt werden. Das ermöglichte mir, meinen Trainerstab so zu organisieren, daß er dem Programm am nützlichsten war, ohne daß ich mir darüber Sorgen machen mußte, daß ich der Familie eines Trainers das Einkommen vorenthielt.

Da die Assistenztrainer wußten, daß sie gleich bezahlt wurden, war die Kameradschaft unter ihnen immer sehr gut. Wenn alle Trainer gleich verdienen, hat keiner das Gefühl, einem anderen Mitglied des Stabs unter- oder überlegen zu sein.

Ich habe nie an Aussagen geglaubt wie „Ich bin nur der Freshman-Trainer" oder „Ich bin nur der Assistenz-Junior-High-Trainer". Es gibt kein *nur*. Wenn Sie gut sind und Ihren Beitrag zum Programm leisten, sollten Sie Ihre Rolle nicht herunterspielen müssen. Ich habe das Gefühl, daß meine Assistenztrainer stets das Gefühl hatten, ein Teil unseres Erfolgs zu sein, weil ich ihnen die Gelegenheit gab zu coachen und sie dabei nicht störte.

Wie Sie den Assistenztrainern Autorität geben
Sie müssen Ihre Trainer auf allen Ebenen coachen lassen. Ich habe nie versucht, ihnen genau zu diktieren, welche Abwehr oder welchen Angriff sie spielen sollten.

Ich habe jedoch darauf bestanden, daß all unsere Trainer den Grundstil der Varsity-Mannschaft anwenden. Anders gesagt, sie numerierten ihre Offensivspielzüge genau wie wir und hatten den gleichen Grundbestand an Spielzügen.

Ein wenig Trubel

Ich erinnere mich daran, daß ich bei einem Freshman-Spiel einmal in der Pressekabine saß, als einer unserer Trainer einen ganz tollen End-around-Paß ausrief. Alle in der Pressekabine sahen mich an und warteten auf meine Reaktion. Ich jedoch zuckte nur mit den Schultern und sagte: „Er hat diesen Spielzug nicht von mir. Ich habe einen derartigen Spielzug nicht in meinem Spielbuch. Im Gegenteil, ich habe ihn sogar noch nie *gesehen*."

Ich war keineswegs unglücklich, daß die Freshmen einen derartigen Spielzug spielten. Ich fand es gut, daß sie ein paar neue Spielzüge lernten und daß der Trainer, die Freiheit, die ich ihm gewährte, nutzte. Trainer brauchen die Flexibilität, um mit den Mannschaften so zu arbeiten, wie es ihrem Stil entspricht. Allerdings sollte zuviel Variation, die obendrein noch zu häufig angewandt wird, nicht gestattet sein.

Sie können einem Trainer nicht die Freshman-Mannschaft anvertrauen und dann nicht mehr mit ihm sprechen. Sie müssen alle Trainer, die in Ihrem Programm mitarbeiten, mit Ihren Methoden vertraut machen und zusehen, daß sie sich daran gewöhnen. Es wird nicht lange dauern, bis ihnen das Programm in Fleisch und Blut übergegangen ist.

Vereint stehen Sie, getrennt ...

Es ist entscheidend, daß Ihre Trainer gut zusammenarbeiten. Davon hängt in nicht unerheblichem Ausmaß ab, wie gut Ihre Spieler zusammenarbeiten. Wenn ein Assistenztrainer andere Assistenztrainer kritisiert, entwickeln Ihre Spieler wahrscheinlich geteilte Gefühle gegenüber den Trainern. Es ist ähnlich, als ob ein Junge vom Vater gescholten und dann von der Mutter getröstet wird.

Wenn Ihre Trainer kooperieren und an Ihre Philosophie glauben, wird Ihr Trainerstab gut funktionieren. Die Spieler merken, wenn die Trainer wirklich zusammen sind, und sie werden als geschlossene Mannschaft auftreten.

In gewissem Sinne braucht eine Footballmannschaft eine militärische Befehlsstruktur. Sie haben 25 Sekunden Zeit, um eine Entscheidung zu fällen. Und genauso, wie es keine richtige oder falsche Methode gibt, das Spiel zu spielen, gibt es vielleicht keine richtige oder falsche Entscheidung. Wenn jedoch die eine Hälfte der Trainer glaubt, es sei richtig, und die andere Hälfte denkt, es sei falsch, ist der Mißerfolg vorprogrammiert. Im Krieg ist es genauso. Es gibt vielleicht keine richtige oder falsche Taktik, den Berg einzunehmen, aber wenn die eine Hälfte in die eine Richtung marschiert und die andere Hälfte in die andere, werden Sie den Berg sicherlich nicht erobern. Das gleiche gilt für Football; die Zeit reicht nicht aus, um vorherzusagen, was der Cheftrainer sagen wird.

Schlüsselpunkte für die Entwicklung eines Programms
• Entscheiden Sie sich für ein Spielsystem, und studieren Sie es.
• Schwören Sie Ihre Spieler auf dieses System ein.
• Vermitteln Sie das Spielsystem gründlich und intensiv.
• Bauen Sie auf unteren Ebenen ein Zulieferersystem auf, das die Teilnahme maximiert und Ihren Spielstil flächendeckend institutionalisiert.
• Sorgen Sie für die notwendige Unterstützung durch die Schulverwaltung und die Gemeinde.
• Bauen Sie einen starken Trainerstab auf, der einheitlich und kompetent ist.

Wie man ein Programm modifiziert

Wir hatten Glück, während meines ersten Jahres an der Geneseo High School vier Spiele zu gewinnen, obwohl wir realistischerweise davon ausgegangen waren, nur etwa ein oder zwei zu gewinnen. Wir gewannen in jeder der beiden nächsten Saisons sechs Spiele. In der vierten Saison waren wir 25 Sekunden davon entfernt, ohne Niederlage zu bleiben und schlossen 8-1 ab. Danach verloren wir sechs Jahre lang überhaupt nicht mehr. Das Programm war bereits in der vierten Saison gut etabliert, aber es entwickelte sich im nächsten Jahrzehnt kontinuierlich weiter.

Wenn Sie jemals in einem ersten Jahr an einer Schule ohne Niederlage bleiben sollten, müssen Sie dem Trainer vor Ihnen Anerkennung zollen. Er hat großartige Arbeit geleistet, egal, ob er gewonnen oder verloren hat, indem er die Talente in den frühen Jahren vorbereitet hat. Und Sie waren alles, was das Programm benötigte, um die Einstellung zu ändern.

Das erste Jahr ist entscheidend. Die Erwartungen sind hoch, und jeder behandelt Sie großartig. Im ersten Jahr sind also realistische Ziele am wichtigsten. Sorgen Sie für eine positivere Einstellung und bringen Sie die Spieler dazu, jedes Spiel mit vollem Einsatz zu Ende zu spielen. Sie brauchen nicht unbedingt eine gute Siegesbilanz, aber die Leute müssen sehen, daß Football den Spielern Spaß macht und daß Sie in die richtige Richtung gehen.

Wie man eine siegorientierte Einstellung vermittelt

Mir wurde sehr bald klar, daß alle meine Ideen zur Programmentwicklung keinen Pfennig wert waren, wenn wir auf der Varsity-Ebene nicht erfolgreich waren. Sie können eine großartige Philosophie haben, wenn sie jedoch nicht funktioniert, sind Sie verloren.

Wenn Sie auf der Varsity-Ebene übermäßig viele Niederlagen einstecken, sollten Sie etwas tun, um auf der unteren Ebene ein wenig mehr zu gewinnen, um das Vertrauen wieder aufzubauen. Mannschaften beginnen nach einer Weile, entweder Siege oder Niederlagen zu erwarten. Sie wollen jedoch auf jeden Fall, daß die Spieler positiv denken.

Alle für einen

Jeder Spieler innerhalb des Programms braucht die gleichen Ziele, weil Sie als Gruppe Erfolg haben. In jeder Saison ist das allgemeine Ziel, so gut wie möglich zu sein. Wenn dieses Ziel sowohl für den Trainer als auch die Mannschaft gilt, sind beide gleichermaßen dafür verantwortlich, sich jeden Tag auf das Training vorzubereiten.

Es ist ein Klischee, daß „man Charakter braucht, um zu gewinnen." Das sollte nicht der Grund sein dafür, daß der Trainer Charakterschulung betreibt. Sie sollten Ihrer Mannschaft vermitteln, daß sie in jedem Spiel über vier Viertel ihr Ganzes gibt, in keiner Situation aufsteckt, und alles erdenkliche tut, jedem Mitglied der

Mannschaft zu helfen, besser zu spielen. Helfen Sie den Spielern zu lernen, mit anderen Menschen zu arbeiten und sich für andere und sich selbst auzuopfern. Das sind die Lektionen.

Wenn Sie einen Punktestand von 85-0 sehen, bedeutet dies, daß eine Mannschaft viel besser als die andere war. Es kann jedoch auch sein, daß die andere Mannschaft resigniert hat. Ihr war letztendlich alles egal. Es kann sein, daß die wirkliche Differenz zwischen den Mannschaften nur etwa 40 Punkte beträgt, nicht 85. Der Trainer der Verlierermannschaft muß also seinen Spielern beibringen, daß, wenn ein Gegner 40 Punkte besser ist, auch sichergestellt ist, daß er nur mit 40 Punkten Vorsprung gewinnt. Prägen Sie sich das ein: niemals aufgeben!

Basieren Sie Ihr Programm auf eine Philosophie (Kapitel 1), in der der Sieg nicht das einzige Ziel ist. Hier finden Sie eine Musterphilosophie, die die Bedeutung des Sieges nicht herunterspielt, aber anerkennt, daß es im Football um viel mehr geht: Spielen Sie, um zu gewinnen, aber beurteilen Sie Ihren Erfolg danach, ob Sie so gut waren, wie Sie sein können. Oder, anders formuliert: „Laufen Sie das Rennen so, daß Sie am Schluß immer gewinnen werden."

Teamwork ist der erste Test Ihres Programms. Wenn die Spieler demonstrieren, daß sie von dem, was sie tun, überzeugt sind, wissen Sie, daß Sie auf dem richtigen Weg sind. Wenn Sie sehen, daß sie damit beginnen, die von Ihnen vermittelten Grundlagen umzusetzen, und gleichzeitig Teamwork und Einheit demonstrieren, werden Sie feststellen, daß die Siege sich von alleine einstellen.

Wie man zum Einsatz motiviert
Der erste Schritt zu einer siegfördernden Umgebung ist zuzusehen, daß alle Spieler mit Einsatz spielen. Betonen Sie das bereits, wenn Sie sich zum ersten Mal mit der Mannschaft treffen: „Spielt über volle vier Viertel, und wenn Ihr um 15 Punkte geschlagen werdet, stellt sicher, daß Ihr nicht mit 30 Punkten in Rückstand geratet. Spielt bis der letzte Rest von Energie aufgebraucht ist; nur auf diese Weise könnt Ihr besser werden."

Wenn Sie diese Methode wählen, wird Ihre Mannschaft ein oder zwei Spiele am Jahresende gewonnen haben, nur weil Ihre Jungens alles gegeben haben. Aber mit vollem Einsatz zu spielen, lohnt sich nicht nur wegen ein oder zwei Siegen, sondern auch
- weil es die einzige Methode ist, wie sich Spieler verbessern können (und daher auch die einzige Methode, wie sich die Mannschaft verbessert) und
- weil die Spieler sich auf diese Weise weniger leicht verletzen.

Spieler, die sich mit Niederlagen abgefunden haben, geben manchmal im ersten Viertel auf. Sie gehen in das Spiel und denken, sie können nicht gewinnen, sie geraten ein paar Touchdowns in Rückstand, und dann sagen sie: „Jetzt geht's schon wieder bergab." Bevor sie richtig begriffen haben, was los ist, hat die gegnerische Mannschaft schon zwei Touchdowns mehr erreicht.

Die Spieler sind eher bereit, vollen Einsatz zu zeigen, wenn sie Vertrauen in ihr Können haben. Sie können diese Einstellung schaffen, indem Sie einen Spielstil einrichten und diesen Stil den Spielern effektiv beibringen. Wenn Sie sich Ihrer Methode sicher sind, lassen sich die Spieler von Ihrem Vertrauen anstecken, sind überzeugter und widmen sich mehr der Sache.

Zollen Sie einem guten Block oder der Tatsache, daß Ihre Mannschaft ein gutes Gespür für die Taktik des Gegners hat, Anerkennung, so daß die Spieler merken, daß sie vorankommen und Sie dies bemerken. Dies überzeugt sie, daß das System gut ist und führt dazu, daß sie ihren Einsatz und ihre Hartnäckigkeit, mit der sie dafür sorgen, daß das System funktioniert, steigern.

Zeigen Sie den Spielern, daß Sie sie coachen. Verstärken Sie sie. Lassen Sie sie wissen, daß sie wichtig sind. Bauen Sie sie ehrlich auf. Sprechen Sie mit jedem einzelnen.

Disziplin auf dem Footballplatz ist fast so wie Disziplin im Klassenzimmer. Wenn Sie im Klassenzimmer Disziplin verlieren, können Sie sie nicht wiedergewinnen. Wenn Sie direkt von Anfang an sagen: „Dies sind die Regeln, und Ihr werdet mit ihnen leben müssen," haben Sie eine Chance, einen gut organisierten Unterricht abzuhalten.

Ich habe es nie dazu kommen lassen, daß ich hinsichtlich meiner Prinzipien Kompromisse machen mußte – selbst wenn ich nur 16 Spieler in der Mannschaft hatte. Die Spieler brauchen Richtlinien, und sie müssen wissen, daß diese Regeln für alle gelten.

Es ist zunächst entscheidend festzulegen, was den Spielern zu vermitteln am wichtigsten ist, und sie dann zu unterrichten. Dies trifft zu, egal, ob sie 16 oder 60 Spieler haben. Wenn Sie auf 14 Spieler herunterkommen, sollten Sie nicht anfangen, sich damit zu entschuldigen, daß Sie nicht genug Spieler haben; spielen Sie mit dem, was Sie haben, und seien Sie dankbar für das Vertrauen, das diese Spieler Ihnen entgegenbringen.

Wie man Trainingsregeln aufstellt

Ich habe stets auf den gleichen Trainingsregeln bestanden:
- Haltet Euch an die Gesetze.
- Handelt wie Gentlemen.

Diese Regeln sind allumfassend. Sowohl auf der High School als auch auf College-Ebene müssen die Spieler realisieren, daß sie nicht nur sich selbst auf dem Spielfeld repräsentieren. Sie repräsentieren auch ihre Schule. Diejenigen, die mit den Gesetzen in Konflikt geraten, sind keine Footballspieler. Ein Spieler, der nicht in der Lage ist, sich abseits des Footballplatzes wie ein Gentleman zu benehmen, ist nicht in der Lage, sich auf dem Spielfeld wie ein Mannschaftsmitglied zu benehmen.

Spieler in erfolgreichen Programmen sind sehr bekannt. Wenn ein Spieler von 100 einen Fehler macht, können Sie sicher sein, daß die Medien sich auf ihn stürzen. Daß er ein Footballspieler ist, wird sich auf die ganze Mannschaft niederschlagen.

Unsere beiden Trainingsregeln sind wichtig, um ein erfolgreiches Leben zu führen. Beide Richtlinien sind allgemein. Sie müssen daher den Spielern spezifische Beispiele geben, um sie wissen zu lassen, was akzeptabel ist und was nicht. Ein Raucher könnte z. B. nicht in Ihrer High School-Footballmannschaft spielen. Erstens ist es illegal für einen Siebzehnjährigen zu rauchen, und zweitens verstößt Rauchen gegen die Gesundheitsregeln, deren Befolgen ich für einen Gentleman und Sportler für entscheidend halte. Als College-Trainer habe ich grundsätzlich nichts gegen das Rauchen, würde es jedoch weder im Umkleideraum noch irgendwo sonst in der Nähe des Footballfeldes dulden. Ich kann nicht kontrollieren, was ein Jugendlicher in seinem Zimmer tut. Ich bitte die Spieler, nicht in Bars zu gehen, da diese für sie eine Nummer zu groß sind.

Ich erwarte auch von unseren Spielern ein gepflegtes Äußeres. Ich sage ihnen, daß unser Spitzname zwar die „Wikinger" ist, daß wir jedoch nicht so aussehen wollen wie die alten Wikinger. Bärte sind also nicht erlaubt. Wenn wir bei einem Auswärtsspiel in einem Hotel absteigen, soll jeder, der unsere Mannschaft sieht, einen positiven Eindruck vom Football am Augustana-College haben. Wir repräsentieren immerhin unsere Schule und unser Programm, und unsere Spieler müssen das verstehen.

Während der spielfreien Zeit lassen sich einige Spieler Bärte wachsen, meistens, um ein neues Aussehen auszuprobieren. Ich kann nicht ihr Leben kontrollieren. Sie müssen die gleiche Freiheit zu experimentieren haben, die wir früher hatten. Dennoch versuchen wir, die Aktivitäten der Spieler in der spielfreien Zeit zumindest im Auge zu behalten. Ihre Verantwortung gegenüber dem Programm und der Schule endet nicht mit dem Abpfiff des letzten Spiels der Saison.

Wie man Mannschaftsstolz entwickelt

Die beste Methode, Stolz zu entwickeln, ist, dafür zu sorgen, daß es den Spielern ein gutes Gefühl vermittelt, Mitglied der Mannschaft zu sein. Klopfen Sie den Spielern ruhig auf die Schulter, und sagen Sie ihnen, daß sie gute Arbeit geleistet haben. Jeder hat es gerne, wenn er gelobt wird.

Aber vergessen Sie nicht, daß Disziplin und Charakter nicht zuletzt daher kommen, daß man ein bißchen herumgestoßen wird, und davon, daß man Fehler macht. Ein weiser Mensch lernt von den Fehlern der anderen und seinen eigenen. Ein Narr lernt allenfalls von seinen eigenen Fehlern. Einige Spieler müssen Fehler begehen, um sich selbst zu verbessern, ganz egal, wie gut Sie sie informieren. Wenn die Spieler diesen Prozeß des Fehlerbegehens und der Korrektur durchlaufen, sollten Sie weiter mit ihnen arbeiten: Lassen Sie sie wissen, daß sie Mitglied in einer Mannschaft sind und daß Sie die ganze Zeit bei ihnen sind.

Sie können keinen Stolz aufbauen, indem Sie mit dem Finger auf sie zeigen oder sie niedermachen. Erinnern Sie sich an Kapitel 1, wo stand, daß die Spieler nicht für Sie spielen. Sie spielen für sich selbst und ihre Mitspieler und das mit gutem Recht. Wenn Sie einmal darüber nachdenken, müssen Sie so ehrlich sein zuzugeben, daß Sie für Ihre Spieler ein höheres Maß an Verantwortung tragen als umgekehrt.

Herausragende Programme sind durch Einheitlichkeit charakterisiert – Stolz und den Glauben daran, daß die Spieler zusammenarbeiten können. Es dauert mindestens zwei bis drei Jahre, um jeden dazu zu bringen, so zu denken, wie Sie selbst, und dann noch einmal zwei Jahre, bis die Spieler innerhalb des Systems so spielen, wie Sie es wollen.

Wie man eine Mannschaftsidentität schafft

Kleine Dinge, wie z. B. ein Mannschaftsritual, können dazu führen, daß Ihre Spieler sich noch deutlicher als etwas Besonderes empfinden – anders als Spieler in anderen Programmen. Aus diesem Grund haben wir Trikots in unterschiedlichen Farben oder tragen schwarze oder weiße Schuhe. Derartige Rituale können helfen, eine Mannschaft zusammenzuschweißen.

Wir tun etwas, um der Mannschaft eines jeden Jahres ihre eigene Identität zu geben. So kann es sein, daß wir die Farbe der Spielsocken ändern oder spezielle Trainingstrikots anschaffen.

Ich gestatte nie, daß unsere Spieltrikots an die Zuschauer verkauft werden. Statt dessen geben wir sie unseren Senior-Spielern als Erinnerung, wenn sie sie vier Jahre getragen haben. Die Fans können ähnliche Trikots im Laden kaufen, aber erst nach vier Jahren bekommt ein Spieler sein eigenes Spieltrikot. Die Trikots sind etwas Besonderes, und ich möchte, daß alle Spieler das realisieren.

Die Siegesglocke

Als eine alte Schule in der Stadt abgerissen wurde, schlug jemand vor, die große Glocke des Gebäudes zu erhalten und sie am Footballplatz zu installieren. Dann konnten die Spieler die Glocke nach jedem gewonnenen Varsity-Spiel läuten. Nur die Varsity-Mannschaft konnte an dieser speziellen Aktivität nach dem Spiel teilnehmen und es wurde zu einem Ritual.

Mir war nicht bewußt, daß dieses Ritual vom Gegner als solch ein Angriff aufgefaßt wurde. Es war nie meine Absicht gewesen, durch das Läuten der Glocke ein angeberisches Verhalten zu demonstrieren. Ich hatte es nie so gesehen. Die Trainer und Fans unserer Gegner waren jedoch der Meinung, dieses Verhalten sei zu pompös.

Es war einzig und allein meine Absicht gewesen, es zu etwas Besonderem zu machen, ein Varsity-Spieler zu sein. Und die Jungs fanden es großartig, zur Siegesglocke zu laufen und sie zu läuten – nachdem sie dem Gegner für seinen Einsatz gratuliert hatten. Dazu kam, daß die große Glocke für die Gemeinde ein geschichtliches Symbol war, weil die Einwohner, die zu der betreffenden

Schule gegangen waren, gute Erinnerungen mit dem Geläut verbanden. Dies war für sie eine Möglichkeit, Gefühle des Stolzes sowohl auf ihre eigene Vergangenheit als auch auf das Footballprogramm der gegenwärtigen Schule zu entwickeln.

Beginn einer Tradition

Jeder, der einmal die Collinsville (Illinois) High School-Basketballmannschaft des großen Virgil Fletcher spielen sah, wußte, was er erwarten konnte. Virgil Fletcher hatte ein Programm, das auf einem bestimmten Stil aufbaute. Jeder Spieler seiner Mannschaft wandte die Preßdeckung ab Spielfeldmitte an, spielte so gut wie nie einen Rebound-Paß und war sicher im Korbwurf.

Wenn Sie ein gutes Programm in der High School haben, sollten Sie über 500 bleiben, selbst wenn Sie nicht die besten Spieler haben. Wenn Sie dann auch noch die Spieler bekommen, können Sie Spitzenklasse werden. Es ist schwierig, vom Letzten zum Ersten zu werden, egal, welche Spieler Sie haben. Das Entscheidende ist, beständig stark zu sein.

Die Definition eines guten Programms ist nicht alle Spiele in jedem Jahr zu gewinnen. Die Definition eines guten Programms lautet: *Jede gegnerische Mannschaft, die Ihr Spielfeld betritt, weiß, daß sie ihr Bestes geben muß, oder sie verliert.* Die gegnerischen Spieler wissen das, und Ihre Spieler wissen es. Selbst wenn Sie unter Ihren Fähigkeiten spielen, können Sie trotzdem noch gewinnen. Dies ist Tradition.

Wie man ein Programm aufrechterhält

Ich habe manchmal den Eindruck, daß es schwerer ist, ein Programm zu erhalten, als es aufzubauen. Wenn man ein Programm aufbaut, sind alle kleinen Erfolge gleichzeitig große Erfolge. Wenn die Mannschaft im einen Jahr 0:9 steht, aber das erste Spiel im nächsten Jahr gewinnt, ist dies für jeden ein großer Ansporn. Überall, wo die Spieler hingehen, wird ihnen auf die Schulter geklopft. „Hey, das ist Klasse; Ihr habt bis jetzt erst ein Spiel gewonnen, aber Ihr werdet noch mehr gewinnen, oder?"

Oder wenn die Mannschaft jahrelang unter .500 geblieben ist und dann 6-3 steht, finden die Leute das großartig. Es ist ein weiterer Fortschritt im Programmaufbau. Die Leute um Sie herum merken das. Es begeistert sie, und das trifft auf Sie selbst und die Spieler auch zu.

Später, wenn das Programm ständig Erfolg hat, springt jeder auf den fahrenden Zug auf. Plötzlich bedeuten die Siege nicht mehr allzu viel. Oder Sie gewinnen vielleicht, aber nicht mehr mit großem Vorsprung, und die Leute regen sich auf. Die Spieler hören plötzlich negative Kommentare. Und selbst wenn die Siegesserie weiterläuft, schätzen die Leute das nicht wirklich. Ihre Einstellung ist: „Das ist ja einfach."

Wie ich bereits in Kapitel 3 warnte, kann Selbstgefälligkeit ein großes Problem werden, wenn jeder den Spielern erzählt, wie gut sie sind und daß keiner sie schlagen kann. Gleichzeitig beginnt jeder zu denken, daß die Gegner nicht gut sind, daß sie keine Chance haben. Die Spieler hören das alles, und es hemmt ihren inneren Biß. Als Trainer sollten Sie das kontrollieren und vielleicht ein wenig mehr Druck auf die Spieler ausüben.

Wie es ist, wenn man an der Spitze steht

Andere Schulen tun sich gegen den ewigen Meister zusammen. Wenn Sie Jahr für Jahr an erster Stelle stehen, und vor allem, wenn Ihre Siegesserie lange anhält, ist es ein großer Triumph für den Gegner, Sie aus dem Konzept zu bringen. Dies verhilft dem Programm des Gegners sogleich zu einem großen Bekanntheitsgrad.

Die Trainer an gegnerischen Schulen können Informationen untereinander austauschen, die sie aufgrund von Beobachtungen Ihres Spiels gewonnen haben und von denen sie annehmen, daß sie helfen, Sie zu besiegen. Die Fans und die Medien warten nur darauf, daß Sie aus dem Konzept kommen. Und die Schiedsrichter lassen sich manchmal dazu hinreißen, Ihnen Penalties anzuhängen, die sie anderen nicht anhängen würden.

Aber die Mannschaft an der Spitze hat einen Vorteil: Die Dominanz, die sie lange Zeit über andere Mannschaften hat, hat ihrem Programm möglicherweise etwas Mystisches verliehen. Wenn Sie gegen eine High School spielen, die Ihre Mannschaft noch nie geschlagen hat, ist es schwer für diese Mannschaft, an den eigenen Sieg zu glauben.

Wenn es darum geht, ein Programm aufrechtzuerhalten, müssen der Trainer und die Mannschaft bereit sein, geringere Anerkennung für Erfolge zu erhalten, derentwegen sie noch vor Jahren gelobt wurden. In unserer Situation sagten die Leute z. B., daß wir ein schlechtes Jahr hatten, wenn wir ein normales Saisonspiel verloren hatten und den Conference-Titel nicht holten. Sie hatten vergessen, daß niemand vor uns den Conference-Titel achtmal hintereinander gewonnen hatte. Und sie dachten auch, daß wir 1987 ein schlechtes Jahr hatten, als wir keinen nationalen Meistertitel gewannen, nachdem wir vier Titel und eine Rekordanzahl von 60 Spielen hintereinander gewonnen hatten. Der Trainer eines starken Programms muß also realisieren, daß die Erwartungen nach Jahren mit vielen Siegen eskalieren.

Erwachsene können mit derartigen Erwartungen leben. Aber es ist falsch, wenn die Spieler hart gearbeitet und alles Mögliche erreicht haben, und dann wegen der Gesamtpunktzahl auf der Wertungstabelle kritisiert werden.

Trainer, die Programme nur aufbauen, aber nicht erhalten wollen, sind entweder nicht willens oder unfähig, sich hohen Erwartungen, nachlassendem Lob und konstantem Druck zu stellen. Der Aufbau ist aufregender als das Erhalten. Manchmal ist es hart, weil Sie die Freude und die Aufregung, die mit Überraschungserfolgen – z.B. dem Sieg über den Favoriten – verbunden sind, lieben. Diese Art von Hochstimmung ist selten, wenn Sie erst einmal der Favorit sind.

Es ist nicht alles Glück

Während unserer 60 Spiele umfassenden Siegesserie gab es viele Spiele mit knappem Ausgang. Und nach diesen Spielen war es lustig, daß die Journalisten schrieben, wieviel Glück wir hätten. Aber wenn ich gefragt wurde, wie wir die Siegesserie aufrechterhielten, verwendete ich nie das Wort *Glück*. Meiner Meinung nach waren wir einfach darauf vorbereitet, jede Chance, 60 Spiele lang ohne Niederlage zu spielen, zu nutzen. Das ist es, was man braucht, um ein Programm auf einem hohen Niveau zu halten: zusätzliche harte Vorbereitung. Andere Schulen, gegen die wir spielten, hatten alle Emotionen auf ihrer Seite. Für uns handelte es sich nur um ein weiteres Spiel, das wir auf dem Weg zu unserer Rekordserie gewinnen mußten. Für die Gegner war der Sieg gegen uns ihr Saisonziel und vielleicht sogar das Ziel ihrer Karriere.

Aufbau auf ein anderes Level

Die grundlegenden Werte, die mit dem Vermitteln des Footballs als ein Spiel verbunden sind, haben für mich sowohl auf der High School- als auch auf der College-Ebene funktioniert.

Ich werde vielleicht nie die Gelegenheit haben, auf einem höheren Niveau wie z. B. in der I. Division Trainer zu sein. Dies ist jedoch eine Herausforderung, die jeder engagierte Trainer gerne hätte. Es ist erfrischend und motivierend, z.B. Penn State zu besuchen und zu sehen, daß man die Dinge, an die Sie glauben, dort tut. Die Betonung der Erziehung, die Einstellungen sowie die Handlungen der Spieler werden hervorgehoben, dennoch ist das Programm sehr erfolgreich.

Die Trainer müssen daran denken, daß das Programm den Namen der Schule trägt, nicht den des Trainers. Es ist die Augustana-Footballmannschaft, egal, ob ich hier bin oder nicht. Der Cheftrainer erhält immer die Anerkennung für den Erfolg, aber in vielerlei Hinsicht ist dies falsch, weil der Erfolg auch vom Einsatz der Assistenztrainer und von der Kooperation der Mannschaft abhängt.

Als ich zusammen mit dem ehemaligen Basketballstar Don Nelson und dem All-Pro-Footballspieler und Runningback Roger Craig in die Quad-City Hall of Fame aufgenommen wurde, sagte ich: „Die Wahrheit ist, daß ich mich von den anderen beiden insofern unterscheide, als sie aufgrund ihrer eigenen Fähigkeit aufgenommen wurden, während ich aufgrund der Fähigkeit anderer aufgenommen wurde."

Seien Sie sich stets bewußt, daß Ihre Erfolge durch viele andere Leute mitverursacht werden. Keiner schafft es alleine. Und wenn man einmal genauer darüber nachdenkt, macht nichts im Leben richtig Spaß, wenn man es alleine tut. Was dazu führt, daß Erfolge so viel Spaß machen, ist die Tatsache, daß Sie sie mit Ihrer Familie, Ihrer Mannschaft und mit den Fans teilen. Teilen Sie also Erfolge. Sie werden sie mehr genießen, und Sie werden mehr Leute haben, die Sie im Falle von Rückschlägen unterstützen.

Wie man einen Trainer auswählt, um ein Programm aufzubauen

Ich schreibe diesen Schlußabschnitt für alle ungeduldigen Mitglieder der Schulbehörden und Verwalter, Mitglieder von Förderclubs und Fans, die gerne ein erfolgreiches Footballprogramm hätten, das sie unterstützen können. Mein Rat ist, nach einem Trainer mit den folgenden Qualitäten Ausschau zu halten:
- Eine gut definierte Philosophie, die mit den Zielen der Schule im Einklang steht.
- Die Fähigkeit, mit den Athleten der unterschiedlichen Stufen, die er trainieren wird, zu kommunizieren und sie zu unterrichten.
- Ein detaillierter Plan, wie er das Programm umsetzen will.
- Den Nachweis einer Ausbildung in Sportpädagogik und trainingsrelevanten Themen.
- Mehrere solide Referenzen hinsichtlich seines Charakters, seiner Fähigkeit, mit Studentensportlern zu arbeiten und der geeigneten Anwendung von Trainingsprinzipien sowie Footballfertigkeiten und -strategien.

Wenn alle Kandidaten gleich sind, sollten Sie Aspekte wie die Jahre an Erfahrung, die Größe der Schulen, für die der Trainer bereits gearbeitet hat, und das Sieg-Niederlage-Verhältnis berücksichtigen. Schwerer greifbare Gesichtspunkte wie z. B., ob der Trainer mit der Position eine Anzahl von Jahren zufrieden sein wird, sollten auch berücksichtigt werden.

Ein Trainer sollte mindestens drei Jahre Zeit bekommen, um die Dinge gestalten zu können. Wenn Sie einen unmittelbaren Erfolg wollen, geben Sie dem Betrug das Wort. Geben Sie dem Trainer Zeit, eine solide Grundlage zu schaffen und dann darauf aufzubauen. Dies ist die einzige Methode, um ein Footballprogramm zu entwickeln, auf das Sie, die Schule und die Gemeinde stolz sein können.

Zusammenfassung

Der Aufbau eines erfolgreichen High School-Footballprogramms ist unabhängig von der Spielklasse eine bedeutende Leistung. Folgende Punkte sind für dieses Unternehmen entscheidend:

1. Entscheiden Sie sich für einen Spielstil, den Sie durch und durch kennen, gut vermitteln können und der flexibel genug ist, um ihn an die Talente Ihrer Spieler und die Taktik des Gegners anzupassen.
2. Entwickeln Sie das Interesse und die Fertigkeiten der am Programm beteiligten Spieler und derjenigen, die in das Programm eintreten werden; eine hohe Leistungsdichte ist sehr wichtig.
3. Suchen Sie nach administrativer Unterstützung sowie nach Unterstützung von seiten der Gemeinde. Diese Instanzen bzw. Gruppierungen können Ressourcen bereitstellen und Ihnen vor allem mit ihrem Enthusiasmus helfen.
4. Schaffen Sie einen starken Trainerstab mit Assistenten, die Sie gleich behandeln und die über ausreichend Autorität verfügen, um Entscheidungen zu treffen.
5. Erziehen Sie die Spieler zu positivem Denken, zum Glauben an Ihr Spielsystem und zum einsatzvollen Spiel.
6. Jeder, der am Programm beteiligt ist, muß die gleichen Ziele haben und nach den gleichen Regeln leben.
7. Stolz auf die Mannschaft und das Gefühl der Mannschaftsidentität stellen sich nicht von alleine ein; Sie können diese Qualitäten nur entwickeln, indem Sie Ihr Programm jahrelang richtig leiten.
8. Denken Sie stets daran, daß der Erfolg einer Footballmannschaft den kombinierten Einsatz vieler Beteiligter voraussetzt; kommen Sie nie auf den Gedanken, dies alleine zu versuchen oder zu tun.

TEIL II
TRAININGSPLÄNE

5 Saisonplanung

Alles, worüber ich in Teil I gesprochen habe, hat Konsequenzen für die spezifischen Funktionen, die wir als Footballtrainer ausüben. Aus diesem Grunde trägt Teil I den Titel „Grundlagen des Coachings".

Dieser zweite Teil behandelt schriftliche Pläne, die für ein organisiertes und erfolgreiches Coaching entscheidend sind. Obwohl es nicht soviel Spaß macht wie das Aufzeigen der Grundlagen, sind diese Pläne genauso wichtig für die Organisation und den Erfolg Ihres Programms.

In diesem Kapitel werde ich erklären, wie wir mit den Details umgehen, die zur Planung einer Saison gehören. Zu den wichtigsten Aspekten, für die Sie im Rahmen der Planung verantwortlich zeichnen, gehören:

- die Ausrüstung
- die medizinische Betreuung
- die körperliche Vorbereitung
- die Trainings- und Wettkampfplanung
- Reisen
- Personalplanung und
- die Spielerrekrutierung.

Ausrüstung

Sie können einen jungen Mann nicht auffordern, auf den Footballplatz zu gehen und mit voller Geschwindigkeit einen anderen Spieler zu blocken, wenn Sie ihn nicht vorher entsprechend ausgerüstet haben. Neben Eishockeyspielern haben Footballspieler die schützendste Ausrüstung aller Sportler.

Einige Trainer betonen die kosmetischen Aspekte der Trikots - die Farbe und den Schnitt des Hemdes, der Hose und des Helms. Und einiges spricht dafür, gut auszusehen und sich stolz zu fühlen, wenn man die Farben der Schule trägt. Am wichtigsten ist jedoch die Qualität der Polster unter dem Hemd und unter der Hose sowie die des Helms.

> **Ein Erstsemestler, der nicht grün hinter den Ohren war**
> Da wir in meinem ersten Jahr am Augustana-College so eine hohe Spielerbeteiligung hatten, verfügten wir nicht über genug passende Helme. Da ich wußte, daß die High School, an der ich in dem Jahr zuvor Trainer gewesen war, mehr als genug Helme hatte, liehen wir uns dort eine ausreichende Anzahl, um jeden unserer Spieler für die Saison auszurüsten. Das einzige Problem war, daß die ausgeliehenen Helme grün waren, während die des Augustana-College goldfarben waren.
> Nach einem der ersten Gedränge fragten einige unserer Trainer: „Wer ist dieser Junge da mit dem grünen Helm?" Was außer seinem großartigen Spiel als Linebacker ihre Aufmerksamkeit geweckt hatte, war sein grüner Helm – was anzeigte, daß es sich um einen Freshman handelte. Dieser Freshman mit dem grünen Helm spielte die gesamten vier Jahre für uns, und im Jahr 1982 wurde er Mitglied der All-American-Auswahl.

Beginnen Sie, indem Sie den Zustand der übriggebliebenen Ausrüstung überprüfen. Lassen Sie die Polster und die Helme reinigen und wieder in Schuß bringen, und kontrollieren Sie die Sachen noch einmal mit einem Ausrüstungsspezialisten, um sicherzustellen, daß jedes Teil dem Standard genügt.

Die Helme und Schulterpolster sind entscheidend. Vergewissern Sie sich, daß sie in einem qualitativ guten Zustand sind und daß sie passen. Andere Schutzausrüstungsgegenstände wie z. B. Hüft-, Oberschenkel- und Kniepolster müssen ebenfalls in Ordnung sein.

Beim Militär haben wir gelernt, daß ein Soldat mit wundgelaufenen Füßen nichts taugt. Das gleiche gilt für einen Footballspieler. Schaffen Sie gute Schuhe an, und sehen Sie zu, daß die Spieler auch auf kleinere Fußprobleme achten.

Neben den Ausrüstungsgegenständen, die Ihre Spieler am Leib tragen, brauchen Sie neue Bälle und vielleicht auch neue Blockpuppen. Planen Sie einen gewissen Prozentsatz Ihres Jahresbudgets für neue Ausrüstungsgegenstände ein. Wenn Sie den Ausrüstungsbestand erst einmal auf einen hohen Standard gebracht haben, sollten die Jahr für Jahr anfallenden Kosten einigermaßen konstant bleiben.

Rüsten Sie sich für Spiele aus
Als ich ans Augustana-College kam, mußten wir unsere Footballausrüstung ergänzen, aber unser Budget ließ uns dafür keine Chance. Ich schlug daher unserem Präsidenten vor, unseren Plan zu ändern.
Der Vorschlag lautete, unser Eröffnungsspiel der Saison ausfallen zu lassen. Mit dem gesparten Geld konnten wir alle für die Aufstockung des Programms notwendig erachteten Ausrüstungsgegenstände kaufen. Da die Kosten für das College so oder so gleich waren, stimmte der Präsident zu, und wir waren in der Lage, unsere Ausrüstungsbedürfnisse zu befriedigen.

Einige Schuldistrikte haben knappe Budgets. Aber aus haftungsrechtlichen Gesichtspunkten, die mit Footballprogrammen zusammenhängen, sind diejenigen, die das Geld kontrollieren, gezwungen zuzuhören. Wenn diese Leute Ihr Programm nicht mit den notwendigen Mitteln unterstützen wollen, sollten Sie Ihre Zukunft an der Schule überdenken.

Medizinische Betreuung

Da Football eine extrem harte Kontaktsportart ist, die von kräftigen und schnellen Sportlern dominiert wird, können selbst Helme und Polster nicht jede Verletzung verhindern. Daher müssen Sie neben der Anschaffung einer guten Ausrüstung noch eine andere wichtige Sicherheitsmaßnahme vor Saisonbeginn organisieren, nämlich ein medizinisches Betreuungssystem für Ihre Spieler.

Ich empfehle Ihnen, sich einer Ausbildung zu unterziehen, um kluge Entscheidungen hinsichtlich der medizinischen Betreuung Ihres Programms zu treffen. Sie werden durch eine derartige Ausbildung sicherlich kein Medizinexperte, aber es ist schon ratsam, an einem Kurs für Erste Hilfe für Trainer teilzunehmen. Ich möchte Ihnen auch nahelegen, einen Kurs für Herz-Kreislauf-Wiederbelebung zu absolvieren.

Vorsorgeuntersuchungen vor Beginn der Saison

Seitdem ich mit dem Trainerberuf begonnen habe, hat sich die Sportmedizin weit entwickelt. Ich denke nicht gerne darüber nach, wie viele Verletzungen hätten vermieden werden können, wenn wir damals das gleiche Wissen über die Anatomie und die Physiologie des Sportlers gehabt hätten wie heute.

Eine gute Methode, um Verletzungen zu vermeiden, ist eine Vorsorgeuntersuchung, der sich alle Spieler vor dem die Saison einleitenden Konditionstraining unterziehen. Eine derartige Untersuchung kann Sie vor größeren gesundheitlichen Problemen warnen, und diese Untersuchung kann auch dazu dienen, leistungsbezogene Probleme wie z. B. Kraftdefizite und eine unzureichende Beweglichkeit festzustellen.

Neben dieser Vorsorgeuntersuchung – die von einem qualifizierten Sportphysiotherapeuten oder einem Sportmediziner durchgeführt werden kann – sollte jeder Spieler einen Arzt aufsuchen, um sich vor der Saison einer gründlichen Vorsorgeuntersuchung zu unterziehen. Die Versicherung der Schule verlangt oft eine medizinische Freigabe. Darüber hinaus gibt Ihnen eine derartige Tauglichkeitsuntersuchung ein ruhiges Gewissen, um die Saison zu beginnen.

Sportmedizinisches Personal

Der Kontrast zwischen dem Coaching in der High School ohne Sportphysiotherapeut und in einem College, wo ein ganzer Stab von Physiotherapeuten sich um die

Spieler kümmert, macht klar, daß jedes Footballprogramm von einem hauptberuflichen Sportphysiotherapeuten betreut werden sollte. Ein Physiotherapeut kann zu einer besseren körperlichen Vorbereitung der Spieler beitragen und wichtige Notfallbehandlungen durchführen, wenn es einmal zu einer Verletzung kommt. Angesichts der Beweis-, Versicherungs- und Haftungsaspekte, die mit einem Footballprogramm zusammenhängen, glaube ich, daß jede Schule gezwungen sein sollte, zumindest einen qualifizierten Sportphysiotherapeuten anzustellen.

Während der Spiele und die ganze Saison über sollten die Spieler darüber hinaus auch von einem Mannschaftsarzt betreut werden. Ihr Conference- oder State-Verband sollte die Gastgebermannschaft durch ein Gesetz zwingen, bei jedem Spiel einen Arzt zu stellen.

Ruf zur ärztlichen Behandlung an der Seitenlinie
Während eines High School-Playoff-Spiels in den späten siebziger Jahren hörte einer unserer Spieler die Glocken läuten. Ihn hatte es ganz schön erwischt, und er benötigte Hilfe neben dem Spielfeld.

Normalerweise würde ich einem Spieler in einem derartigen Zustand nicht mehr erlauben, auf das Spielfeld zurückzukehren. Aber in diesem Fall wurde der Spieler von seinem Hausarzt, der sich zufälligerweise unter den Zuschauern befand, untersucht. Der Arzt stellte fest, daß der Spieler o.k. war und weiterspielen konnte. Der Spieler nahm das Spiel wieder auf und hatte keine weiteren Probleme mehr.

Die meisten Schulen können sich glücklich schätzen, einen sportlich eingestellten Arzt vor Ort zu haben, der daran interessiert ist, der Schule zu helfen. Wenn Sie einen derartigen Mannschaftsarzt haben, sollten Sie den Spielplan so koordinieren, daß der Arzt bei den Spielen anwesend sein kann und auch zu anderen Zeiten zur Verfügung steht, um verletzte Spieler zu untersuchen.

Sowohl der Mannschaftsarzt als auch der Sportphysiotherapeut können für die Rehabilitation verletzter Spieler sehr wichtig sein. Konsultieren Sie diese qualifizierten sportmedizinischen Experten, bevor Sie einem Spieler erlauben, das Spiel wieder aufzunehmen.

Medizinische Hilfsmittel

Nutzen Sie das Expertenwissen Ihres sportmedizinischen Personals, um festzulegen, was Sie für medizinische Hilfsmittel benötigen. Sie dürfen die Gesundheit der Spieler nicht riskieren, indem Sie auf so wichtige Hilfsmittel wie Tapeverbände, sterile Gaze und Verbände verzichten. Dies ist nicht nur ein Haftungsproblem, sondern eine vorrangige Maßnahme, in der sich Ihr Engagement dafür widerspiegelt, keine Kompromisse hinsichtlich der Gesundheit und Sicherheit Ihrer Spieler einzugehen.

Körperliche Vorbereitung

Die Zeiten, in denen die Spieler einfach spielten, um sich konditionell fit zu machen, sind lange vorbei. Es scheint sogar so, als seien die Zeiten, in denen die Spieler vor der Saison ein spezielles Konditionstraining absolvieren, auch vorbei. Aufgrund der begrenzten Anzahl von Trainingseinheiten, die vor dem ersten Spiel möglich sind, kann man es sich nicht leisten, dem Konditionstraining allzuviel Zeit zu widmen. Es ist so viel in so kurzer Zeit zu vermitteln.

Ich habe nie ein verpflichtendes Konditionstrainingsprogramm vor der Saison institutionalisiert. Wenn Sie es als Trainer geschafft haben, den Spielern das Gefühl zu vermitteln, daß es etwas Besonderes ist, Mitglied der Footballmannschaft zu sein, sorgen die Spieler normalerweise selbst dafür, daß sie zu Beginn der Saison in Form sind. Der wichtigste Beitrag zum Training außerhalb der Saison ist die Reduzierung der verletzten Spieler.

Leichtathletik als Saisonvorbereitung
In der High School war es für mich von Vorteil, daß ich gleichzeitig Leichtathletik-Cheftrainer war. Das ermöglichte mir, mit allen Jungs in einer Sportart zu arbeiten, die Football bestens ergänzt.
Selbst Sportler, die gar nicht ernsthaft an Wettkämpfen teilnahmen, kamen zum Leichtathletiktraining. Sie betrachteten die Leichtathletik als eine gute Vorbereitung auf Football. Darüber hinaus waren sie gerne mit ihren Freunden in einer Mannschaft zusammen.

Der Trainer muß dafür sorgen, daß seine Spieler die Informationen und Mittel erhalten, die nötig sind, um effektiv zu trainieren. Wir haben den Spielern im Sommer immer Lauftrainingsprogramme nach Hause geschickt, um sie zu ermutigen, sich körperlich für die Saison fit zu machen (siehe unten).

Wir geben interessierten Spielern auch ein auf sie angepaßtes Krafttrainingsprogramm, und wir stellen sicher, daß sie Zugang zum Kraftraum haben. Ein gutes Buch zur Vorbereitung auf Kraft- und Konditionstrainingsprogramme ist „*Strength Training for Football*" (1992), das bei Human Kinetics erschienen ist.

Das Sommer-Lauftrainingsprogramm des Augustana-College

Dieses Programm enthält drei Lauftrainingsarten. Anfänglich werden das stilschulende Laufen und Langstreckenläufe betont, um Technik und Ausdauer zu entwickeln. Später kommen Intervalläufe hinzu, um Schnelligkeit und Explosivität zu verbessern.

Stilschulendes Laufen
1. Laufen Sie mit hohem Kniehub auf der Stelle. Beschleunigen Sie langsam, und laufen Sie 25 Yards, wobei Sie auf einen hohen Kniehub achten.
2. Laufen Sie 25 Yards, und betonen Sie die Schrittlänge. Heben Sie Ihre Knie, kicken Sie Ihren Unterschenkel nach vorne, landen Sie, und drücken Sie sich vom Fußballen ab.
3. Laufen Sie 25 Yards im „Gänseschritt", wobei Sie Ihr Gewicht hinten halten. Sie sollten die Dehnung in Ihren Oberschenkeln spüren.
4. Laufen Sie 10 Sekunden lang, so schnell Sie können, auf der Stelle, wobei Sie Ihre Oberschenkel parallel zum Boden bringen und Ihre Zehen gestreckt nach vorne halten.

Langstreckenläufe

Schaffen Sie früh im Sommer durch das Laufen langer Strecken eine Ausdauergrundlage. Ein guter Durchschnitt sind drei bis fünf km pro Trainingseinheit in einem Schnitt von etwa fünf Minuten pro Kilometer. Dieses Programm legt einen größeren Schwerpunkt auf das Intervalltraining, weil Sie sich dem Vorsaisontraining nähern. Nichtsdestotrotz sollten Sie das Langlauftraining zweimal die Woche an Tagen, an denen Sie Gewichte heben, fortsetzen. Beenden Sie Ihre Trainingseinheit mit Dehnübungen.

Intervalläufe

Bei den Intervalläufen handelt es sich um maximale Widerstandsbelastungen über 100 bis 150 Yards während einer Trainingseinheit oder eines Spiels. Diese explosiven Belastungen dauern 5 bis 15 Sekunden und verlangen einen enormen Energieaufwand. Die Erholungspause zwischen den Einsätzen ist normalerweise aktiv (wenn z. B. der Receiver zur Gruppe zurücktrabt). Sie sehen also, Intervalltraining ist ein notwendiger Bestandteil der Vorbereitung auf das vorsaisonale Training. Sie sollten alle Ihre Trainingseinheiten mit maximalem Einsatz absolvieren. Das Ruhe-Belastungs-Verhältnis sollte bei Strecken von 90 m Länge oder weniger 3:1 betragen. Wenn Sie z. B. 11,0 über 90 m laufen, sollten Sie eine Pause von 33 Sekunden einlegen. Bei Streckenlängen von 100 bis 130 m sollte das Ruhe-Belastungs-Verhältnis 2:1 betragen, bei Streckenlängen über 400 m ist das Ruhe-Belastungs-Verhältnis 1:1. Aktuelle Forschungsergebnisse haben gezeigt, daß die Ruhepause aus Gehen oder Joggen bestehen sollte. Das folgende Programm besteht aus drei bis fünf Kilometern Intervallarbeit pro Trainingseinheit. Addieren Sie in jeder Woche bei den Streckenlängen 55 m, 36 m und 18 m eine Wiederholung hinzu.

Erste Woche
800 m Joggen
800 m Laufen, Ruhe-Belastungs-Verhältnis 1:1
2 x 400 m Laufen, Ruhe-Belastungs-Verhältnis 2:1
2 x 200 m Laufen, Ruhe-Belastungs-Verhältnis 2:1
2 x 90 m Laufen, Ruhe-Belastungs-Verhältnis 3:1
2 x 55 m Laufen, Ruhe-Belastungs-Verhältnis 3:1
2 x 36 m Laufen, Ruhe-Belastungs-Verhältnis 3:1
2 x 18 m Laufen, Ruhe-Belastungs-Verhältnis 3:1

Sechste Woche
800 m Joggen
800 m Laufen, Ruhe-Belastungs-Verhältnis 1:1
2 x 400 m Laufen, Ruhe-Belastungs-Verhältnis 2:1
2 x 200 m Laufen, Ruhe-Belastungs-Verhältnis 2:1
2 x 90 m Laufen, Ruhe-Belastungs-Verhältnis 3:1
7 x 55 m Laufen, Ruhe-Belastungs-Verhältnis 3:1
7 x 36 m Laufen, Ruhe-Belastungs-Verhältnis 3:1
7 x 18 m Laufen, Ruhe-Belastungs-Verhältnis 3:1

Sommer-Trainingsplan

Aktivität	Mo	Di	Mi	Do	Fr	Sa
Beweglichkeit	x	x	x	x	x	x
Gewichttraining	x		x		x	
Langlauf: 3 bis 5 km	x		x			
Stilschulendes Laufen		x		x		x
Intervalläufe *)		x		x		x
Gewandtheits- und Techniktraining in Abhängigkeit von der Position			x		x		x
Erholung: leichtes Joggen; Dehnen der hinteren Oberschenkelmuskeln und des Schultergürtels	x	x	x	x	x	x

*) Juli und August

Planung

Jeder Cheftrainer sollte mit dem Sportdirektor zusammenarbeiten, wenn er den Spielplan für die Saison aufstellt. Immerhin ist es ja der Job des Cheftrainers, der oft unsicher ist und der von den Ergebnissen der Saison abhängt. Am wichtigsten ist die Wahl der Gegner.

Wettkampfplanung

Wenn die Zugehörigkeit zu einer Conference Ihrem Leistungsniveau entspricht, sollten Sie gleich zu Beginn gegen Schulen spielen, die Ihnen im Hinblick auf die

Spielerzahl, die Philosophie und die Ressourcen ähnlich sind. Dies ist wichtig, weil, wie ich in Kapitel 3 erwähnte, unser erstes Ziel in jedem Jahr der Gewinn des Conference-Meistertitels ist.

Entscheidend ist, daß Sie die richtigen Mannschaften außerhalb Ihrer Conference als Gegner auswählen. Vermeiden Sie Schulen, die viel größer oder viel kleiner als Ihre Schule sind. Sicherlich haben Sie die Chance, als David gegen einen Goliath zu gewinnen, aber was ist der Preis dafür? Umgekehrt, was nutzt es Ihrer Mannschaft, wenn sie gegen einen unterbesetzten Gegner ohne Wettkampfbiß gewinnt?

> **Der Preis für eine Wettkampfplanung mit zu starken Gegnern**
> Um unser High School-Programm publik zu machen, hatten wir einmal ein Spiel gegen eine Schule auf den Plan gesetzt, die in einer Jahrgangsstufe mehr Schüler hatte als wir in all unseren vier Jahrgangsstufen zusammen. Der Größenunterschied war offensichtlich, als sich die Mannschaften auf dem Spielfeld aufstellten: Die Spieler der gegnerischen Mannschaft waren im Durchschnitt nahezu 13 kg schwerer als unsere Spieler.
>
> Obwohl wir das Spiel trotz allem gewannen, war der Preis hoch. Alle unsere Spieler hatten bei dem Spiel gegen körperlich derart überlegene Gegner Blessuren davongetragen. Wir hatten bewiesen, daß wir gegen einen so viel stärkeren Gegner nicht nur spielen, sondern auch gewinnen konnten, aber es war mir klar geworden, daß wir nicht jede Woche gegen einen derart starken Gegner spielen konnten.

Wenn Ihre Mannschaft nicht Mitglied einer Conference ist, kann die Planung schwierig sein. Mannschaften, die einer Conference angehören, müssen normalerweise mindestens zwei Drittel ihrer Spiele gegen Gegner derselben Conference absolvieren. Und wenn sie gegen einen Gegner spielen wollen, der nicht in ihrer Conference ist, wollen sie zu Hause spielen.

Ideale Planung

Ich bin dagegen, daß man gegen einen starken Gegner außerhalb der Conference spielt. Jeder ist bei einem derartigen Spiel emotional engagiert. Gleichgültig, ob man gewinnt oder verliert, wir möchten diese Emotionen nicht in ein Spiel außerhalb der Conference investieren, denn es hat nichts mit unserem erstrangigen Ziel, dem Gewinn des Titels eines Conference-Meisters, zu tun.

Der beste Plan besteht darin, die Hälfte der Spiele gegen Gegner zu spielen, die Ihnen selbst ebenbürtig sind. Die verbleibende Hälfte sollte aufgeteilt werden in Spiele gegen Gegner, von denen Sie das Gefühl haben, daß sie Ihrer eigenen Mannschaft entweder leicht überlegen oder leicht unterlegen sind. Vermeiden Sie, gegen zwei unterlegene oder überlegene Gegner hintereinander zu spielen. Im Idealfall sollte Ihr Plan aussehen, wie in Tabelle 5.1 dargestellt. In Wirklichkeit wissen Sie bei einer Planung im voraus nie genau, wie gut Ihre Gegner bei Saisonbeginn sein werden.

Tabelle 5.1: Musterplan

Spiel	Ort	Qualität des Gegners	Kommentar
1	Heimspiel	schwach	außerhalb der Conference
2	Auswärtsspiel	durchschnittlich	außerhalb der Conference
3	Heimspiel	durchschnittlich	innerhalb der Conference
4	Heimspiel	stark	außerhalb der Conference
5	Heimspiel	schwach	innerhalb der Conference
6	Heimspiel	durchschnittlich	innerhalb der Conference
7	Heimspiel	durchschnittlich	innerhalb der Conference
8	Heimspiel	stark	innerhalb der Conference
9	Heimspiel	schwach	innerhalb der Conference
10	Heimspiel	durchschnittlich	innerhalb der Conference

Versuchen Sie, die Qualität Ihrer Gegner zu prognostizieren. Denken Sie daran, daß Ihre Spieler gute Gegner brauchen, um an diesen Aufgaben zu wachsen. Seien Sie jedoch realistisch. Die emotionalen und körperlichen Kosten von Spielen gegen zuviele überlegene Gegner können die Motivation und die Entwicklung der Spieler unterminieren.

Diskussion des Plans mit der Mannschaft

Spieler sind aufmerksam und wissen, ob man von ihnen erwartet, daß sie ihrem Gegner gewachsen sind. Versuchen Sie also nicht, die Spieler an der Nase herumzuführen. Erklären Sie ihnen vor der Saison, daß die Trainer nur an einen Gegner pro Woche denken, und daß von ihnen eine gleiche Einstellung erwartet wird. Sagen Sie den Spielern, daß sie eine klare Einschätzung ihres nächsten Gegners beim ersten Mannschaftstreffen der Trainingswoche erwarten können.

Leider drucken viele Zeitungen zweiseitige Ergebnisübersichten und wählen jede Woche eine gewisse Anzahl von Spielen aus, die sie besonders kommentieren. Ihre Spieler werden diese Prognosen lesen. Wenn die Spieler dem, was ein Sportreporter schreibt, eher glauben als Ihnen, werden Sie bestimmt in Schwierigkeiten geraten.

Seien Sie ehrlich, wenn Sie die Stärken und Schwächen des nächsten Gegners beschreiben. Erinnern Sie die Spieler auch daran, daß die gegnerische Mannschaft nicht der Maßstab ist, an dem Sie den Erfolg der Mannschaft messen. Entscheidend ist vielmehr, wie sich die Leistung der Spieler von ihrer Leistung in den vorherigen Spielen und ihrem Leistungspotential unterscheidet.

Reisen

Ein wichtiger Aspekt bei der Aufstellung eines Plans ist der notwendige Reiseaufwand. Auf der Ebene der High School erfordern die zurückzulegenden Distanzen nur selten ein Übernachtung. Die Gegner aus derselben Conference sind selten weiter entfernt als einige Stunden Busfahrt.

Busreisen

Gleichgültig, wie kurz sie sind, Busreisen können schlimm sein, wenn Sie sie nicht planen. Im folgenden finden Sie einige der wichtigsten Gesichtspunkte, an d e Sie bei der Planung von Busreisen denken müssen:
- *Bus und Fahrer:* Egal, ob Sie in einem gemieteten Bus oder im Schulbus reisen, Sie müssen sich vergewissern, daß die Größe und die Anzahl der Busse ausreichend ist. Tun Sie auch alles, was Sie können, um sicherzustellen, daß der Mann hinter dem Steuer verläßlich, verantwortungsvoll, freundlich und zurückhaltend ist.
- *Abfahrts- und Ankunftzeiten:* Jedes Mannschaftsmitglied muß informiert werden, wann der Bus abfährt. Machen Sie deutlich, daß Sie keine Ausnahmen dulden: Diejenigen, die zum Abfahrtzeitpunkt nicht da sind, bleiben zu Hause.
- *Sitzplätze:* Einige Trainer ziehen es vor, hinten im Bus zu sitzen, so daß sie ein Auge auf die Spieler werfen können. Andere sitzen lieber vorne. Die Sitzordnung war bei uns noch nie ein Problem. Wenn mehr als ein Bus zum Spiel fährt, setze ich die Varsity-Spieler in einen Bus, und die Freshmen und Sophomores in den anderen.

- *Benehmen:* Wenn die Spieler verstehen, welches Verhalten Sie von ihnen erwarten, sollten Sie keine Disziplinprobleme im Bus haben. Wenn die Mannschaft konzentriert ist, ist sie normalerweise auf dem Weg zum Spiel ziemlich ruhig. Nach einem großen Sieg kann es sein, daß Sie sie daran erinnern müssen, mit dem Feiern bis zur Ankunft zu Hause zu warten. Auf jeden Fall müssen die Spieler den Bus so sauber verlassen, wie sie ihn vorgefunden haben.

Übernachtungen

Wenn College-Spiele und High School-Interconference-Playoff-Spiele es erforderlich machen, weitere Strecken mit dem Bus zu fahren, kann es besser sein, die Nacht vor dem Spiel in einem Hotel in der Nähe des Stadions zu verbringen. Es kann sein, daß Sie dafür verantwortlich sind, die Zimmer und die Mahlzeiten zu bestellen. Machen Sie Ihre Pläne frühzeitig. Wenn die Saison einmal begonnen hat, möchten Sie in der Regel nicht mehr viel Zeit mit der Bestätigung Ihrer Pläne verbringen.

Teilen Sie den Spielern die Hoteladresse und die Telefonnummer mit, für den Fall, daß ihre Familien mit ihnen Kontakt aufnehmen möchten. Wir teilen den Spielern ihre Zimmergenossen normalerweise nach Spielposition zu, so daß sie sich über ihre Aufgaben unterhalten können. Geben Sie Ihren Spielern einen Reiseplan einschließlich der Zeiten, zu denen die Lichter ausgeschaltet werden sollen und der Essenszeiten.

Personalplanung

Obwohl die Spieler die wichtigsten Personen jedes Footballprogramms sind, sind auch andere Personen entscheidend für die Effektivität des Programms. Im folgenden finden Sie die Nichtspieler-Positionen, die vor der Saison besetzt werden sollten:
- Cheftrainer und Asssistenztrainer
- Sportärzte und studentische Physiotherapeuten
- Studentische Zeugwarte
- Statistiker
- Videokoordinator.

Trainerstab

Die Größe des Trainerstabs kann variieren, je nachdem, wie groß die Schule ist und auf welcher Ebene gespielt wird. Als ich als Trainer an einer kleinen High School begann, hatte ich nur drei Mann in meinem Stab: Ich war Cheftrainer, und darüber hinaus hatten wir nur noch einen Backfield-Trainer und einen Line-Trainer. Wir alle drei arbeiteten mit dem Angriff, der Abwehr und den Special Teams. Einige Spieler gehörten allen drei Einheiten an.

Jetzt haben wir am Augustana-College einen Stab, der aus neun Leuten besteht, und ich glaube, wir könnten auf keinen einzigen Trainer verzichten. Im Football gibt es so viele Positionen im Angriff und in der Abwehr, und jede Position verlangt spezielle Fertigkeiten und unterschiedliche Verantwortlichkeiten. Wenn Sie für jede Position mehrere Spieler haben, wie es in vielen High Schools und Colleges der Fall ist, brauchen Sie genug Trainer, um einen ordentlichen Unterricht erteilen zu können.

Ein beispielhafter Trainerstab

Treffen des Trainerstabs in der Vorsaison

Wie bereits erwähnt, ist es entscheidend, daß Ihr Trainerstab gut zusammenarbeitet. Vor der Saison sollten Sie daher alle Trainer zusammenrufen und ihnen Ihre Philosophie ins Gedächtnis zurückrufen. Des weiteren sollten Sie sie an Ihre Erwartungen bezüglich ihres persönlichen und beruflichen Verhaltens erinnern.

Die Zuordnung von Pflichten an das Personal

Der Cheftrainer muß die Pflichten jedes Mitglieds des Stabs klar definieren. Wenn diese Pflichten einmal zugeordnet sind, sollten Sie den Assistenten die Verantwortung übergeben und sie trainieren lassen. Wenn ein Trainer für eine bestimmte Position weiß, daß ihm die Verantwortung und die Zeit gegeben wird, um die Spieler auf dieser Position zu trainieren, wird er die Zeit mit Vorbereitungen verbringen.

Um den ganzen Stab auf eine Seite zu bringen, sollten Sie jedem Assistenten mitteilen, wofür die anderen Assistenten verantwortlich sind. Dadurch vermeiden Sie Verwirrungen bezüglich der Rollenverteilung, und jeder lernt den Beitrag seiner Kollegen besser einzuschätzen.

Einige Pflichten können von allen Trainern zu verschiedenen Zeitpunkten während der Saison übernommen werden. So kann z. B. die Beobachterrolle rotieren. Oder, wenn Sie keinen Kraft- und Konditionstrainer im Krafttrainingsraum zur Verfügung haben, kann jede Woche ein anderer Trainer für die Beaufsichtigung des Krafttrainings verantwortlich sein.

Aufstellen des Saisonplans

Beim Treffen der Trainer vor der Saison sollten alle Details von A bis Z besprochen werden. Zu den festzulegenden Dingen gehören:

- Trainingszeiten und Trainingsformen
- Angriff
- Abwehr und
- Special Teams.

Diese vier Bereiche werden in Kapitel 6 unter der Überschrift **„Trainingsplanung"** behandelt. Diskutieren Sie jeden dieser Bereiche im Detail vor der Saison, um die Orientierung der Trainer und die Schwerpunkte bei der Mannschaftsvorbereitung zu klären.

Sportärzte und studentische Physiotherapeuten

An früherer Stelle in diesem Kapitel habe ich die Wichtigkeit eines Sportarztes und der Physiotherapeuten betont. Sie können Ihnen vielleicht bei den Details des Spiels nicht helfen, aber dennoch sollten Sie sie wie Mannschaftsmitglieder behandeln – was sie auch sind. Der medizinische Stab kann einen unschätzbaren Beitrag zur Prävention, Diagnostik, Behandlung und Rehabilitation von Spielerverletzungen leisten. Verlassen Sie sich auf das Können dieser Leute, und suchen Sie regelmäßig ihre Zusammenarbeit.

Treffen Sie sich vor der Saison mit dem medizinischen Personal und den studentischen Physiotherapeuten als Gruppe oder einzeln. Bestätigen Sie mit ihnen die Planung und ihre Verantwortung. Bitten Sie den Physiotherapeuten, die Arbeit der studentischen Physiotherapeuten zu koordinieren und für einen ausreichenden Bestand an medizinischen Versorgungsgütern zu sorgen.

Studentische Zeugwarte

Jeder Footballtrainer weiß, wie gut eine Gruppe von studentischen Zeugwarten dafür sorgen kann, daß die Dinge reibungslos laufen. Umgekehrt wissen wir wie schlecht die Dinge laufen können, wenn die studentischen Zeugwarte keine gute Arbeit leisten.

Studentische Zeugwarte sind sowohl für Heim- als auch für Auswärtsspiele für die Ausrüstung und die Trikots verantwortlich. Im College haben wir einen Mann, der speziell dafür ausgewählt wurde, um sich um die gesamte Ausrüstung der Mannschaft zu kümmern.

> **Voll ausgerüstet für den Erfolg**
> In einem Jahr hatten wir in der High School einen Freshman, der am Programm teilnehmen wollte. Er liebte Football, ohne jedoch selbst zu spielen. Zu unserem Nutzen wurde er unser Zeugwart. Er hatte wirklich Spaß an seiner Aufgabe und wurde so gut, daß er daraus einen Beruf machte. Heute ist Shorty Kleinan Chef-Zeugwart an der Kansas State University.

Ein studentischer Zeugwart sollte über folgende Qualitäten verfügen: große Energie, Verläßlichkeit, Ehrlichkeit und eine positive Einstellung. Ein dickes Fell hilft auch, da die Zeugwarte häufig von den Spielern geärgert werden. Erlauben Sie diesen „Barbaren" nie, Ihr Personal abzuweisen oder persönlich zu beleidigen. Die Spieler und Trainer sollten das ganze Unterstützungspersonal mit Respekt behandeln.

Statistiker

Obwohl wir die Leistung höher bewerten als bloße Zahlen, kann die Statistik Ihnen helfen, Schwächen und Stärken zu entdecken, die Ihrer subjektiven Beobachtung entgehen. Unsere Sportinformationsabteilung ist für unsere Statistik verantwortlich.

Wir führen die gesamte Standardstatistik, aber hier sind die Zahlen, die ich (neben der Gesamtpunktzahl) für am wichtigsten halte:
- Offensive Production beim First und Second Down, und Third Down Conversions (Zwei-Punkte-Zusatzversuch)
- Anzahl von Yards, die die Special Teams gewonnen haben – im Vergleich zur erlaubten Anzahl von Yards
- Anzahl von Yards, die der Defense beim First und Second Down gestattet wurden, und Third Down Conversions in unterschiedlichen Entfernungen.

Videokoordinator

Footballtrainer müssen sich öfter als die Trainer anderer Sportarten die Leistungen ihrer Spieler auf Videoband noch einmal ansehen. Diejenigen von Ihnen, die wie ich bereits tätig waren, bevor Videorekorder und Computer Einzug in den Football hielten, haben vielleicht alte Filme in ihren Sammlungen, die so unscharf sind, daß man die Mannschaften kaum auseinanderhalten kann. Die heutige Technologie erleichtert die Spielanalyse erheblich.

Sie können die Videoausrüstung jedoch nicht einem beliebigen Fan Ihrer Mannschaft überlassen und sicher sein, daß die Arbeit erledigt wird. Entscheidend ist, daß Sie jemanden finden, der die Kenntnisse und die Fertigkeiten besitzt, die Technologie anzuwenden und die notwendigen Filme zu erstellen.

Stellen Sie sicher, daß Ihr Videospezialist weiß, welche Spielsequenzen Sie am meisten interessieren. Möchten Sie alle 22 Spieler im Bild haben, bevor das Spiel beginnt? Soll er die Kamera auf die Aufstellungen bzw. die Täuschungsmanöver der Defense richten? Was ist mit Nahaufnahmen des Linespiels? In vielen Programmen werden mittlerweile zwei Kameras eingesetzt, um spezielle Spielszenen aufzuzeichnen.

Spielerrekrutierung

Ich hatte die Möglichkeit, die Rekrutierung von High School-Spielern durch Colleges aus zweierlei Perspektive zu beobachten: aus der Perspektive des High School-

Trainers, dessen Spieler von College-Trainern rekrutiert wurden, und als College-Trainer, der High School-Spieler ans College holt. Daß ich so lange der einen Seite angehörte (der High School), half mir beim Umgang mit der anderen Seite.

Wichtig ist, im voraus zu planen. Sie müssen die Rekrutierungsregeln der NCAA (*National Collegiate Athletics Association*) kennen, die Zulassungsvoraussetzungen, die Zeiten, zu denen ein Spieler kontaktiert oder nicht kontaktiert werden kann usw.

Als High School-Trainer

Einer oder mehrere Ihrer Spieler sind vielleicht groß genug und von ihren Fähigkeiten her in der Lage, College-Football zu spielen. Es ist eine schwierige Entscheidung für einen jungen Mann, das College auszuwählen, für das er spielen möchte. Jedes College bemüht sich überschwenglich um ihn, und es wird ihm gesagt, wie schön es – auf dem Footballplatz und außerhalb – sein würde, wenn er zu dem betreffenden College kommen würde. In dieser Situation ist es für einen 17- oder 18jährigen schwer, den Überblick zu behalten und eine vernünftige Entscheidung zu treffen. Dem Jungen wird oft genug bloß geschmeichelt, um seine Aufmerksamkeit zu gewinnen.

Ich habe stets versucht, mich aus dem Rekrutierungsprozeß herauszuhalten, es sei denn, der Spieler bat mich um Unterstützung. Ich wollte nicht eingreifen; es ist die Entscheidung des Jungen, die zusätzlich von seinen Eltern beeinflußt wird. Wenn mich einer meiner High School-Spieler um Hilfe beim Rekrutierungsprozeß bat, tat ich das Folgende, und ich empfehle anderen High School-Trainern, auch so zu verfahren:
- Vermeiden Sie es, den Spieler in Richtung eines bestimmten Colleges zu steuern. Vielleicht sollten Sie ihm mitteilen, was für ein Spielniveau ihn Ihrer Meinung nach am ehesten fordern würde und ihm den größten Erfolg bringen könnte. Die Größe des Colleges spielt kaum eine Rolle, wenn einem jungen Mann das Spiel Spaß macht.
- Sagen Sie dem Spieler, er solle seine Wahl nicht von vornherein auf ein oder zwei Colleges einschränken.
- Raten Sie ihm, drei oder vier Schulen auszuwählen, an denen er sowohl aus sportlichen als auch aus akademischen Gründen am meisten interessiert ist.
- Bitten Sie ihn, nicht mit Colleges herumzuspielen, an denen er kein wirkliches Interesse hat. Wenn er die vielen Colleges nur der Flugreisen wegen besucht

oder um von den Schulen königlich behandelt zu werden, wirft dies ein schlechtes Licht auf ihn und auf das Programm und wird die Chancen zukünftiger Spieler, rekrutiert zu werden, reduzieren.

- Unterstützen Sie die vom Spieler getroffene Entscheidung, wenn er diese Schritte befolgt und seine Eltern in den Entscheidungsprozeß einbezieht.

Ehrlichkeit ist die beste Politik

Ich war stets vollkommen ehrlich zu den Rekrutierern. Wenn mich einer nach meiner Prognose fragte, und ich spürte, daß wir keine Aussichten auf die erste Division hatten, sagte ich dies. Diese Ehrlichkeit war positiv, weil die Rekrutierer lernten, daß sie meiner Einschätzung trauen konnten. Ich versuchte nicht, einen Spieler besser zu machen als er war, es sei denn, ich hatte das Gefühl, daß der Spieler zu ihrem Programm beitragen konnte. Das Ergebnis war, daß unsere Spieler immer dann Stipendien bekamen, wenn sie sie auch verdienten.

Ein Kampf mit geringen Chancen auf Erfolg	
Die Chancen eines High School-Footballspielers, für ein College oder als Profi zu spielen, sind gering, wie die folgende Aufschlüsselung zeigt:	
Anzahl der High School-Spieler	927.000
Anzahl der High School-Senior-Spieler	265.000
Anzahl der NCAA-Spieler	47.000
Anzahl der NCAA-Freshman-Positionen	16.400
Anzahl der Profineulinge pro Jahr	215
Prozentsatz der High School-Spieler, die später für ein College spielen	6,2
Prozentsatz der College Spieler, die Profi werden	2,4
Prozentsatz der High School-Spieler, die Profi werden	< 1,0

Ein wichtiger Aspekt ist, ob das College einen Stil spielt, der die Fertigkeiten des Spielers akzentuiert. Wenn Sie z. B. einen guten Receiver haben, der klein ist, aber jeden Ball, der in seinen Bereich geworfen wird, fängt, ist er wahrscheinlich glücklicher, wenn er in einem System mit auseinandergezogener Abwehr und einem hohen Anteil von Paßspiel spielt.

In der High School versuchte ich, ein System zu spielen, daß abwechslungsreich genug war, um das Beste aus den Fertigkeiten der Spieler herauszuholen. Wenn wir einen Quarterback mit gutem Paßspiel hatten, wurde dafür gesorgt, daß er genug Versuche erhielt – nicht, um ihn für Colleges interessant zu machen, sondern weil dies das beste für die Mannschaft war.

Als College-Trainer

Wenn ich rekrutiere, rufe ich zuerst den Trainer des betreffenden Spielers an und frage ihn, ob ich einen Besuch abstatten könnte. Ich versuche, mich auf den Stundenplan des Spielers einzustellen, um die günstigste Zeit für ein Gespräch zu finden.

Ich bin wahrscheinlich ein schlechter Rekrutierer, weil ich es hasse, einem Jungen auf die Nerven zu fallen, indem ich ihn z. B. jeden Abend anrufe. Sicher könnte ich ihn jeden Tag fragen, wie sein Schultag war, aber das beweist Respektlosigkeit ihm und seiner Freizeit gegenüber.

Kein Rekrutieren in der Klasse
Meine erste Erfahrung mit dem Rekrutieren sammelte ich als High School-Trainer, und sie versauerte mir das ganze Geschäft. Ein Rekrutierer von einer großen Universität rief an und bestand darauf, ich solle veranlassen, daß sich ein bestimmter Spieler zu einer Zeit mit ihm treffen sollte, die dem Rekrutierer paßte, nicht jedoch dem Spieler. Jeden Morgen stand der Rekrutierer im Schulflur und sprach mit dem Spieler, bis die Glocke klingelte. Das Ergebnis war, daß der Junge fast den Kontakt zu seinen Altersgenossen verlor. Sein Jahr als Senior, das die beste Zeit in seinem Leben sein sollte, war plötzlich vorüber.

Von da an sorgte ich dafür, daß sich die Rekrutierer auf die Stundenpläne der Jungen einstellten und nicht umgekehrt. Und ich schwor, daß ich als College-Trainer nie die Stundenpläne der zu rekrutierenden Spieler stören würde. Wenn Sie einen Jungen häufig aus der Klasse ziehen, schadet dies seinem akademischen Fortschritt und der Beziehung zu seinen Klassenkameraden.

Ich rufe einen Jungen nur an, wenn ich ihm etwas mitzuteilen habe oder ihn etwas fragen will. Wenn z. B. die Deadline für das Einreichen von Anträgen auf finanzielle Unterstützung heranrückt und unsere Schule noch keinen Antrag des betreffenden Jungen erhalten hat, rufe ich ihn vielleicht an, um ihn daran zu erinnern und ihn zu fragen, ob er Fragen zum Antragsvorgang hat.

Zusammenfassung

Sie können nie zu viel für eine Saison planen. In diesem Kapitel wurden die Schlüsselaspekte der Vorsaisonplanung betont:
1. *Ausrüstung* – Football ist eine Kontaktsportart. Beschaffen Sie Ihren Spielern die besten Helme und die besten Schulterpolster.
2. *Konditionstraining* – die beste Verletzungsprophylaxe ist ein gutes Konditionstraining. Bereiten Sie Ihre Mannschaft auf die körperlichen Anforderungen des Footballspiels vor dem ersten Spiel vor.
3. *Planung* – lernen Sie Ihre Gegner kennen. Sorgen Sie dafür, daß die reguläre Saison zu einer Herausforderung wird, aber planen Sie nicht zuviele Spiele ein.
4. *Personal* – machen Sie sich mit jedem Mitglied des Personals vertraut, und teilen Sie die Verantwortung mit ihm. Denken Sie daran, daß der Cheftrainer die Hauptverantwortung für das Programm trägt.
5. *Rekrutieren* – lernen Sie die Spieler in Ihrem Programm kennen und die, die Sie für Ihr Programm rekrutieren möchten. Helfen Sie ihnen, positive Entscheidungen zu treffen, wenn sie Sie um Hilfe bitten.

6 Trainingsplanung

Ich habe bereits weiter oben gesagt, daß das Training der Teil des Programms ist, in dem es um das Geschäftliche geht. Und wie im Geschäftsleben ist Zeit wertvoll, Aufmerksamkeit dem Detail gegenüber ist entscheidend, Einstellung ist wichtig, und Organisation ist unerläßlich.

Das Trainingsgeschäft wird durch eine richtige Planung komplettiert. Planung bedeutet nicht, sich lediglich einige Notizen zu machen, wenn die Spieler auf das Spielfeld laufen. Individuelle Trainingspläne sollten vielmehr gründlich vorbereitet sein und müssen zum Saisonhauptplan passen.

Grenzen des Trainings

Bevor ich beschreibe, wie wir mit dem Training umgehen, möchte ich einige Worte zur Trainingsplanung sagen. Im Jahr 1991 begrenzte die NCAA die Zeit, die ein Studentensportler der Division I dem Sport widmen kann, auf 20 Stunden pro Woche. Viele Footballtrainer protestierten dagegen, und einige Trainer planen vermutlich auch weiterhin mehr Stunden ein mit Entschuldigungen wie z. B.: „Was kann ich daran machen, daß David die Spielaufzeichnungen mit nach Hause nimmt und sie sich sechs Stunden pro Tag ansieht?"

Auch sind viele High School-Trainer der Meinung, daß mehr Stunden besser sind. Sie stellen verpflichtende Jahrestrainingspläne auf und jagen die Spieler bereits unmittelbar, nachdem das letzte Spiel zu Ende gegangen ist, in den Kraftraum, und sie lassen nicht nach, bis sie im August wieder das Trainingsfeld benutzen. Spieler auf technischen Positionen (Receiver, Backs und Quarterbacks) erhalten eine Auszeit für die Teilnahme an speziellen „Paßligen" im Sommer, um ihre Fertigkeiten und ihr Timing zu verbessern.

Ich bin dagegen, daß man das ganze Jahr verplant und während der Saison die gesamte Zeit der Spieler in Beschlag nimmt. Im folgenden finden Sie einige Gründe dafür.

Erstens verstoßen Sie mit einem derartigen Vorgehen möglicherweise gegen die Regeln. Obwohl niemand alle Regeln gutheißt, müssen wir ihnen Folge leisten. Wenn alle die gleichen Richtlinien befolgen, gewinnt niemand einen Vorteil. Vermeiden Sie es also, Trainer zu kopieren, die gegen die Regeln verstoßen, kümmern Sie sich einfach nicht um sie.

Zweitens stellen Trainer, die dadurch einen Vorsprung erlangen wollen, daß sie mehr Stunden als alle anderen trainieren, oft fest, daß der Schuß nach hinten losgeht. Die Spieler werden es leid, vom Trainer zwölf Monate im Jahr herumkommandiert zu werden. Nach einer gewissen Zeit hat die Stimme des Trainers keine große Wirkung mehr.

Drittens sollte ein junger Mann in der High School die Möglichkeit haben, alle Sportarten zu betreiben. In der High School und im College sollten die Spieler auch die Chance bekommen, sich in sozialer und pädagogischer Hinsicht vom Football wegzuentwickeln. Bei den meisten wird es nicht lange dauern, bis Football nur noch eine Erinnerung ist.

Viele Sportler betreiben Football parallel zu einer anderen Sportart. Deion Sanders und Bo Jackson sind zwei Sportler aus der jüngeren Vergangenheit, die sowohl Profibaseball als auch -football spielten. Aber in Wirklichkeit betreiben Tausende College- und High School-Sportler, die weniger berühmt sind als diese beiden, mehrere Sportarten im Jahr, ohne daß daraus ein Konflikt entsteht. Oft ist es auch so, daß die Fertigkeiten, die man in einer Sportart erwirbt, sich auf die andere Sportart gut übertragen lassen.

> **Hondo auf der Quarterback-Position?**
> Erinnern Sie sich noch an die späten fünfziger Jahre, als John Havlicek darüber nachdachte, entweder Basketball oder Football im College zu spielen? Woody Hayes versuchte, den All-State Quarterback dazu zu überreden, sich dem Ohio State-Footballprogramm anzuschließen, aber „Hondo" entschied sich statt dessen für Basketball. Der Rest ist Geschichte, denn Havlicek wurde All-American-Spieler mit den Buckeyes und All-Pro-Spieler mit den Celtics.

Viertens ist es mir sehr wichtig, darauf hinzuweisen, daß die Prämisse von einem verpflichtenden ganzjährigen Training meines Erachtens nach sowohl aus philosophischer als auch aus psychologischer Sicht falsch ist. Wenn Sie unter anderem deswegen als Trainer arbeiten, um die Entscheidungsfähigkeit der Jugendlichen auszubilden und ihnen beizubringen, wie sich sich selbst und ihre Zeit managen, dann handeln Sie diesem Ziel zuwider, wenn Sie die ganze Zeit der Spieler verplanen. Sie nehmen ihre Zeit in Beschlag und treffen Entscheidungen für sie.

Schließlich verhindern ganzjährige Programme, daß die Spieler oder Sie selbst die wirkliche Motivationsebene der Spieler kennenlernen. Wir alle wissen, daß Sportler sich selbst motivieren müssen; sie müssen spielen wollen, ohne daß sie ständig von jemandem beobachtet werden.

Trainingsschwerpunkte

Obwohl wir die Anzahl der Trainingsstunden und -tage begrenzen sollten, ist es klar, daß es ohne Training nicht geht. Wenn die Zeit für das Training da ist, sollte sie genutzt werden. Und die Spieler müssen es sich zum Prinzip erheben, bei jeder Trainingseinheit anwesend zu sein und sich maximal einzusetzen. Wenn man gut organisiert und nicht die gesamte Freizeit der Spieler in Beschlag nimmt, hat man das Gefühl, der Mannschaft einen maximalen psychischen und körperlichen Einsatz abzuverlangen.

Wir haben großen Respekt vor Spielern, die an jeder Trainingseinheit teilnehmen und so hart arbeiten, wie sie können. Indem wir diese Spieler am meisten loben, lernen die anderen Spieler, welche Bedeutung wir dem Training beimessen. Und es ist besonders wichtig, daß die talentiertesten Spieler der Mannschaft im Training eine Führungsrolle einnehmen. Ein großer Teil unseres Erfolgs ist sicherlich darauf zurückzuführen, daß talentierte Spieler bemüht waren, hart zu trainieren.

Kein Training, keine Auszeichnung

Als ich meinen ersten Trainerjob annahm, gab es in der High School, für die ich arbeitete, eine Regel, daß Spielern, je nachdem, wie eifrig sie am Training teilnahmen, Auszeichnungen in unterschiedlichen Farben verliehen wurden. Spieler, die an jedem Training teilnahmen, erhielten ein weißes Schulabzeichen. Spieler, die eine oder mehrere Trainingseinheiten ausfallen ließen, bekamen ein grünes Abzeichen.

Meine Bemerkung dazu war: „Wenn ein Spieler eine Trainingseinheit ausfallen läßt, hat er nicht genug gespielt, um ein Abzeichen zu bekommen." Obwohl es einige nachvollziehbare Gründe dafür gibt, das Training ausfallen zu lassen, vertrete ich die Meinung, daß Spieler sich ihre Spielzeit – und ihre Abzeichen – verdienen müssen, indem sie trainieren, und zwar hart.

Trainingsplan vor der Saison

Die Anzahl der Trainingseinheiten, die Sie vor dem ersten Spiel der Saison abhalten können, hängt von Ihrer Conference, Ihrem Staat oder von den nationalen Regeln ab, die Ihr Programm steuern. Die NCAA erlaubt 27 Trainingsgelegenheiten vor der Saison. Eine Trainingsgelegenheit vor Schulbeginn ist definiert als zwei Trainingseinheiten pro Tag (mit der Ausnahme von Sonntagen). Wenn die Schule begonnen hat, ist eine Trainingsgelegenheit als eine Trainingseinheit pro Tag definiert.

Die High School-Regeln unterscheiden sich hinsichtlich der Anzahl der Trainingstage vor dem ersten Spiel und der Anzahl der Tage, an denen zu Anfang der Saison ohne Schutzpolster trainiert wird. In Illinois sind drei Trainingswochen vor dem ersten Spiel erlaubt, wobei zumindest an den ersten drei Tage keine Schutzpolster getragen werden dürfen. Wenn also beispielsweise das erste Spiel am 3. September stattfindet, ist der erste Trainingstag der 13. August, und die Spieler dürfen ihre Schutzpolster nicht vor dem 16. August anlegen. Jedes Training vor dem ersten offiziellen Trainingstermin ist illegal.

Unser Plan für die Vorsaison (siehe Anhang) ist, die Mannschaft in jeder Hinsicht – Offense, Defense und Special Teams – auszubilden, so daß wir eine Woche vor dem ersten Spiel ein formelles Testspiel der Spieler untereinander durchführen können. In gewissem Sinne planen wir das Programm des Augustana-College jedes Jahr zum ersten Mal. Die zwingt uns, einige Dinge unter Zeitdruck durchzuführen, aber wir haben das Gefühl, die Feinarbeit später leisten zu können.

An den ersten drei Tagen lassen wir die Spieler ohne Polster trainieren. Zwei Trainingseinheiten pro Tag sind während der ersten paar Wochen für alle Programme die Norm. Ich war nie der Meinung, daß unsere Jungs an heißen Augusttagen zwei Trainingseinheiten brauchen, aber ich hatte stets Angst, nicht die gesamte zur Verfügung stehende Trainingszeit zu nutzen. Wenn wir das erste Spiel verloren und nur einmal pro Tag trainiert hätten, während der Gegner zweimal pro Tag trainierte, hätte ich mich verantwortlich gefühlt – ich hätte mir die Schuld gegeben, nicht alles Mögliche getan zu haben, um den Erfolg zu sichern. Andererseits bin ich der Meinung, daß man vorsichtig sein soll, damit man die Spieler während dieser Zeit nicht körperlich und psychisch zerstört.

Wie bereits im vorangegangenen Kapitel erwähnt, ist es besonders wichtig, daß Ihre Spieler das Vorsaisontraining in einer guten körperlichen Verfassung durchführen. Dann können sie, statt zusätzliche Trainingszeit dem Konditionstraining zu widmen, die Zeit nutzen, um das System zu erlernen und ihre Instinkte und Reaktionen unter spielähnlichen Bedingungen zu schärfen.

Am Ende der Vorsaison sollten Ihre Spieler das gesamte Spielsystem beherrschen, und die Offense, die Defense sowie die Special Teams sollten spielbereit sein. Ihre Konzentration sollte auf das gerichtet sein, was sie im ersten Spiel zu tun beabsichtigen, nicht auf das, was der Gegner tun könnte.

Wochentrainingsplan

Wenn die Vorsaison vorüber ist, entwickeln wir ein routinemäßiges Wochenprogramm, um die Mannschaft auf das jeweils nächste Spiel vorzubereiten. Die Spieler mögen Vertrautheit, und ein geregelter Plan fördert den Lernprozeß.
    Der Trainerstab wendet ein wöchentliches Standardprogramm an. Zuerst sprechen wir die vorsaisonale Auswertung des jeweiligen Gegners durch. Dann sehen wir uns den Beobachterbericht (siehe Kapitel 15) an, um zu sehen, ob der Gegner bestimmte Dinge anders macht, als wir aufgrund unserer Auswertung außerhalb der Saison erwartet hatten.

Im Unterschied zu unserer Trainingsplanung vor der Saison richten wir bei unserer Planung in der Saison das Hauptaugenmerk auf den Gegner. Im folgenden finden Sie das Vorgehen, das wir auf High School-Ebene Tag für Tag anwandten.

Montag

An diesem Tag schauten wir uns zusammen mit der Mannschaft Videoaufzeichnungen unseres Spiel aus der vorangegangenen Woche an. Wir händigten den Spielern auch den Bericht über die Beobachtung des Gegners aus. Dann ließen wir die Spieler in voller Ausrüstung auf dem Spielfeld antreten. (Unsere Junior-Varsity-Mannschaft spielte typischerweise montags abends, daher waren normalerweise nur unsere beiden Spitzenmannschaften bei diesem Training anwesend.)

Die Varsity-Mannschaft absolvierte ein paßorientiertes Testspiel gegen die Sophomore-Mannschaft. Dies mag seltsam für eine Mannschaft scheinen, deren primäres Ziel das Laufspiel ist, aber es half uns, unser Paßspiel gegen einen echten, aber nicht starken Gegner zu verbessern. Es gab uns auch die Chance, unserer Line die Paßabwehr beizubringen. Und es war für unsere Sophomores das bestmögliche Training gegen das Paßspiel.

Mehr Bellen als Beißen

Wie Sie sich vorstellen können, stand für unsere Senior- und Junior-Spieler bei diesen montäglichen Testspielen ein gewisser Stolz auf dem Spiel. Sie wollten nicht, daß ein Sophomore am nächsten Tag in der Schule herumging und erzählte, wie er die Varsity bei einem bestimmten Spielzug ausgetrickst hatte. Es war daher witzig, die Reaktion eines Varsity-Linespielers zu sehen, wenn er dafür „Prügel" abbekam, daß er vom Defense Linespieler der Sophomores hinter der Scrimmage Line zu Boden gebracht worden war. Niemand mußte auf diese Schande extra aufmerksam machen. Ein Blick auf den knurrenden und dampfenden Offense-Linespieler reichte aus, um zu wissen, daß dies nicht mehr geschehen würde.

Es handelte sich um ein Vollkontakt-Testspiel, aber um die wichtigsten Varsity-Spieler vor Verletzungen zu schützen und unsere Sophomores – die für das Programm sehr wichtig waren – davor zu bewahren, von einem größeren, stärkeren Spieler der oberen Spielklasse „verprügelt" zu werden, kontrollierten wir das Spiel sorgfältig. Die Spieler beider Seiten freuten sich jedenfalls auf diese Trainingseinheiten.

Dienstag

Der Dienstag war ein richtiger Arbeitstag sowohl für die Trainer als auch für die Spieler. Wir unterrichteten die Teile der Offense und der Defense, die wir gegen unseren nächsten Gegner einsetzen wollten, und wir probierten unseren Spielplan gegen den Plan, den wir von unserem Gegner erwarteten. Da es bis zum Wettspiel noch drei Tage waren, glaubten wir, zumindest bei einem Teil dieser Trainingseinheit Kollisionen mit vollem Tempo absolvieren zu können.

Die Dienstagstrainingseinheiten waren die längsten, intensivsten und wichtigsten der Woche. Wir glaubten, daß wir, falls wir an diesem Tag schlecht trainierten, beim nächsten Spiel Schwierigkeiten haben könnten.

Obwohl Sie vielleicht etwas anderes erwartet hätten, mochten unsere Spieler das Dienstagstraining und gingen es an wie fast alle Punktspiele.

Mittwoch

Dies war der Tag, an dem die Trainer und die Spieler den Plan für das Punktspiel noch einmal einer Kontrolle unterzogen. Die Trainer fragten: Ist den Spielern klar, was wir tun wollen? Haben wir die Stärken und Schwächen des Gegners offengelegt und genau erklärt? Sind weitere Anpassungen nötig? Ideal war, wenn wir zu diesem Zeitpunkt nur noch die Feinarbeit leisten mußten.

Es konnte sein, daß wir am Mittwoch noch einmal Teile des Spiels probten. Wenn dies jedoch der Fall war, setzten wir in der Verteidigung Spielerpuppen ein, um Verletzungen zu vermeiden. Das einzige, das wir „live" taten, war das Passen des Balls gegen unterschiedliche Verteidigungsformationen.

Donnerstag

Am Donnerstag fand die etwa 45minütige Generalprobe statt. Wir ließen die Mannschaft in voller Ausrüstung antreten. Nach einigen Dehnübungen kontrollierten wir alle Spieler und die Ersatzspieler in den Special Teams. Wir kontrollierten auch noch einmal die Defense-Aufstellung und spielten sie durch. Abschließend ließen wir unsere Offense Spielzüge ohne Gegner laufen.

Ich weiß, daß einige Trainer am Abend vor einem Spiel ihre Spieler keine Schutzpolster tragen lassen, aber wir ziehen es vor, unsere Spieler in einer Routine zu belassen, bestehend aus einem leichten Training und anschließendem Duschen. Dadurch, daß wir sie die Ausrüstung anlegen lassen, können wir auch sicher sein, daß sie die Ausrüstung für den nächsten Tag startklar haben.

Zusammenfassung des Wochentrainingsplans

Montag
1. Sprechen Sie die vorangegangene Woche durch.
2. Kommentieren und korrigieren Sie auf der Basis der Videoaufzeichnung des Spiels.
3. Lassen Sie die Spieler ein paßorientiertes Testspiel absolvieren, damit sie das Wochenende aus ihren Knochen bekommen.

Dienstag
1. Arbeitstag.
2. Stellen Sie den Spielplan vor.
3. Üben Sie den Spielplan praktisch.
4. Kontrollieren Sie, ob die Methode funktioniert.

Mittwoch
1. Kontrollieren Sie den Plan.
2. Machen Sie Änderungen, falls nötig.
3. Arbeiten Sie mit vollem Tempo gegen Spieler, die Dummies halten.

Donnerstag
1. Generalprobe.
2. Bereiten Sie die Special Teams vor.
3. Kontrollieren Sie noch einmal die Verteilung aller Aufgaben.

Freitag
1. Spielen Sie Football!

Die Struktur des täglichen Trainings

Wir konnten in der High School eine feste tägliche Trainingsstruktur etablieren, weil wir wußten, wann der Unterricht jedes Spielers an den betreffenden Tagen endete und daß er nirgendwo anders hingehen konnte als zum Training. Daher konnten wir sagen: „Finde Dich 20 Minuten nach Ende der letzten Stunde spielbereit auf dem Platz ein." Und wenn die Pfeife zum Trainingsbeginn ertönte, konnten wir sicher sein, daß jeder Spieler anwesend war. Da wir stets pünktlich begannen, konnten wir auch ein festes Trainingsende ansetzen.

Da College-Spieler unterschiedliche Stundenpläne haben, ist es unrealistisch zu erwarten, daß jeder startbereit auf dem Platz ist, wenn ich zum Trainingsbeginn pfeife. Sie müssen mit denen arbeiten, die es schaffen, zum festgelegten Zeitpunkt anwesend zu sein.

Unabhängig davon, ob Sie alle Spieler auf dem Platz haben, müssen Sie für die anwesenden Spieler das Maximum aus der Einheit herausholen. Das bedeutet, daß Sie im Rahmen der regelmäßigen wöchentlichen Trainingsroutine arbeiten und in jede Trainingseinheit wichtige Standardkomponenten einbauen.

Nicht stören
Ich habe es stets für nötig gehalten, mein Büro und mein Telefon zu verlassen, um mich auf den täglichen Trainingsplan zu konzentrieren. Wenn ich einige Stunden Ruhe habe, bin ich viel besser in der Lage, genau darüber nachzudenken, was und wie wir an dem betreffenden Tag unterrichten und trainieren wollen. Diese Zeit der Konzentration ermöglicht mir die Entwicklung von Übungen, die sowohl für die Spieler als auch für die Trainer reibungslos verlaufen.

Die Struktur unserer Trainingseinheiten ist stets gleich. Jede Trainingseinheit sollte folgende Komponenten enthalten:
- Aufwärmen
- Konditionsarbeit
- Individualarbeit
- Spiel der Special Teams
- Spiel der Offense- und Defense-Mannschaft.

Wenn Spieler sowohl Angriff als auch Verteidigung spielen, müssen Sie die kombinierte Komponente trennen.

Aufwärmkomponente

Wir verwenden die Aufwärmphase, um die Spieler auf die folgenden Konditionsstationen vorzubereiten. Wir joggen eine Runde um das Spielfeld und absolvieren dann Stretchingübungen.

Beweglichkeit, d. h. die Fähigkeit, die Muskeln einen bestimmten Bewegungsumfang ausführen zu lassen, dient besonders der Verletzungsprävention. Wenn die Spieler diese Bewegungen ausführen, sollten Sie Ihre Muskeln langsam und soweit sie können dehnen, ohne dabei zu federn. Die erreichte Position muß fünf Sekunden lang gehalten werden. Die Spieler sollten jede Übung dreimal absolvieren, wobei sie den betreffenden Muskel bei jeder Wiederholung etwas weiter dehnen.

1. Die Spieler stehen mit überkreuzten Beinen und versuchen das vordere Knie mit der Stirn zu berühren. Sie wechseln das überkreuzte Bein und wiederholen die Dehnübung.
2. Die Spieler stehen mit den Beinen auseinander und versuchen, einmal das linke und einmal das rechte Knie mit der Stirn zu berühren.
3. Die Spieler stellen sich so hin, daß ein Bein auf einer Stütze aufliegt und sich parallel zum Boden befindet. Sie berühren das Knie dieses Beines mit der Stirn und wiederholen dann diese Dehnübung mit dem anderen Bein.
4. Die Spieler setzen sich im Schneidersitz auf den Boden, wobei sich die Schuhsohlen berühren, und dehnen vorsichtig die Leistenmuskeln.
5. Die Spieler lehnen sich aus einer knienden Position nach hinten und versuchen, mit dem Kopf den Boden zu berühren.

6. Die Spieler setzen sich im Hürdensitz auf den Boden, berühren das Knie mit der Stirn und lehnen sich dann wieder zurück.
7. Die Spieler heben die rechte Ferse im Stand zum Gesäß und greifen den Spann dieses Fußes mit der Hand, um die Dehnung zu verstärken.
8. Die Spieler rotieren Ihre Arme und Schultern nach vorne und nach hinten.
9. Die Spieler stehen mit seitlich erhobenen Armen, wobei die Daumen nach oben zeigen. Ein Partner steht hinter dem Übenden und zieht seine Hände langsam nach hinten. Der Übende hält diese Dehnung fünf Sekunden lang und führt dann die Arme gegen einen gleichmäßigen Widerstand zurück zur Ausgangsposition. Während der ganzen Bewegung hält er die Arme in Schulterhöhe.
10. Die Spieler wiederholen die Übung 9, wobei sie die Daumen nach unten halten.
11. Die Spieler knien sich und halten die Hände hinter dem Kopf. Ein Partner steht hinter dem Übenden und stemmt seinen Unterschenkel gegen seinen Rücken. Der Partner zieht langsam die Ellenbogen des Übenden nach hinten. Der Übende hält diese Position fünf Sekunden lang und führt die Ellenbogen dann gegen einen gleichmäßigen Widerstand zurück in die Ausgangsposition.

Da die Spieler in dieser Trainingsphase alle zusammen sind, ist dies eine gute Gelegenheit, den Tenor des Trainings festzusetzen und wichtige Informationen zu geben, die die ganze Mannschaft kennen sollten. Es ist auch ein guter Zeitpunkt, um den bei der Vorbereitung auf das anstehende Spiel wichtigen Mannschaftsgeist zu fördern.

Die Konditionstrainingskomponente

Zu Beginn des Trainings unterziehen wir unsere Spieler einem Konditionstraining. Andere Trainer tun dies nicht. Wir begannen damit im Jahr 1965. Ehrlich gesagt, weiß ich nicht, ob es physiologisch am besten ist, die Spieler zu Beginn des Trainings einem Konditionstraining zu unterziehen. Aber in den 26 Jahren, in denen wir so verfahren sind, haben wir nur 27 Spiele verloren. Sie können sich also denken, daß wir keinen Anlaß hatten, diese Vorgehensweise zu ändern.

Wir beginnen mit einer Anzahl von Stationen, an denen Konditionsübungen zu absolvieren sind. In der High School setzten wir sechs Stationen ein. Am Augustana-College verwenden wir acht. Mit diesen Stationen ist die Absicht verbunden, die Kraft, die Schnelligkeit, die Kollisionsfähigkeit und die Gewandtheit zu entwickeln. Diese Stationen steigern auch die Disziplin und das Teamwork, die notwendig sind, um in unserem System zu spielen.

Konditionsstationen

Im folgenden finden Sie die Konditionsstationen, die wir in den letzten Jahren eingesetzt haben. An einigen üben wir als Mannschaft (t), an anderen in Gruppen (g). Die Gruppen werden durch gleiche Zahlen, nicht durch Positionen bestimmt. Wir üben fünf Minuten an jeder Station. Wählen Sie mindestens fünf oder sechs Stationen, und probieren Sie sie als Bestandteil der Konditionstrainingskomponente Ihrer Trainingseinheiten aus.

1. Körperbildende Übungen (t)
2. Isometrische Übungen (g)
3. Barrendrücken, Klimmzüge, Seilspringen (g)
4. Blaster ™ (g)
5. Hoher Stepper (g)
6. Gewichttraining (g)
7. Bretter (g)
8. Stilschulende Läufe (g)
9. Tackling (g)
10. Kollision und Gewandtheit (g)
11. 40-Sekunden-Sprint (t)
12. Schußspiel (t)

1. Körperbildende Übungen

Allgemeine Übungen plus eine Runde um das Feld, danach Stretching. Nach dem Stretching werden die Spieler nach Gruppen getrennt.

2. Isometrische Übungen

Diese Übungen wurden in der High School eingesetzt, in der wir einen isometrischen Geräteaufbau hatten (siehe Abbildung unten). Dieses Gestell hatte Haltestangen in unterschiedlichen Höhen und konnte daher von Spielern unterschiedlicher Größe benutzt werden. Alle isometrischen Übungen werden solange ausgeführt, bis der Übende bis zehn gezählt hat.

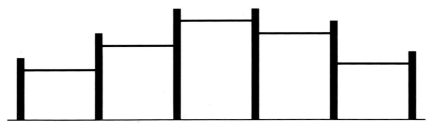

90 cm hohe Stangen: Isometrische und isotonische Übungen, einschließlich Curls, Schulterheben und Klimmzüge aus der Rückenlage (mit gestrecktem Körper).
1,80 m hohe Stangen: Isometrische Drück- und Beinstreckübungen mit gestreckten Armen.
2,40 m hohe Stangen: Für Klimmzüge; der Spieler springt an die Stange und zieht sich hoch, bis die Stange seinen Nacken berührt.
Dummy: Zwei Spieler auf gegenüberliegenden Seiten legen den Dummy in das V ihres Nackens, heben den Dummy vom Boden und halten ihn, bis bis zehn gezählt wurde.

3. **Barrendrücken, Klimmzüge und Seilspringen**
   Barrendrücken (Dips): Anzahl der Dips, die ein Spieler in 30 Sek. schafft.
   Klimmzüge: Anzahl der Klimmzüge, die ein Spieler in 30 Sek. schafft.
   Seilspringen: Springen Sie eine Min., ruhen Sie sich 30 Sek. aus, springen Sie eine Min.

4. **Blaster ™**
   Die Spieler laufen durch den Windkanal, um eine richtige Gewichtsverteilung zu erlernen und ihr Gleichgewicht zu verbessern. Diese Übung ist auch gut für Backs und Receiver. Sie üben auf diese Weise einen festen Griff um den Ball und lernen, Ballverluste zu vermeiden.

5. **High Stepper**
   Alle Standardübungen an diesem Gerät, wie beispielsweise Hüpfen auf Tempo und Überkreuzübungen.

6. **Gewichttraining**
   Gewichte aus Beton und Rohrleitungen. Übungen wie z. B. Kreuzheben, Rudern, *„Shot Snaps"* (Zuwerfen von Eisenkugeln).

7. **Bretter**
   Die Bretter haben folgende Größe: 2,5 x 30 cm x 3 m. Die als erste in der Reihe stehenden Spieler begeben sich in eine geeignete Stellung und können dann z. B. folgende Übungen ausführen:
   - Der Spieler sprintet zum Ende des Bretts, wirft sich auf den Boden, macht eine Rolle und läuft zum Ende der Reihe zurück. (Die Spieler sollten die Richtung der Rolle abwechseln.)

- Der Spieler stellt seine Füße parallel zur Seite des Brettes. Er zieht sich über die ganze Länge am Brett entlang, blickt in die ursprüngliche Richtung und wirft sich auf den Boden. (Er wiederholt die Übung in die andere Richtung.)
- Zwei Spieler befinden sich auf einer Seite des Brettes, während ein weiterer Spieler ihnen an der anderen Seite gegenübersteht. Zwei Spieler simulieren den Offense-Line-Block und treiben die anderen Spieler zum Ende des Brettes.
- Der Spieler läuft über die Länge des Brettes, um den Spieler zu blocken, der am gegenüberliegenden Ende steht (simuliert das Blocken eines Linebackers).
- Zwei Spieler auf jeder Seite treffen sich am Brett. Der zu tackelnde Spieler springt und empfängt den Schlag des Tacklers, der seine Augen offen hält und mit den Beinen pumpt, während er seine Arme um die mittlere Körperpartie des Spielers schlingt.

8. **Stilschulende Läufe**
   Z. B. Lauf mit hohem Kniehub, Sprungläufe etc. Der Trainer sorgt dafür, daß die Gruppe sich bewegt, wobei er den Beginn und das Ende jeder Aktivität durch einen Pfiff anzeigt.

9. **Tackling**
   Die Spieler stellen sich etwa 5 m voneinander entfernt in einem Viereck auf. Auf einen Pfiff führen sie ein Tackling von vorne oder in einem Winkel aus.

10. **Kollisionsspiel und Gewandtheit**
    Die Spieler führen unterschiedliche Gewandtheitsübungen aus, die normalerweise eine schnelle und hohe Fußarbeit über Blockpolster beinhalten. Am Ende der Gewandtheitsbewegungen kontaktiert ein Spieler technisch korrekt einen anderen Spieler oder ein Blockpolster.

11. **40-Sekunden-Sprints**
    Die Mannschaft stellt sich an einer Seitenlinie auf und sprintet zweimal zur gegenüberliegenden Seitenauslinie und wieder zurück in 40 Sekunden. Diese Übung wird von jedem Spieler absolviert.

12. **Schußspiel**
    Siehe Kapitel 14 zum Schußspiel.

Wir richten auch eine Schußspielstation ein, um unseren Spielern die Wichtigkeit dieses Teils des Spiels deutlich zu machen. Während die Mannschaft diesen Teil unseres Spiels lernt und verbessert, absolvieren die Spieler gleichzeitig ein gutes Konditionstraining, indem sie das Spielfeld mehrmals auf und ab sprinten.

Individualkomponente

Während dieser Komponente arbeitet jeder Spieler mit seinem Positionstrainer. In dieser Zeit werden die meisten unserer Übungen absolviert. Übungen sind wchtig, weil sie den Spielern viele Wiederholungen in einer kontrollierten Situation ermöglichen. Dadurch werden Verletzungen am ehesten vermieden.

Die individuelle Übungsarbeit konzentriert sich auf die Techniken, die der Spieler braucht, um auf seiner Position effektiv zu spielen. Während der Wettkampfsaison tragen diese Übungen häufig zur Verbesserung der Techniken bei, die besonders wichtig gegen den bevorstehenden Gegner sind.

Die Special-Team-Komponente

Wir konnten unseren Ausnahmerekord nur erreichen, weil wir unserem Schußspiel soviel Zeit widmeten. Vernachlässigen Sie diese Komponente nicht; sie stellt ein Drittel des Spiels dar.

Wir nutzen diese Übungsphase, um die Kraft aller Special Teams zu verbessern. Wir üben täglich den Punt (Befreiungsschuß) und die Deckung, und wenn es die Zeit erlaubt, betonen wir noch einen weiteren Aspekt der Special Teams, der für den bevorstehenden Gegner relevant ist.

Wichtig ist auch, daß wir einen Teil unserer Konditionstrainingsperiode dem Schußspiel widmen. Dies verbessert sowohl die körperliche Ausbildung unseres Kaders als auch die Ausführung durch die Special Teams.

Die Offense- und Defense-Mannschaftskomponente

Wenn wir als Mannschaft üben, benutzen wir unsere „Scouting"-Kader, um den Angriff und die Verteidigung des Gegners gegen unsere Mannschaft zu simulieren. Wenn Sie keine Mannschaft haben, die aus zwei Platoons (d.h. einer eigenen Defense- und Offense-Mannschaft) besteht, müssen Sie die Abwehr und den Angriff getrennt zu gleichen Zeitanteilen trainieren.

Mit einer Mannschaft aus zwei Platoons können Sie den Angriff an einem Spielfeldende und die Abwehr am anderen üben. Dies ist der Zeitvorteil des Two-

Platoon-Football. Dadurch wird die Trainingszeit für Ihre Angriffs- und Abwehrspieler verdoppelt. Sie können nur komplett zweigleisig fahren, wenn Sie über die Spieler und die Trainer verfügen, die zur Funktion dieses Systems nötig sind.

Das Zusammenfügen der Übungskomponenten

Ich habe einen beispielhaften Übungsplan zusammengestellt (siehe unten), in dem Sie entnehmen können, wie wir diese Übungskomponenten anwenden.

Ich möchte Sie ermutigen, alle Komponenten in den meisten Ihrer Trainingseinheiten einzusetzen. Sie können die Reihenfolge so bestimmen, wie Sie es für Ihre Mannschaft am besten halten. Variieren Sie die Reihenfolge, die Zeit für jede Komponente und die Aktivitäten innerhalb jeder Komponente, um einen bestimmten Bereich zu betonen oder um die Trainingsroutine ein wenig aufzulockern.

Beispielhafter Übungsplan (Dienstag, 5. Oktober)

Offense	Defense	Andere
Belly	Paßdeckung	Aufwärmen
Perimeter mit Ends	Blitz	Stationen
Goal Line (Torlinie bzw. 0-Meter-Linie)	Goal Line	40 Sek.
		Kickoffs (Anspiele)

Zeit	Komponente	Aktivität oder Schwerpunkt
3:30-3:45	Vorübung	Paßskelett Belly-Optionen: 21 Sweep 37 Dive
3:45-3:55	Aufwärmen	Vorübung Stretching
3:55-4:10	Konditionstraining	Stationen 40 Sek.
4:10-4:25	Sondereinheiten	Kickoffs
4:25-4:35	Gehen	Mannschaftsgespräch und Gehen Skizzierung des Tages 5-3 Autos
4:35-4:50	Individualarbeit	Individuelles Aufwärmen Positionsübungen

4:50-5:50	Mannschaftsangriff und -abwehr	Belly Tight Time und Skript Perimeter mit Ends 0-Meter-Linie: 23 48 Reach 36X 23 Option-Block

Kommentar:
1.
2.
3.

Der Unterricht während des Trainings

Die Identifikation und Aneinanderreihung der Übungskomponenten ist für ein erfolgreiches Training entscheidend. Aber ein Plan ist nur so gut wie seine Ausführung. Für mich ist der Schlüssel zur Umsetzung eines Footballübungsplans der Unterricht.

Wir haben Zeitphasen für jede Komponente, aber wir achten nie darauf, daß sich unsere Trainer exakt an den Zeitrahmen halten. Coaching heißt Unterrichten, und wenn ein Trainer einige zusätzliche Minuten braucht, um etwas klarzustellen, muß er sie haben. Denn wenn die Spieler nicht verstehen, was sie tun sollen, wird es nicht getan. Der Trainer muß sich die Zeit nehmen, so daß die Spieler letztendlich wissen, was zu tun ist.

Unsere Trainer verwenden zwei primäre Unterrichtsmethoden. Wir bevorzugen die Methode, bei der der Spieler zuerst gelobt wird. Diese Methode geht etwa folgendermaßen: „Das war ganz gut, aber Du kannst folgendes machen ..., um noch besser zu werden." Die Spieler sind sehr empfänglich für diese Methode, weil sie sich durch sie herausgefordert fühlen und sie ihnen Informationen gibt, die sie verwenden können, um sich zu verbessern.

Die zweite Methode besteht aus Kritik und Umorientierung, z. B.: „Achte darauf, daß Deine Beine nicht so weit auseinanderstehen. Der Verteidiger kann Dich in dieser Stellung leicht aus dem Gleichgewicht bringen. Stelle Deine Füße schulterbreit auseinander." Die Spieler reagieren oft nicht sehr gut auf das einleitende Feedback. Wir wollen nicht, daß ein Junge mit der Kritik alleine gelassen wird, sondern schließen der negativen Kritik sogleich ihre Begründung an und geben die Korrektur.

Zusammenfassung

1. Das Training funktioniert nur, wenn Sie es effektiv planen.
2. Planen Sie die Trainingseinheiten in Übereinstimmung mit den Regeln und im besten Interesse der Gesamtentwicklung Ihrer Spieler.
3. Entwickeln Sie einen Hauptplan, der die Vorsaison sowie die Wochen- und Tagestrainingsziele enthält.
4. Holen Sie das Maximum aus der Trainingszeit heraus, und loben Sie die Spieler, die die Trainingszeit am besten nutzen.
5. Zwei Trainingseinheiten pro Tag sind in der Vorsaisonphase ein notwendiges Übel, aber versuchen Sie, ein Ausbrennen der Spieler zu verhindern.
6. Die wöchentliche Trainingsroutine sollte die Spieler optimal auf den bevorstehenden Gegner vorbereiten.
7. Der Tagesplan sollte Standardkomponenten enthalten, die alle Aspekte der individuellen und der Mannschaftsleistung umfassen.
8. Selbst optimal geplante Trainingseinheiten nutzen den Spielern und der Mannschaft nur dann, wenn Sie effektiv unterrichten.

TEIL III
ANGRIFFSTRAINING

7 Grundlegende Angriffspositionen und -formationen

Denkt man an das Footballcoaching, so verbindet man damit das Vermittelr der taktischen Grundlagen anhand von Diagrammen, das Aufzeichnen von Spielzügen an der Kreidetafel, Spielbücher und Videoanalysen.

Manchmal trifft diese stereotype Denkweise zu: Wir denken viel darüber nach, wie wir das Talent der Spieler durch eine korrekte Positionierung und die effektive Auswahl von Spielzügen maximieren können. Aber wir berücksichtigen auch sehr stark die in den ersten sechs Kapiteln dieses Buches dargelegten Konzepte. Als Trainer wissen Sie sicher, daß selbst die besten Footballstrategien nur dann Erfolg haben, wenn Sie effektiv mit den Spielern arbeiten.

GRUNDLEGENDE ANGRIFFSPOSITIONEN UND -FORMATIONEN 135

Wenn Sie mit den vorgestellten Konzepten umgehen können, können Sie sich auf individuelle Fertigkeiten und Mannschaftsstrategien konzentrieren, die Sie Ihren Spielern vermitteln. Fangen wir mit der Offensivseite der Line an.

In diesem Kapitel werde ich kurz die Eigenschaften beschreiben, nach denen Sie bei den Spielern jeder Angriffsposition Ausschau halten müssen. Danach werden wir uns Formationen ansehen, in die Sie diese Spieler integrieren könnten, um die offensiven Spielzüge Ihrer Mannschaft starten zu können.

Spielerpositionen und -fertigkeiten

Seit den Zeiten der Flying-Wedge-Angriffsformation und der One-Platoon-Squads (Mannschaften, bei denen alle Spieler sowohl Offense- als auch Defense-Spieler waren) hat sich das Footballspiel mittlerweile zu einem Spiel von Spezialisten entwickelt. Bei jedem Spielzug hat jeder Spieler eine spezifische Verantwortung. Um dieser Verantwortung gerecht zu werden, muß der Spieler über bestimmte Eigenschaften und Techniken verfügen. Behalten Sie daher bei der Positionierung Ihrer Spieler die mit jeder Angriffsposition typischerweise verbundenen Verantwortlichkeiten, Eigenschaften und Fertigkeiten im Auge (siehe Abbildung 7.1).

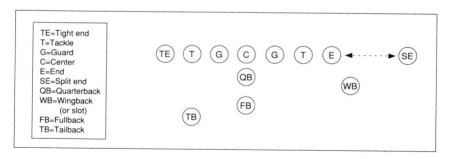

Abbildung 7.1: Grundlegende Angriffspositionen

Es ist wichtig, daß Sie Ihre Spieler auf Positionen stellen, die ihr Talent in Ihrem Angriffssystem und gegen den bevorstehenden Gegner maximieren. Da wir z. B. eine Wing-T- und Run-first-Angriffsformation verwenden und die meisten unserer Gegner mit einer geraden (even) Abwehrfront spielen, können wir unsere beiden stärksten Block-Linespieler auf die Guard-Position stellen. Profimannschaften handeln ebenso, wenn sie ihren besten Paßblocker auf die Position des linken Tackle (Angreifer) stellen, um die „blinde" Seite des Quarterback (d. h. die seiner Blickrichtung entgegengesetzte und daher verwundbare Seite) zu schützen.

Center

Die Hauptpflicht des Center besteht darin, den Ball dem Quarterback zu übergeben („*Snap*" an den Quarterback) und damit jeden offensiven Spielzug einzuleiten. Diese Ballübergabe erfolgt, indem der Center den Ball durch seine Beine hindurch nach hinten spielt (siehe Abbildung 7.2)

Der Center sollte den Ball leicht drehen, wenn er ihn dem Quarterback übergibt, so daß der Quarterback den Ball mit den Fingern an den Schnürriemen fassen kann, um ihn seinerseits schnell weiterzugeben bzw. zu passen.

Abbildung 7.2:
Der Center vor Übergabe des Balls (Snap) an den Quarterback

Bei der Shotgun- oder Single-Wing-Formation muß der Center den Ball mehrere Meter durch seine Beine hindurch nach hinten zum Quarterback spielen.

Nach Übergabe des Balls an den Quarterback wird der Center zum Blocker. Da er es bei seinen Blockpflichten meistens mit einem großen Noseguard oder Defense Tackle zu tun hat, muß der Center groß und stark sein. Schnelligkeit ist auch eine seiner wichtigen Eigenschaften.

Der Center bestimmt auch den Ort des *„Huddle"* (Spielerabsprache) vor jedem Spielzug. Ein träger Center kann spielverzögernde Penalties (Verlust eines Downs oder gewonnener Yards) verursachen, während ein verantwortungsvoller Spieler auf dieser Position die Wirkung des Angriffs erheblich steigern kann.

Guards

Die Guards sind auf beiden Seiten des Centers positioniert, und zu ihren Hauptaufgaben, die bei jedem Spielzug neu bestimmt werden, gehört das Blocken von Abwehrspielern. Die Blockaufgaben der Guards variieren sehr stark von einem Spielzug zum nächsten: Es kann sein, daß sie beim First Down einen *„Trap-Block"* setzen (Blocktechnik, bei der der balltragende Abwehrspieler durch die Offense Line gelassen wird und dann durch einen ins Backfield ziehenden Guard (Pulling

Guard) von der Seite geblockt wird), beim Second Down den „Pulling Guard" spielen (d. h., sie ziehen nach dem Snap ins Backfield und werden zum führenden Blocker) oder beim Third Down die Funktion des Paßblockers übernehmen (also den passenden Spieler schützen).

Da die Guards viele Arten von Blocks ausführen müssen, müssen sie gewandt und technisch sehr versiert sein. Diese Spieler müssen auch intelligent genug sein, um sich an ihre Pflichten zu erinnern, wenn die Spielzüge bekanntgegeben werden. Sie müssen auch schnell reagieren, wenn der Spielzug zusammenbricht und eine Umstellung nötig ist. Auch ihre Körpergröße ist wichtig, um mit den Defense Tackles wirkungsvoll umgehen zu können. Die Körpermasse darf allerdings nicht die Laufgeschwindigkeit beeinflussen.

Tackles (Angreifer)

Die Tackles stehen außen neben den Guards und sind typischerweise die größten Spieler der Offense Line. Ihre Größe und Kraft hilft ihnen bei ihren Blockaufgaben. Diese Aufgaben sind nicht so vielfältig wie die Aufgaben der Guards, aber gutes Blocken ist auch auf der Tackle-Position für jedes erfolgreiche Linespiel entscheidend.

Wie alle Linespieler, fallen auch die Tackles am ehesten auf, wenn sie einen Block verfehlen. Kommt es zu einem harten Quarterback-Sack auf der blinden Sei-

te durch einen Defense End (Außenverteidiger), kann man sicher sein, daß der Offense Tackle die Aufmerksamkeit der Mannschaftskameraden, der Trainer und der Fans auf sich zieht.

Aber es ist auch wichtig, diese Linespieler anzuerkennen, wenn sie ihre Blocks ausführen. Große, starke Tackles können Lücken in die Abwehrfront schlagen und große Defense-Linespieler angehen, die versuchen, zum Passer oder Ballträger durchzudringen. Eine gute Fußarbeit ist entscheidend, wenn man seine Position einnehmen (und halten) will, um den Block zu setzen.

Tight End

Stellen Sie sich einen Spieler vor, der nicht so groß wie ein Tackle ist, der jedoch schneller läuft und Pässe fängt wie ein Split End. Dieser Spieler, der *„Tight End"*, stellt sich auf der Scrimmage Line neben einem der Tackles auf. Bei einem Spielzug kann der Tight End (außen neben dem Tackle stehender Außenstürmer) so blocken wie ein Tackle. Beim nächsten Spielzug kann er jedoch eine Downfield-Paßroute (eine Paßroute in der Defensivhälfte des Spielfeldes) wie ein *„Wide Receiver"* laufen.

Man muß ein hervorragender Athlet sein, um derart vielfältige Aufgaben erfüllen zu können. Der Tight End muß groß und kräftig genug sein, um die gegnerischen Linebacker (Line-Verteidiger) und Linespieler blocken zu können. Er muß auch schnell und fangsicher sein, um Paßrouten zu laufen und Pässe zu fangen.

Split End

In diesem Buch werden alle Receiver, die sich am Ende der Offense Line einige Yards vom Tackle oder Tight End entfernt aufstellen, als *„Split Ends"* (einige Meter vom Tackle entfernt stehende Außenstürmer) bezeichnet. Sie werden auch *„Wide Outs"*, *„Wide Receiver"* oder *„Flanker"* genannt.

Egal, wie man sie nennt, die Spieler auf diesen Positionen sollten zu den schnellsten Spielern Ihrer Mannschaft gehören. Sie müssen in der Lage sein, schnell in Richtung der gegnerischen *„Goal Line"* (Torlinie bzw. 0-Meter-Linie) zu sprinten und wirkungsvolle Paßrouten zu laufen oder einen Position Block zu setzen. Der *„Position Block"* (oder Screen-Block) erfordert, daß der Receiver zwischen dem Defense Back (hinterer Verteidiger) und dem Ballträger bleibt. Und nachdem der Split End den Ball gefangen hat, muß er in der Lage sein, mit dem Ball zu laufen und einen Raumgewinn zu erzielen.

Runningbacks

„Runningback" ist ein allgemeiner Begriff, mit dem Spieler bezeichnet werden, die mit dem Ball laufen, nachdem der Quarterback ihnen den Ball übergeben oder seitlich zugepaßt hat. Die spezifischen Namen, Feldpositionen und Aufgaben der Runningbacks variieren je nach Angriffssystem und -aufstellung.

Der „Fullback" stellt sich im allgemeinen etwa drei Yards unmittelbar hinter dem Quarterback auf. Kraft ist für Fullbacks, die für andere Runner blocken und den Ball bei Spielzügen mit wenig Raumgewinn tragen, sehr wichtig. Der Fullback ist für den Erfolg vieler Spielzüge entscheidend, weil er oft andere Runner mit Hilfe von Blocks und Täuschungsmanövern ins Spiel bringt.

Die häufigsten Positionen für einen „Tailback" sind die hinter dem Fullback in der I-Formation oder zu beiden Seiten des Fullback im Deuce Backfield. Bei einigen Systemen wird ein „Halfback" auch ein Yard außerhalb und ein Yard hinter dem Tight End positioniert oder einer der Tackles in einer Wingback-Position.

Weil das Laufen mit dem Ball die Hauptaufgabe des Halfbacks ist, muß er schnell und schwer zu fassen sein. Darüber hinaus muß er ein Arbeitspferd sein, imstande, harte Tackles über vier Viertel hinweg aushalten zu können. Auch am Ende des Spiels muß er noch genauso schnell laufen können wie in der ersten Serie von Downs.

Quarterback

Wenn einer Position im Football die Führungsrolle zukommt, dann dem „Quarterback". Der Quarterback bestimmt die Spielzüge im Huddle, gibt die Signale an der Scrimmage Line und übernimmt den Snap vom Center, um jeden Spielzug einzuleiten. Der Quarterback muß selbstbewußt sein und über eine gute Balltechnik verfügen. Er muß auch genaue Pässe werfen können. Selbstbewußtsein ist ein Ausdruck seiner Persönlichkeit und seiner großen Erfahrung. Er versteht seine Offense und schätzt die Defense des Gegners völlig richtig ein.

Ein Quarterback braucht nicht unbedingt groß zu sein, aber er muß schnell sein und über die „Fähigkeit zu entkommen" verfügen. Allerdings ist es für den Quarterback von Vorteil, wenn er groß genug ist, um über die Linespieler hinwegzusehen, wenn er in Richtung der gegnerischen Goal Line nach freistehenden Receivern sucht.

Offensivformationen

Es gibt unzählig viele Offensivformationen im Football. Es verhält sich wie mit einer Mathematikaufgabe, bei der der Lehrer fragt: „Wie viele Kombinationen von elf Spielern gibt es, wenn sieben auf der Scrimmage Line stehen müssen?"

Da es endlos viele Antworten auf diese Frage gibt, habe ich in Abbildung 7.3, (a) bis (i) nur die neun häufigsten Angriffsformationen aufgezeigt.

Es ist ersichtlich, daß die Formationen von Tackle zu Tackle ähnlich aussehen (obwohl die Größe der Lücken zwischen den Linespielern je nach eingesetztem System variieren können). Aber die Receiver und die Backs können sich von Spielzug zu Spielzug in sehr unterschiedlicher Formation aufstellen. Es ist also die Positionierung der Receiver und der Backs, durch die sich eine Aufstellung von der anderen unterscheidet.

Die Auswahl einer Offensivformation

Jeder Trainer liebt bestimmte Formationen und lehnt andere ab. Ich habe z. B. noch nie die I-Formation als High School-Angriff gemocht. Diese Formation ist zu sehr darauf ausgerichtet, daß ein Back den Ball 40mal trägt. Obwohl die Spieler mittlerweile auf Basis der I-Aufstellung viele Varianten laufen, erhielt der Back bei der ursprünglichen Konzeption der I-Formation den Ball in 75 % der Fälle. Wenn Sie einen Spieler wie O. J. Simpson, Archie Griffin oder Herschel Walker hätten, wäre das o.k.

Abbildung 7.3 (rechte Seite):
Die neun häufigsten Angriffsformationen: (a) T-Formation, (b) Wing-T-Formation, (c) I-Formation, (d) Slot-Formation, (e) Pro-Formation, (f) Wishbone-Formation, (g) Double-Wing-Formation, (h) Single-Wing-Formation und (i) Shotgun-Formation

GRUNDLEGENDE ANGRIFFSPOSITIONEN UND -FORMATIONEN 141

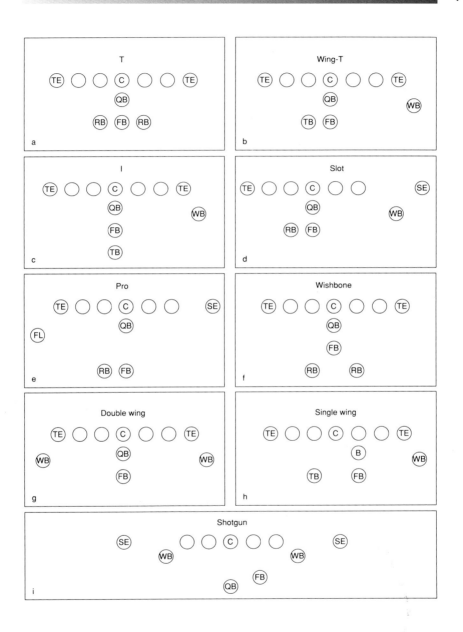

Das Problem ist nur, das viele High School-Trainer nicht so einen talentierten Runner (Ballträger) in den Reihen ihrer Spieler haben. Und selbst wenn Sie einen herausragenden Back hätten, um den herum Sie den Angriff zentrieren könnten, stellt sich die Frage, was Sie tun würden, wenn dieser Spieler verletzt wäre?

Ein High School-Trainer sagte mir einmal, daß die Methode, wie man mit dem Problem umgehen sollte, die Rotation der beiden besten Backs als I-Backs wäre. Dann könnten die beiden sich bei jedem Down als Ballträger abwechseln und würden nicht so müde. Wäre einer der beiden verletzt, hätten Sie immer noch einen erfahrenen, tüchtigen Back auf dem Feld.

Ich hielt das für eine so gute Idee, daß ich zur Offense mit drei Runningbacks überging (von denen einer eigentlich ein Wing ist). Auch heute noch spiele ich mit einer derartigen Offense. Bei dieser Methode fällt es den Mannschaften schwer, sich auf einen einzigen Runner zu konzentrieren, und meine Backs bleiben frischer, sind weniger verletzungsgefährdet und sind mehr in das Mannschaftskonzept einbezogen.

Bei einem Angriff mit mehreren Backs können Sie einen guten Runner einsetzen. Der Vorteil dabei ist, daß Sie immer die Wahl haben, zu den anderen beiden Backs zu gehen, um die Defense zu verwirren. Ähnlich ist es, wenn Sie einen sehr guten Quarterback haben. Sie können ihn einsetzen und die Runner und Receiver als sekundäre Optionen verwenden.

Je näher ich die Wing-Formation kennenlernte, desto besser fand ich sie. Und diese Formation hat den Test durch die Zeit bestanden. In einer High School-Situation ist einer ihrer größten Vorteile, daß sie Ihnen erlaubt, die Talente, die Sie haben, einzusetzen.

Das funktioniert auch im College. In meinem ersten Jahr am Augustana-College führten wir z. B. die Liga im Passen und Annehmen an. In jenem Jahr hatten wir einen guten Quarterback und einen feinen Receiver, aber da das System neu war, beherrschten wir das Laufspiel noch nicht so gut.

Hybridformationen

Auf der Grundlage der Basisformationen in Abbildung 7.3 haben Trainer Aufstellungen entwickelt, die die ihrer Meinung nach besten zwei oder drei Merkmale kombinieren. Ich bezweifle, daß die Vorteile dieser Hybridformationen (siehe die Beispiele in Abbildung 7.4, (a) bis (d)) so gut sind, wie die Trainer, die sie einsetzen, denken. Wenn sie jedoch funktionieren, und die Spieler in der Mannschaft daran glauben, daß sie funktionieren, dann erfüllen diese Formationen wahrscheinlich ihren Zweck.

GRUNDLEGENDE ANGRIFFSPOSITIONEN UND -FORMATIONEN 143

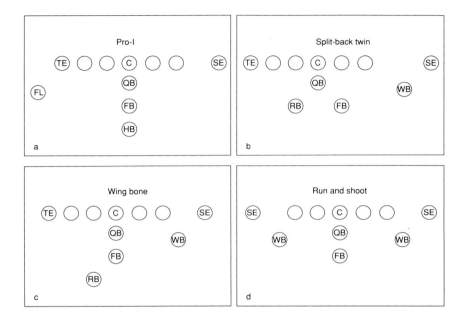

Abbildung 7.4: *Vier Hybridangriffsformationen: (a) Pro-I-Formation, (b) Split-Back-Twin-Formation, (c) Wing-Bone-Formation und (d) Run-and-Shoot-Formation (auch bekannt als Double-Wing-Double-Flex-Formation)*

Wie Sie in den Abbildungen 7.3 (a) bis (i) und 7.4 (a) bis (d) sehen können, ist eine Angriffsformation nicht mehr als eine Formation. Wir beschreiben mittlerweile ein ganzes Angriffssystem nur durch die Formation, wie z. B. eine Wishbone-Offense oder eine Pro-Offense. Es gibt Trainer, die Bücher über diese Gleichsetzung von Formation und System geschrieben haben.

Material für Texas?
Im Jahr 1962, meinem ersten Jahr an der Geneseo High School, liefen wir unsere gesamte Offense auf Basis einer T-Formation. Unser Fullback war gleichzeitig unser startender Defense Tackle. Das bedeutete, daß er bei jedem Spiel alles geben mußte.

Etwa zehn Jahre später stellte ich einen Film über unsere Siegesserie zusammen, mit der wir einen State-Rekord aufstellten. Ich sah mir dabei eine

Aufzeichnung eines der 62 Spiele unserer Mannschaft an und bemerkte zum ersten Mal, daß unser Fullback sich gegen Ende des Spiels, als er müde wurde, immer näher beim Quarterback aufstellte. In der zweiten Hälfte der meisten Spiele dieser Serie wurden wir also zu einer Mannschaft, die die Wishbone-Formation spielte.

Es ist witzig, daß der Begriff *Wishbone* (= *Gabelbein*) erst in den späten sechziger Jahren erfunden wurde. Wenn ich clever genug gewesen wäre und schon früher ein Buch geschrieben und darin den Namen Wishbone für unser Angriffssystem verwendet hätte, hätte Darrell Royal von der University of Texas, der wirkliche Schöpfer dieses Namens, mich vielleicht angeheuert!

Zwei Philosophien über Formationen

Im allgemeinen wählen Trainer zwei unterschiedliche Vorgehensweisen, wenn es um die Entscheidung für eine Angriffsformation geht. Eine Methode ist, einen Bereich mit einer kompakten Formation vollzupacken: zwei Tight Ends, drei Runningbacks, eventuell eine unausgewogene Line. Die andere Methode ist, die Spieler über die gesamte Spielfeldbreite mit mehreren Wide Outs zu verteilen und eventuell nur einen Runningback und möglicherweise keinen Tight End einzusetzen.

Die kompakte Formation ist am besten für einfachen Power-Football geeignet. Sie teilen der Defense im Grunde nur mit, daß sie das Laufspiel stoppen müssen, um Ihre Mannschaft am Punkten zu hindern. Das ist nicht immer leicht, weil die kompakte Formation Ihnen eine 2:1-Line-Blocking-Strategie ermöglicht und Sie die Lead Blocking Backs als Ballträger einsetzen können.

Andererseits bedeutet eine kompakte Formation, daß die Offense weniger leicht ein *„Big Play"* (spektakulärer, möglicherweise spielentscheidender Spielzug) durchführen kann. Diese Formation ist von ihrem Wesen her ein auf Ballbesitz beruhender Offensivangriff. Eine kompakte Formation kann auch die Defense veranlassen, die Spieler an der Scrimmage Line hintereinander zu staffeln (stack) und die eigene Stärke der Stärke Ihrer Offense entgegenzustellen.

Bei einem auseinandergezogenen Angriff ist ein Big Play immer möglich. Indem man die Defense veranlaßt, von Seitenlinie zu Seitenlinie zu decken, erlaubt die auseinandergezogene Formation großen Einzelkönnern auf den technischen Positionen gegen isolierte Abwehrspieler auf offenem Feld zu manövrieren. Ein Spieler

GRUNDLEGENDE ANGRIFFSPOSITIONEN UND -FORMATIONEN

wie Barry Sanders, den ein Abwehrspieler so gut wie nicht stoppen kann, kann dieser Formation Brillanz verleihen. (Im Grunde würde jedoch ein Back, der so gut wie Sanders ist, die Effektivität jeder Formation erhöhen.)

Wenn Sie keine schnellen und talentierten Spieler auf den technischen Positionen haben, ist die auseinandergezogene Formation möglicherweise keine gute Wahl. Ferner müssen Sie einen Quarterback haben, der den Ball zu Receivern passen kann, die Routen sowohl in Richtung der gegnerischen Goal Line als auch zu den Seitenlinien laufen können. Des weiteren müssen Ihre Linespieler in der Lage sein, 1:1 zu blocken, weil sie bei den meisten Spielzügen keine Hilfe bekommen.

Kommentare zu den Formationen

Eine fundierte Formation ermöglicht einen ausgewogenen Offensivangriff. Diese Formation sollte Ihrer Mannschaft ein effektives Lauf- und Paßspiel ermöglichen. Des weiteren sollte die Formation Ihre Mannschaft in die Lage versetzen, ihre Stärken zu nutzen und ihre Schwächen zu verbergen.

Sie werden feststellen, daß die großen Programme in der Sportgeschichte diejenigen waren, die durch Ausgewogenheit und Beständigkeit gekennzeichnet waren. Lombardi verwandelte seine Profimannschaften in fehlerfreie Maschinen. Die Basketballmannschaften der UCLA waren unter John Wooden durch einen beständigen Spielstil gekennzeichnet, obwohl die Mannschaften sich von perimeterorientierten Mannschaften hin zu postorientierten und wieder zurück entwickelten. Der Grundansatz war stets der gleiche: Die Spieler, die man hatte, wurden ins Spiel gebracht.

Im modernen Football der Division I können Sie bei den Programmen, die bereits mehrere Jahre von ein und demselben Trainer geführt werden, eine ähnliche Art von Beständigkeit beobachten. Nebraska, Penn State und Florida State unterscheiden sich zwar hinsichtlich ihrer Spielstile, aber innerhalb ihrer Footballprogramme vermitteln sie ihren Spielern eine beständige Art, das Spiel zu spielen. Und diese Identifikation mit einem System sowie dieser Glaube an ein System vermitteln den Spielern, die diese Universitäten besuchen, ein großes Vertrauen.

Einige Trainer wählen zuerst eine Wishbone-Formation und entscheiden sich danach für eine I-Formation, um schließlich hin und her zu wechseln; es handelt sich jedoch nicht um einen grundlegenden Wechsel, sondern um einen bloßen Formationswechsel. Die Vorstellung von dem, was sie ursprünglich wollten, haben diese Trainer nicht geändert.

Zusammenfassung

1. Die Trainer von beständig erfolgreichen Footballprogrammen finden die bestmöglichen Positionen für jeden ihrer Spieler heraus und vermitteln diesen Spielern dann die für die jeweiligen Positionen erforderlichen Individualtechniken und Mannschaftstaktiken, so daß sie zum Gesamteinsatz beitragen können.
2. Um Ihnen zu helfen, Ihren Spielern die besten Rollen zuzuordnen, habe ich die allgemeinen Attribute beschrieben, nach denen Sie suchen müssen, wenn Sie jeder Offensivposition Spieler zuordnen wollen.
3. Wenn Sie einmal Ihre Spieler und ihre Positionen kennen, müssen Sie bestimmen, welche Offensivformationen ihre Leistung optimieren.
4. Die zur Auswahl stehenden Formationen werden nur durch die Vorstellung begrenzt. Jede Formation ist so gut wie die Spieler, die für die Ausführung der Offense zur Verfügung stehen.
5. Eine Mannschaft mit guten, großen Linespielern, aber Spielern auf den Runningback- und Receiver-Positionen, denen es an Schnelligkeit und Talent mangelt, ist mit einer kompakten Formation möglicherweise besser bedient.
6. Eine Mannschaft mit schnellen und athletischen Spielern ist vermutlich am erfolgreichsten, wenn sie eine auseinandergezogene Formation wählt.
7. Unabhängig davon, welche Angriffsformation Sie wählen, Sie sollten daran denken, daß die Anordnung der Spieler auf dem Feld nur dann wichtig ist, wenn sie über die Werkzeuge verfügen, um die Funktion der Formationen zu gewährleisten. Kapitel 8 wird Ihnen dabei helfen sicherzustellen, daß dies gelingt.

8 Das Vermitteln von Angriffstechniken

In den meisten Sportarten beruht der Ruhm der Trainer darauf, daß sie über herausragende Fähigkeiten verfügen, ihren Sportlern Bewegungstechniken beizubringen. Bei Footballtrainern ist die Sachlage anders. Hier führen die Leute den Erfolg der Trainer auf taktische Entscheidungen zurück, die geniale Fähigkeit, die richtigen Spielzüge auszuwählen, eine erstklassige Ausbildung der Special Teams (Sondereinheiten) oder auf andere mannschaftsbezogene Aspekte.

Diese Denkweise ist eine Schande, denn jeder, der unseren Sport kennt und weiß, was man braucht, um ein erfolgreicher Trainer zu sein, wird realisieren, daß ein erfolgreicher Mannschaftseinsatz auf individueller Vermittlung beruht. Die taktischen Details, die selbst der brillanteste Stratege an der Tafel aufzeigt, taugen nicht viel, wenn seine Spieler nicht über die Fertigkeiten verfügen, sie von der Tafel auf das Spielfeld zu übertragen.

In diesem Kapitel werde ich die Grundtechniken behandeln, die Footballspieler beherrschen müssen, um eine Mannschafts-Offense aufbauen zu können. Ich werde nicht so sehr darauf eingehen, wie man diese Techniken ausführt, sondern vielmehr darauf, wie man sie effektiv lehrt.

Einige von Ihnen werden dies als eine vereinfachte Darstellung empfinden. Ihren sage ich: „Je simpler Sie den Unterricht in Footballtechnik gestalten, desto effektiver ist er." Im folgenden finden Sie eine auf die einzelnen Positionen bezogene Übersicht über die Vermittlung von Angriffstechniken.

Techniken offensiver Linespieler

Alle von uns haben Blockstrategien, die auf dem Papier gut aussehen. Der rechte Tackle blockt den Defense End zur Außenseite. Der Right Guard setzt einen Schirm gegen den Innen-Linebacker. Der Center blockt den Noseguard. Und schon tanzt Ihr Fullback in die Endzone.

So *sollte* es laufen. Aber dieser Dominoeffekt gegen die Defense wird nicht eintreten, wenn Ihren Offense-Linespielern nicht die geeigneten Grundlagen vermittelt wurden.

Stellung

Beginnen Sie, indem Sie die richtige Stellung an der Offense Line (vorderste Angriffslinie) vermitteln. Machen Sie sie den Spielern jeden Tag, bei jedem Spielzug klar.

Eine gute, bequeme Stellung ist die Grundlage für einen korrekten und effektiven Line Block. Innen stehende Linespieler nehmen normalerweise eine Drei-Punkt- oder eine Vier-Punkt-Stellung ein. Wir bevorzugen eine Vier-Punkt-Stellung, da die meisten unserer offensiven Spielzüge darauf ausgerichtet sind, daß die Linespieler nach vorne blocken.

Die Füße des Linespielers sollten schulterbreit auseinanderstehen, wobei die Zehen nach vorne zeigen. Die Füße können leicht versetzt gestellt sein, aber nicht weiter als mit den Zehen in Höhe der Fersen des anderen Fußes. Im allgemeinen stellen die Linespieler ihre Füße entsprechend ihrer dominanten Hand versetzt auf: rechter Fuß hinten bei rechtshändigen Spielern und linker Fuß hinten bei Linkshändern.

Abbildung 8.1: Vier-Punkt-Stellung des Offense-Linespielers

DAS VERMITTELN VON ANGRIFFSTECHNIKEN

Wenn der Spieler in die Hocke geht, berühren seine Hände den Boden, seinen Kopf hält er aufrecht, und sein Blick ist nach vorne gerichtet (siehe Abbildung 8.1).

Das Körpergewicht sollte von den Beinen und Füßen ausbalanciert werden, so daß der Spieler keinen „falschen" Schritt machen muß, um ein Ungleichgewicht auszubalancieren, bevor er seine Aufgabe wahrnehmen kann.

Der Center nimmt eine etwas andere Stellung ein, um den Snap aufgabengerecht auszuführen. Seine Füße sollten nur so weit versetzt sein, daß die Zehen des einen Fußes sich auf der Höhe des Spanns des anderen Fußes befinden. Ein weiteres Versetzen könnte Probleme bei der Ausrichtung bereiten und es dem Quarterback erschweren, nach dem Fangen des Snaps wegzuziehen.

Gleichgewicht und Ballkontrolle sind die entscheidenden Grundlagen, die der Center beherrschen muß. Seine Fähigkeit, dem Quarterback den Ball schnell und sicher zu übergeben und nach dem Snap in jede beliebige Richtung laufen zu können, führt dazu, daß diese Position für ein beständiges Angriffsspiel entscheidend ist.

Basisblock

Es kommt der Zeitpunkt, da Offense-Linespieler ihr Können beim 1:1-Block eines Verteidigers beweisen müssen. Sie müssen daher einige Zeit mit Ihren Linespielern verbringen, ehe sie den Basisblock beherrschen.

Aufgrund der Regeländerungen, die eine größere Freiheit im Gebrauch der Hände erlauben, bringen viele Trainer ihren Linespielern heute Profitechniken bei, wie den hohen Block mit einer offenen Hand, ähnlich dem Bankdrücken.

Im folgenden finden Sie grundlegende Blocktechniken, deren Vermittlung ich empfehle:
1. Bei einer guten Stellung sollte der Blick des Spielers die Nummer auf dem Trikot seines Gegners fixieren.
2. Beim Snap-Signal sollten sie darauf achten, daß der Spieler sich explosiv nach vorne bewegt, seine Hände vom Boden anhebt und während dieses Anhebens der Hände vom Boden seinen Blick und seine Schulter auf die Nummer des Gegners richtet. Diese Aktion ermöglicht dem Blocker, seine Hüften unter den Gegner zu schieben, diesen anzuheben und gleichzeitig zu laufen.
3. Als ob er eine schwere Last heben würde, sollte der Spieler dann kurze Schritte machen und einen breiten Stand beibehalten, um sein Gleichgewicht nicht zu verlieren.

Sie können diese Bewegungsfolge mit einer Blockpuppe üben, oder – wie wir es bevorzugen – gegen einen anderen Spieler, der folgende Position einnimmt: Er stellt das rechte Bein nach vorne, schiebt den rechten Arm vor das rechte Bein und beugt sich nach vorne (als ob er einen Schild halten würde). Damit stellt er für den Offense-Linespieler ein perfektes Blockziel dar (siehe Abbildung 8.2).

Abbildung 8.2: Ein Offense-Linespieler beim Basisblock gegen einen Verteidiger.

Das Vermitteln des Basisblocks gegen einen anderen Spieler statt gegen eine Puppe ist viel besser, da es die tatsächliche Spielsituation simuliert. Das Blocken nur gegen Puppen bereitet Spieler vielleicht ganz gut auf eine Kopfkissenschlacht vor, aber es vermittelt ihnen nicht das Gefühl, in einen Verteidiger zu krachen. Besonders wirklich junge Spieler sollten mit echten Gegnern üben.

Wie Sie sich denken können, betonen wir nicht die professionelle Blocktechnik unter Einsatz der Hände. Wir sind der Meinung, daß ein Linespieler seine Arme nur innerhalb der Grenzen seines Körpers ausstrecken sollte, wenn er die Kontrolle über seinen Gegner, der sich zu lösen und die Verfolgung aufzunehmen versucht, aufrechterhalten (nicht herstellen) will.

Wenn man einem High School-Linespieler den „Bankdrück"-Block mit offenen Händen beibringt, führt dies typischerweise dazu, daß der Spieler während des Blocks zu früh eine zu hohe Stellung einnimmt. Wenn dies geschieht, kann der Verteidiger den Linespieler leicht überwältigen, indem er genau durch seine Hände stößt.

Pull- und Trap-Block

Es kann sein, daß es bei dem von Ihnen gespielten System nicht so sehr erforderlich ist, daß Ihre Offense-Linespieler nach dem Snap nach außen von der Scrimmage Line wegziehen (Pulling), um ein Laufspiel anzuführen oder einen Trap-Block gegen einen Abwehrspieler auszuführen. Dennoch möchte ich Ihnen nahelegen, ihren Offense-Linespielern das Pulling und den Trap-Block zum Zweck der Konditionierung, der Gewandtheitsentwicklung und des Blocklaufens zu vermitteln.

DAS VERMITTELN VON ANGRIFFSTECHNIKEN

Wenn Sie Linespielern das Pulling und den Trap-Block beibringen, ist es entscheidend, daß die Spieler sich schnell durch die Formation bewegen und tief am Boden bleiben, so daß sie den Gegner jederzeit blocken können.

Wir lehren den „Pull-Schritt", bei dem der Linespieler den Fuß in Laufrichtung dreht, seine Arme auf dieser Seite nach hinten schwingt, den anderen Fuß in die gleiche Richtung dreht und dann läuft. Wenn der Linespieler seine Drehung macht, sollte er nicht vergessen, auch seinen Kopf zu drehen, damit er in die Richtung blickt, in die er laufen will.

Es scheint, als ob jüngere Spieler die Technik schneller erlernen, wenn Sie die Kopfdrehung und den Armschwung statt die dazugehörende Fußdrehung betonen. Dies bringt sie in eine Position, aus der sie angreifen können, ohne daß sie sich über den Schritt und die Drehung Gedanken machen müssen.

Cross-Block (Kreuzblock)

Die meisten Blocks, die Offense-Linespieler ausführen, werden innerhalb einer offensiven Blockstrategie durchgeführt. Ein Beispiel hierfür ist der Cross-Block, bei dem zwei Linespieler zwei Abwehrspieler attackieren.

Um den Cross-Block zu vermitteln, müssen Sie die Blocker nebeneinander aufstellen. Lassen Sie den Offense-Linespieler die erste Bewegung ausführen. Diese Bewegung geht in die Richtung des Verteidigers, der seinem Mannschaftskameraden gegenübersteht. Der innen stehende Linespieler zieht hinter diesem Block vorbei und blockt den Verteidiger an der Außenseite (siehe Abbildung 8.3).

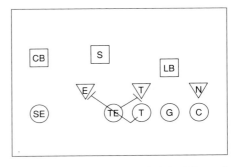

Abbildung 8.3: Tackle und Tight führen einen Cross-Block aus.

Wichtig ist, daß Sie dem außen stehenden Offense-Linespieler beibringen, sich explosiv schnell aus seiner Stellung herauszubewegen und den innen stehenden Defense Linespieler abzuschneiden. Wir bringen diesem führenden Blockspieler bei, auf den Helm seines Mannschaftskameraden abzuzielen. Das ist der ungefähre Bereich, in dem der Verteidiger sich befinden wird, wenn er sich nach vorne bewegt. Wenn der außen stehende Offense-Linespieler diesen Punkt erreicht, wird der innen stehende Offense-Linespieler seinen Kopf zurückgezogen und sich gedreht haben, um den Block gegen den außen stehenden Verteidiger zu setzen.

Fold-Block

Der Fold-Block ähnelt dem Cross-Block, nur die Rollen der beiden Linespieler sind umgekehrt. Der innen stehende Offense-Linespieler macht die erste Bewegung und blockt den außen stehenden Verteidiger. Der außen stehende Offense-Linespieler zieht dann nach innen. Unserer Auffassung nach steht der Begriff *„Fold"* dafür, daß sich beim Cross-Block zuerst der innen stehende Spieler bewegt und erst danach der außen stehende Spieler. Ein Pull- oder Trap-Block beginnt mit der Bewegung des außen stehenden Spielers, worauf die Bewegung des innen stehenden Spielers folgt.

Paßblock

Bis jetzt haben wir uns auf Lauf-Blocktechniken konzentriert. Linespieler können jedoch viele dieser Techniken auch bei Play-Action-Paßspielzügen einsetzen. (Ein *„Play-Action-Paß"* ist ein offensiver Paßspielzug, bei dem ein Laufspielzug vorgetäuscht wird, indem ein Runningback so tut, als nähme er den Ball an und den Blockern folgt, als ob er den Ball tragen würde.)

Um jedoch innerhalb einer Dropback-Paßstrategie eine effektive Paßsicherung durchführen zu können, muß ein Offense-Linespieler eine andere Technik anwenden. Im folgenden finden Sie die grundlegende Paßblock-Folge, die Sie Ihren Spielern vermitteln sollten:

1. Trete beim Snap von der Line zurück.
2. Behalte eine tiefe Körperhaltung bei. Halte die Knie gebeugt und den Kopf aufrecht.
3. Führe einen kräftigen Schwungschlag mit dem Unterarm (Shiver) gegen die Brustnummer des Gegners aus.
4. Löse Dich mit Schlurfschritten vom Verteidiger und gib acht, daß Deine Rückennummer auf Deinen Quarterback gerichtet ist.
5. Nimm wieder eine tiefe Körperhaltung ein und wiederhole die Bewegungsfolge.

Betonen Sie, daß es wichtig ist, daß die Offense-Linespieler auf die Position des Quarterbacks achten. Die eindeutige Aufgabe des Linespielers ist, zwischen dem Verteidiger und dem Quarterback zu bleiben. Damit dies gelingt, muß er wachsam bleiben und seine Füße bewegen.

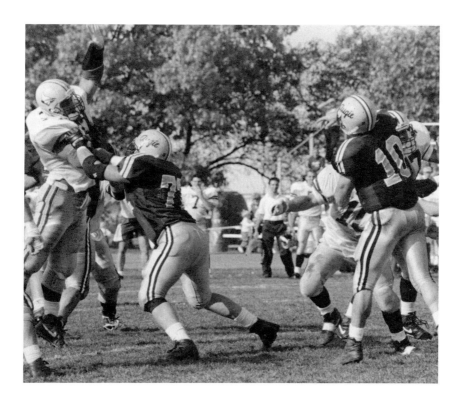

Offense-Line-Übungen

Fit-Drill

Zweck: Vermitteln der grundlegenden Abfolge des geradeaus gerichteten Basisblocks.

Vorgehensweise: Stellen Sie zwei, drei oder vier Verteidiger in einer Standing-Fit-Position (siehe Abbildung 8.2) auf. Dann stellen Sie ihnen gegenüber zwei, drei, oder vier Offense-Linespieler in einer korrekten Stellung so auf, daß die Abstände zwischen ihnen gleichmäßig sind. Beim Snap-Signal führen die Offense-Spieler einen Basis-Drive-Block aus, indem sie sich explosiv schnell nach links oder rechts bewegen und die Beine nachziehen.

Coaching-Hinweise: Kontrollieren Sie die richtige Stellung, Schrittfehler und den Einsatz der Beine bei der Nachfolgebewegung. Dies ist auch eine gute Übung, um den Linespielern beizubringen, sich schnell vom Ball zu entfernen. Diese Übung ähnelt sehr dem Gruppenblock gegen den Schlitten, aber junge, unerfahrene Spieler profitieren mehr vom Block gegen echte Spieler.

2:2-Übung / 3:3-Übung

Zweck: Um alle Blockarten zu üben, sollten Sie in Gruppen unterrichten, die so klein sind, daß Sie alles sehen können, was geschieht, und alle notwendigen Korrekturen vornehmen können.

Vorgehen: Zwei Verteidiger stehen zwei Offense-Linespielern gegenüber (oder 3:3). Der Trainer steht hinter der Defense, von wo aus er der Offense signalisiert, welchen Block sie praktizieren soll – den geradeaus gerichteten Drive-Block, den Cross-Block (der erste Mann, der das Signal erhält, läuft zuerst), den Paßblock cder den Trap-Block, vor allem beim Spiel 3:3. Auf den Befehl hin stürmt die Defense geradeaus nach vorne und reagiert auf den offensiven Block.

Coaching-Hinweise: Es handelt sich hier um einen Line-Block in vollem Tempo, der dem Trainer ermöglicht, jeden Spieler zu beobachten und Spieler ausfindig zu machen, die einen anderen Spieler unter den schwierigsten Bedingungen kontrollieren.

Fertigkeiten der Tight Ends

Der Tight End ist, wie bereits in Kapitel 7 beschrieben, der „athletischste Tackle" Ihres Programms. Aufgrund seiner doppelten Rolle als Blocker und Paßempfänger trainiert er sowohl mit den Linespielern als auch mit den Split Ends.

Ihre Tight Ends müssen erstens über die Kraft und die Fähigkeit verfügen, Defense Tackles zu blocken. Die Blocktechniken sind die gleichen wie die, die für die anderen Offense-Linespieler beschrieben wurden.

Zweitens müssen Tight Ends lernen, sich bei Paßspielzügen von der Scrimmage Line zu lösen. Die von uns favorisierte Technik ist die Power-Bewegung, bei der der Tight End förmlich durch den Verteidiger explosiv hindurchstößt und versucht, das Lösen zu verhindern. Die andere Technik ist eine Gewandtheitsbewegung mit einem Stechschritt wie im Basketball und einer Schwimmtechnik, wie man sie einem Defense Linespieler vermittelt.

Fertigkeiten der Split Ends

Auch die Split Ends haben Blockaufgaben. Vor allem die meisten Wide Outs sind aufgefordert, Position-Blocks in Richtung der gegnerischen Goal Line (also in „Downfield"-Richtung) zu setzen, wenn ein Ballträger freibrechen sollte. Die Qualität derartiger Downfield-Blocks kann den Unterschied zwischen einem Touchdown und einem First Down ausmachen.

Der Position-Block bedeutet nichts anderes, als einen Abwehrspieler vom Ballträger abzuschirmen. Entscheidend ist, sich impulsiv von der Scrimmage Line zu lösen und die Defense zum Rückzug zu zwingen. Wenn der Defense Back seine Bewegung abstoppt, bleibt auch der Receiver stehen (läuft unter Kontrolle) und „spiegelt" den Defense Back. Wenn Sie Ihre Receiver beim Üben dieses Blocks beobachten, müssen Sie sicherstellen, daß sie weder halten noch ein „Clipping" (verbotenes Blocken eines Gegners von hinten) ausführen, was noch schlimmer ist, als gar nicht zu blocken.

Der Großteil Ihres Individualunterrichts mit den Receivern sollte sich darauf konzentrieren, wie man Paßrouten läuft und den Football fängt. Das ist, was Receiver gerne tun, und so verdienen sie sich ihren Unterhalt.

Lösen von der Scrimmage Line

Die erste Technik, die Sie Ihren Split Ends beibringen müssen, ist, sich von der Scrimmage Line zu lösen und so schnell wie möglich ihre Paßrouten aufzunehmen. Wenn Sie diese Spurt-und-Flucht-Bewegung lehren, sollten Sie Ihre Split Ends auffordern, zu „lesen" und zu antizipieren, was der Abwehrspieler zu tun versucht, um sie an der Line aufzuhalten. Receiver sollten Bewegungen beherrschen, mit denen sie jede vom Abwehrspieler eingesetzte Technik kontern können.

Bei den meisten Angriffssystemen nehmen die Wide Receiver eine Zwei-Punkt-Stellung mit leicht gebeugten Knien und versetzten Füßen ein. Diese Stellung erlaubt dem Receiver eine schnelle Bewegung und versetzt ihn in die Lage, den Ball zu fangen, sobald der Quarterback ihn vom Center erhält.

Laufrouten

Die ersten drei Schritte, die ein Split End ausführt, sollten ihn auf seine Paßroute bringen. Wenn Sie mit Receivern arbeiten, müssen Sie betonen, daß das Laufen einer guten Paßroute mehr erfordert, als sich bloß zu einem bestimmten Punkt auf dem Platz zu bewegen. Receiver müssen zwar bei jedem Spielzug vorher bestimmte Zonen erreichen, noch wichtiger ist jedoch, daß sie der defensiven Deckung ausweichen, so daß der Quarterback ihnen den Ball zuspielen kann.

Damit die Receiver den Defense Backs ausweichen können, müssen Sie ihnen Kopf-und-Schulter-Täuschungen, Tempowechsel und andere Täuschungsmanöver beibringen. Die Receiver sollten auch Paßrouten laufen, die sie in Distanz zur Deckung bringen. Darüber hinaus sollten Sie mit Ihren Receivern an den mentalen Aspekten des Spieles arbeiten. Erklären Sie ihnen, daß ihre Bewegungen bei ihrem Katz-und-Maus-Spiel mit den Defense Backs nicht allzu leicht vorhersagbar sein dürfen, weil die Abwehrspieler andernfalls im Vorteil sind.

Fangen des Balls

Obwohl das schnelle Lösen von der Line und das Freilaufen sehr wichtig sind, zeichnen sich gute Receiver dadurch aus, daß sie den Ball *fangen*, wenn er in ihre Nähe geworfen wird. Allen guten Receivern, die ich trainiert habe, war gemeinsam, daß sie die Fähigkeit besaßen, sich einzig und alleine auf den Ball zu konzentrieren, bis sie ihn in ihren Händen hielten.

Ein mustergültiger Receiver

Ein Spieler, der sich besonders gut nur auf den Ball konzentrieren konnte, war Barry Pearson. Barry war in der High School ein All-State-Runningback und wurde an der Northwestern University zum All-Big-Ten-Receiver. Er spielte fünf Jahre lang Profifootball bei den Pittsburgh Steelers und den Kansas City Chiefs.
Barry war nur 1,80 m groß und 83 kg schwer und seine 40-Yards-Sprintzeit betrug nur 4,6 Sek. Er war also nicht gerade der Prototyp eines schnellen Profi-Flankers. Aber, wie der Trainer der Steeler-Receiver, Lionel Taylor, sagte, war Barry clever, konnte sich freilaufen und den Ball fangen.
Obwohl er eine so großartige Karriere hatte, werden sich Experten in Sachen Sportanekdoten wohl am ehesten an Barry als Receiver im berühmten „Immaculate Reception" Spiel erinnern. Dieses Spiel organisierte Franco Harris im Jahr 1975 für die Steelers, um die Raiders zu schlagen.

Ein Receiver sollte seine Hände – und weder die Arme noch den Körper – verwenden, um den Ball zu fangen. Es mag vielleicht weit hergeholt scheinen, aber eine

DAS VERMITTELN VON ANGRIFFSTECHNIKEN   157

effektive Methode, um Receivern beizubringen, ihre Hände zu gebrauchen, ist das Üben des Fangens mit einem Football aus Schaumstoff. Wenn Sie bei einem solchen Ball versuchen, die Arme oder den Körper einzusetzen, wird der Ball abprallen. Nach kurzer Zeit werden die Receiver lernen, daß das Fangen des Balles nur mit den Händen am erfolgreichsten ist.

Etwas, das Sie den Receivern nicht beibringen können, ist ein siebter Sinn oder einen Riecher für den Football. Selbst wenn sie weite Routen laufen und etwas Abstand von ihrem Abwehrspieler gewinnen, wird dies ihnen nichts helfen, wenn sie den in ihre Richtung geworfenen Ball nicht dringender haben wollen als die Defense. Damit hängt die Fähigkeit zusammen, den Ball auch dann zu fangen, wenn man bedrängt wird. Jeder erfahrene Receiver weiß, daß man in neun von zehn Fällen gerammt wird, wenn man versucht, den Ball zu fangen. Receiver, die nicht „über die Mitte gehen können" (also Angst vor einem Hit haben), setzen dem Offensivspiel Ihrer Mannschaft eine klare Grenze. Andererseits sind Receiver, die keine Angst haben, mit der Nase in das Herz der Defense zu stoßen, eine große Waffe.

Eine spezielle Fertigkeit

Norm Singbush, MVP (Most Valuable Player = wertvollster Spieler) sowohl in unserer State-Championship-Mannschaft von 1978 als auch in unserer National-Championship-Mannschaft von 1983 und 1984 All-American-Spieler in der Division III, war einer der härtesten Wide Receiver, die ich trainieren durfte. Norm war knapp 1,85 m groß, wog knappe 82 kg und lief über 40 Yards 4,75 Sek. Er war also weder sehr stämmig noch sehr schnell.

Aber er war, einfach ausgedrückt, ein erstklassiger Receiver. Ganz egal, welcher Deckung er gegenüberstand, er schaffte es immer, sich freizulaufen. Und wenn der Ball in seine Richtung geworfen wurde, ließ er ihn nie fallen. Es war, als ob Norm über Sensoren verfügte, die ihm mitteilten, wann er laufen sollte, um den Ball zu fangen. Diese spezielle Fertigkeit hatte er sich im Training angeeignet. Darüber hinaus war er mutig und besaß die Fähigkeit, sich zu entspannen und den Körperkontakt im Moment des Fangens in Kauf zu nehmen.

Um gut zu sein, müssen Receiver viel und konzentriert trainieren. Jeder kann den Football im Hinterhof fangen, wenn niemand ihn bedrängt. Wirkliche Receiver können einen Football fangen, sich entspannen und den Ball festhalten, egal welcher Kontakt folgt. Es gibt eine Sache, derer sich Receiver, wie auch die Backs, sicher sein können: Wenn sie den Ball haben, ziehen sie eine große Zahl von Gegenspielern auf sich.

Übungen für Receiver

Übung zum Fangen und Heranziehen des Balles an den Körper
Zweck: Üben des richtigen Fangens des Balles mit den Händen und des Anziehens des Balles an den Körper, so daß der Ball nicht verlorengeht.
Ablauf: Werfen Sie Ihrem Receiver den Ball in verschiedenen Höhen zu, und bringen Sie ihm bei, nach dem Ball mit nach innen gerichteten Daumen zu greifen, den Ball zu fangen und an den Körper zu ziehen.
Coaching-Hinweise: Wenn die Spieler das Fangen und Anziehen des Balles beherrschen, lassen Sie sie das Laufen einer zügigen Paßroute üben. Nach dem Anziehen des Balls an den Körper sollen sie ihre erste schnelle Bewegung und einen Sprint machen – eine großartige Aufwärmübung!

Lösen, Sprinten, Springen, Fangen
Zweck: Dem Receiver soll beigebracht werden, sich von der Line zu lösen und den Ball, bedrängt von einem Abwehrspieler, im höchsten Punkt zu fangen.
Ablauf: Der Receiver stellt sich gegen einen Abwehrspieler auf, der sich in einer Bump-and-Run-Stellung befindet (Taktik, die von einem Abwehrspieler eingesetzt wird, um die Laufroute eines Receivers, der sich von der Scrimmage Line löst, zu behindern). Der Receiver drängt den Abwehrspieler mit einer Täuschung oder einer Schwimmbewegung von der Line und läuft dann eine Route in Richtung der gegnerischen Goal Line. Der Quarterback wirft den Ball so hoch, daß der Receiver, aber nicht der Abwehrspieler, den Ball im Sprung erreichen kann.

Coaching-Hinweise: Dies ist eine gute Übung für den Receiver und den Abwehrspieler. Beide müssen sich auf den Flug des Balles konzentrieren und gleichzeitig die vertikale Bewegung des Gegners beachten. Der Receiver sollte versuchen, den Ball im höchsten Punkt zu fangen und festzuhalten.

Runningback-Fertigkeiten

Die Techniken, die Sie den Fullbacks und Halfbacks vermitteln, sind vielfach die gleichen. Da sich aber die Rollen dieser Spieler unterscheiden, vermitteln Sie ihnen auch positionsspezifische Techniken.

Stellung

Zum Beispiel kann der Fullback, je nachdem, welche Formation Sie verwenden, entweder in einer Vier-Punkt-Stellung beginnen (z. B. bei der Wishbone-Formation) oder in einer Drei-Punkt-Stellung. Die Ausgangsstellung der Halfbacks ist immer eine Drei-Punkt- oder eine Zwei-Punkt-Stellung (z. B. bei der „I"-Formation oder der Delaware-T-Wing-Formation). Entscheidend ist, ob Ihr System viele seitliche Bewegungen im Rückraum erfordert. Wenn dies der Fall ist, wird der Fullback wahrscheinlich eine Drei-Punkt-Stellung und der Halfback eine Zwei-Punkt-Stellung einnehmen.

Im allgemeinen bringen Sie Runningbacks bei, ihre Füße nicht so weit auseinanderzustellen wie Linespieler. Sie wollen, daß die Fullbacks vom ersten Schritt an nahezu volles Tempo laufen, so wie Sie es von Sprintern auf der Bahn verlangen würden. Sie wollen jedoch nicht, daß Ihre Runningbacks so viel Körpergewicht auf ihre Hände verlagern wie Sprinter im Startblock. Der Grund hierfür ist, daß ein Back sofort bereit sein muß, den Ball zu fangen und die Defense zu „lesen", während ein Sprinter nur darauf achten muß, in der Bahn zu bleiben.

Annahme übergebener Bälle

Einige Trainer bringen Runningbacks bei, übergebene Bälle mit offenen Händen zu nehmen, wie ein Baseballspieler einen Ball unterhalb der Hüfte fängt. Dies erlaubt dem Back, den Ball zu nehmen und ihn weiterzureichen oder ihn für den Lauf an den Körper zu ziehen.

Wir ziehen es vor, unseren Backs beizubringen, den Ellenbogen, der dem Quarterback am nächsten ist, nahe der Brust gebeugt zu halten und *die Handfläche* dieser Hand nach vorne zu drehen. Der andere Ellenbogen sollte nahe dem Gürtel mit nach oben gerichteter Handfläche gehalten werden. Wenn der Quarterback den Ball zwischen die Arme des Runningbacks legt, zieht der Back den Ball mit beiden Armen an seinen Körper heran. Bei der ersten Methode *bekommt der Back den Ball und läuft*. Bei der zweiten Methode *läuft der Back und erhält den Ball*.

Die Methode, den Ball bei der Übergabe an sich zu drücken, reduziert die Anzahl der Ballverluste sowohl während als auch nach der Übergabe. Diese Methode ist in der Nähe der Scrimmage Line besonders hilfreich, wo der Kontakt sofort erfolgen könnte, weil der Runningback den Ball überdeckt, indem er seinen oberen Arm und seine Hand über ihn legt.

Das Entdecken der Lücke
Nachdem der Back den übergebenen Ball erhalten hat, ist seine nächste vorrangige Aufgabe, wie Lombardi und viele andere Trainer es ausdrückten, „dem Licht entgegenzulaufen". Wenn Ihre Blocktaktik funktioniert, sollte dieses „Licht" durch eine vorher festgelegte Lücke in der Line erreichbar sein. Bringen Sie Ihrem Back bei, diese Lücke zu suchen, und so schnell wie möglich hindurch zu stoßen.

Um einen Ballverlust zu vermeiden, sollte der Ballträger die ganze Zeit über den Ball schützen. Er sollte den Ball in der Hand tragen, die vom nächsten Abwehrspieler weggerichtet ist, und beim Kontakt sollte er die Spitze des Balles mit beiden Händen abdecken, da er weiß, daß die Defense versuchen wird, ihm den Ball, falls möglich, wegzunehmen.

Wenn er im freien Raum läuft, kann der Back den Ball leicht vom Körper entfernt halten, so daß er mit Armeinsatz laufen kann. Wenn er jedoch bedrängt wird, muß der Back den Ball an seinen Körper drücken.

Übungen für den Runningback

Übergabeübung (Handoff-Drill)
Zweck: Die Backs sollen lernen, eine geeignete Tasche zu bilden, indem sie den inneren Arm oben halten und dann den Ball nach der Übergabe einklemmen.
Ablauf: Zwei Lines stehen einander gegenüber. Der Ball befindet sich bei einer Line und wird der anderen Line übergeben, wenn sich die beiden Lines einander

DAS VERMITTELN VON ANGRIFFSTECHNIKEN   161

nähern. Wenn ein Back den Ball erhält, reicht er ihn zurück zum nächsten Runner. Die Spieler wechseln die Lines, um die Annahme des übergebenen Balls von beiden Seiten zu üben.

Coaching-Hinweise: Beobachten Sie die Armhaltung der Spieler, wobei Sie sicherstellen, daß der innere Arm oben und der Ellenbogen aus dem Weg ist. Fordern Sie die Spieler, nachdem sie sicherer geworden sind, auf, das Tempo zu erhöhen, bis sie so schnell laufen wie im tatsächlichen Spiel.

Übung zur Vermeidung des Ballverlustes (Fumble-Drill)

Zweck: Den Backs soll beigebracht werden, den Ball zu schützen und ihn bei Kontakt mit dem Gegner nicht zu verlieren.

Ablauf: Stellen Sie zwei Lines in einer „Tunnel"-Anordnung auf. Lassen Sie die Ballträger mit hohem Tempo durch den Tunnel laufen, wobei sie in jedem Arm einen Football halten. Die Spieler auf beiden Seiten des Tunnels versuchen, den Läufern die Bälle zu entreißen.

Coaching-Hinweise: Wenn der Runner zwei Bälle gleichzeitig schützen muß, ist er gezwungen, sich zu konzentrieren und die Bälle eng an seinen Körper zu drücken.

Quarterback-Fertigkeiten

Die von Ihnen vermittelte Quarterback-Stellung variiert, je nachdem, welchen Stil Ihre Offense wählt. Zuallererst sollten Sie Ihrem Quarterback beibringen, eine Position einzunehmen, die es ihm ermöglicht, den Snap vom Center reibungslos zu übernehmen.

Die Übernahme des Snaps

Was wie ein unbedeutender Punkt aussieht, stellt sich als gar nicht so unwichtig heraus, wenn es dem Quarterback nicht gelingt, den Snap vom Center zu übernehmen und dies Ihre Mannschaft den Ballbesitz – oder sogar ein Spiel kostet. Der Snap vom Center an den Quarterback muß automatisch erfolgen. Um die Übergabe zu automatisieren, muß der richtige Ablauf ständig wiederholt werden. Im folgenden wird beschrieben, wie wir unseren Quarterbacks beibringen, den Snap anzunehmen:

1. Schieben Sie Ihre Hände unter das Gesäß des Centers, wobei die Wurfhand oben liegt.
2. Beugen Sie die Arme leicht, so daß Sie sie strecken können, wenn der Center den Snap einleitet. Drücken Sie die obere Hand gegen den Center, so daß der Center die Position der Hand spüren und der Quarterback dem Center folgen kann, wenn dieser sich bewegt.
3. Der Quarterback erhält den Ball mit der Schnürung in der Wurfhand in einer Wurfposition.

Ein Sieger mit unten liegender Wurfhand

Wir hatten bis 1983 unseren Quarterbacks stets beigebracht, die Wurfhand als oberste Hand unter den Center zu legen. In jenem Jahr machte unser Quarterback Jay Penney uns darauf aufmerksam, daß er immer seine Nichtwurfhand oben auf den Ball legte. Er fühlte, daß der Ball seine Nichtwurfhand hart vom Center wegschlug und daß er den Ball schneller mit seiner starken Hand kontrollieren konnte.

Unser Trainerstab kam zu dem Entschluß, Jay diese Technik, die er mit Erfolg während seiner High School-Zeit und seiner frühen College-Karriere praktiziert hatte, weiter ausüben zu lassen. Man sollte eine gute Sache besser nicht durch etwas anderes ersetzen, selbst dann nicht, wenn sie ein wenig unorthodox ist. Und Jays Leistungen waren besser als gut. Er führte uns als Quarterback in jenem Jahr zum nationalen Meistertitel.

DAS VERMITTELN VON ANGRIFFSTECHNIKEN

Der Quarterback muß in der Lage sein, den Ball zu kontrollieren und sich schnell zu bewegen. Zunächst zieht er den Ball dicht an seinen Körper wie ein Pokerspieler und dann übergibt er ihn oder paßt ihn so geschickt wie ein erfahrener Kartengeber.

Ballübergabe (Handoff)

Die Ballübergabe liegt in der Verantwortung des Quarterbacks. Wenn der Runningback eine gute Technik verwendet (siehe den vorangegangenen Abschnitt), um den übergebenen Ball anzunehmen, ist es die Aufgabe des Quarterbacks, den Ball in die Magengrube des Ballträgers zu spielen.

Timing und räumliche Aspekte sind sehr wichtig. Ein gutes Timing ist Übungssache, während das Raumverhalten mehr mit der Formation zu tun hat. Zu eng, und die Backs stoßen zusammen. Zu weit voneinander entfernt, und der Quarterback ist nicht mehr imstande, den Ball dem geplanten Runner zuzuspielen.

Angenommen, Timing und Raumverhalten wären gut, dann sollte der Quarterback den Ball unter den inneren Ellenbogen des Runningbacks plazieren und ihn festhalten, bis er fühlt, daß der Back den Ball greift.

Pässe zur Außenseite (Pitchouts)

Bei Spielzügen, die darauf ausgerichtet sind, dem Runningback schnell den Ball zuzuspielen oder ihn dem Back zuzuspielen von einer Position, die den Quarterback daran hindert, den Ball zu übergeben, wird oft ein *„Pitchout"* (Paß zur Außenseite) verwendet. Der Pitchout ist ein entscheidender Bestandteil einer *„Option Offense"*.

Der am häufigsten eingesetzte Option Pitch ähnelt dem einhändigen Brustpaß im Basketball. Er ermöglicht einen weichen Paß, der leicht zu handhaben ist, den Back jedoch schnell erreicht. Es ist entscheidend für jeden Option Quarterback, daß er sicherstellt, daß er den Trailing Back führt, so daß der Ballträger nicht seinen Laufschritt unterbrechen muß, um auf den Ball zu warten.

Der Shovel- (Schaufel-) Pitch wird oft verwendet, wenn der Quarterback dem Back den Ball aus einer stehenden Position zuwirft. Ein Beispiel hierfür ist der Quick Pitch, ein Spielzug, der in den sechziger Jahren populärer war.

Pässe

Wenn Ihre Mannschaft den Ball viel wirft, wissen Sie, wie wichtig es ist, den Quarterbacks eine korrekte Paßtechnik beizubringen. Selbst wenn Sie das Laufspiel betonen, muß Ihr Quarterback imstande sein, den Football zu passen, um die Abwehrspieler daran zu hindern, sich an der Scrimmage Line staffelförmig aufzustellen (Stacking).

Das Werfen des Footballs unterscheidet sich in mehrerer Hinsicht vom Werfen des Baseballs. Erstens hat der Quarterback nicht den Luxus, hoch auf einem Hügel zu stehen, sich von einem Gummi abzudrücken und, wie ein Pitcher, den besten Zeitpunkt für den Wurf abzuwarten. Statt dessen muß er zu dem Punkt, von dem aus er wirft, laufen, sich zurückfallenlassen, sprinten, drehen, sich bereit machen, den Ball loswerden, bevor die Defense ihn greift, und hoffen, daß niemand den fliegenden Ball ablenkt oder abfängt, bevor er den geplanten Receiver erreicht.

Zweitens steht das Ziel (der Receiver), dem der Quarterback den Ball zuwirft, nur selten still, wie dies beim Baseball-Fänger der Fall ist. Der Receiver kann sich in der gegnerischen Spielfeldhälfte befinden, zurück dem Ball entgegenlaufen, oder er kann in alle Richtungen über das Spielfeld laufen. Sie müssen Ihren Quarterbacks dabei helfen, ein Gefühl für die Distanz und die erforderliche Schnelligkeit zu entwickeln.

Drittens sollte der Quarterback den Ball in der Nähe seines Ohres mit einer Nachfolgebewegung wie bei einem Freiwurf abwerfen. Eine Kreisbewegung wie beim Pitching nimmt nicht nur mehr Zeit in Anspruch und bietet den heranstürmenden Abwehrspielern die Möglichkeit, den Ball zu greifen, sondern sie führt auch zu weniger genauen und beständigen Pässen.

Viertens gibt es keine Strike-Zone wie beim Baseball. Tatsächlich könnte der beste Paß in einer gegebenen Situation vom Home-Plate-Schiedsrichter als „Ball" deklariert werden. Es kann sein, daß ein Quarterback den Ball über den Kopf des Receivers werfen muß, damit der Paß über einen nahestehenden Abwehrspieler ausgeführt wird.

Übungen für den Quarterback

Übung zur Einnahme der Paßposition und des Wurfes
Zweck: Den Quarterbacks soll beigebracht werden, wie sie schnell die Wurfposition einnehmen und sich auf den Wurf vorbereiten, sobald der Receiver sich freiläuft.
Ablauf: Lassen Sie die Quarterbacks im Abstand von 10 bis 15 Yards einander gegenüber aufstellen. Nach dem Snap dreht sich der Quarterback heraus, sprintet heraus oder läßt sich so schnell wie möglich (drei, fünf oder sieben Yards) zurückfallen; er nimmt die Wurfposition ein; und auf das Pfeifsignal des Trainers wirft er den Ball zu seinem Quarterback-Partner. Der Partner führt den gleichen Bewegungsablauf aus und wirft einen Rückpaß.
Coaching-Hinweise: Durch diese Übung wird den Quarterbacks vermittelt, wie sie sich zunächst richtig aufstellen und dann den Ball in Sekundenbruchteilen passen. Indem Sie einen Quarterback in Gegenwart der anderen instruieren und korrigieren, bringen Sie auch allen anderen Quarterbacks entscheidende Techniken bei.

Option-Pitch-Übung
Zweck: Vermitteln der Technik des Option Pitch.
Ablauf: Zwei Quarterbacks laufen im Abstand von sechs bis sieben Yards Seite an Seite quer über das Feld. Lassen Sie den Quarterback mit dem Ball anhalten, seine

Füße ausrichten und den Ball zum anderen Quarterback pitchen, der weiterläuft. Nach dem Paß beeilt sich der stehen gebliebene Quarterback, seinen Partner einzuholen. Wenn er eingeholt wird, bleibt der zweite Quarterback stehen, richtet seine Füße aus und pitcht den Ball zurück zum ersten Quarterback.

Coaching-Hinweise: Wenn die Spieler quer über das Feld zurücklaufen, können sie mit der anderen Hand werfen.

Zusammenfassung

1. Unabhängig von seiner Körpergröße, seiner Schnelligkeit und seinem Körperbau muß ein guter Linespieler lernen, einen Abwehrspieler in der 1:1-Situation zu kontrollieren.
2. Die Receiver müssen in der Lage und willens sein, den Ball zu fangen. Sie können diese Fähigkeit verbessern, indem Sie ihnen beibringen, den Ball nur mit den Händen zu greifen.
3. Runningbacks sind typischerweise Ihre technisch versiertesten Spieler. Vergeuden Sie dieses Talent nicht. Bringen Sie Ihnen bei, sich zu konzentrieren, wenn sie den Ball spielen.
4. Der Quarterback ist der den Angriff einleitende Aufbauspieler der Offense. Es muß sich bei ihm um einen selbstbewußten und kompetenten Führer handeln.

9 Das Vermitteln des Laufspiels

Die Leute nennen mich einen „Run-First"-Trainer. Sie haben recht. Und hier ist eine kleine Geschichte, die zusammenfaßt, warum ich das Laufspiel vorziehe.

Vor einigen Jahren wies der Hauptredner bei der Jahresversammlung der *„American Football Coaches Association"* darauf hin, daß „14 der 15 besten Laufteams im Land Siegesbilanzen vorweisen konnten und alle ihre Trainer wiederangestellt wurden." Dies ist nicht überraschend. Aber dann fuhr der Redner fort: „Von den 15 Paßmannschaften hatten nur fünf eine Siegesbilanz zu verzeichnen, und sieben Trainer dieser 15 Mannschaften verloren ihre Jobs."

Wahrscheinlich öffnete diese Rede die Augen einiger Trainer für die Bedeutung des Laufs mit dem Ball, und sei es nur aus Gründen der beruflichen Sicherheit. Ich habe mich aus eigenen Gründen dafür entschieden, das Laufspiel zu favorisieren:

- Die besten Programme in der Geschichte des Footballs basierten auf einer Run-First-Offense: Lombardi in Green Bay, Paterno in Penn State usw.
- Eine lauforientierte Offense verliert seltener den Ball.
- Was die benötigten Blocktechniken anbelangt, läßt sich das gesamte Laufspiel in begrenzter Zeit vermitteln. Dieser Faktor ist besonders wichtig beim *„One-Platoon-High-School-Football"* (d. h. beim Football ohne getrenntes Defense und Offense Team).

- Der Lauf mit dem Football läßt die Uhr weiterlaufen und gibt Ihrer Mannschaft die Kontrolle über das Spiel. Es ist möglich, den Gegner mit diesem Stil auszulaugen.
- Der vielleicht offensichtlichste Grund, warum wir uns für die Run-First-Philosophie entschieden haben, ist, daß wir das Laufspiel kennen und es aus diesem Grund vielleicht besser unterrichten können.

Entwicklung des Laufspiels

Um erfolgreich mit dem Football laufen zu können, müssen Sie einen Plan bzw. ein System haben. Sie müssen von diesem System überzeugt sein, und Sie müssen es in- und auswendig kennen.

Sie können den Spielern nur dann ein System beibringen, wenn Sie selbst es verstehen und an das System glauben. Dann geht es darum, daß Sie die Spieler dazu bringen, an das System zu glauben und sie dazu motivieren, mit dem Ball zu laufen.

Die Organisation dieses Kapitels spiegelt die Gedanken wider, die ein Trainer bei der Entwicklung eines effektiven Laufangriffs verfolgen muß. Beginnen Sie, indem Sie eine Basisformation festlegen. Entscheiden Sie dann, welche Art von Laufspiel die geeigneteste für Ihre Mannschaft ist. Auf der Basis dieser Entscheidung bauen Sie dann ein System auf, einschließlich spezifischer Spielzüge und der Terminologie für diese Spielzüge.

Auswahl einer Laufformation

Ganz einfach gesagt, ist eine Formation die Art und Weise, wie Sie Ihre Line aufstellen. Die Formation umfaßt alle elf Spieler, wobei zumindest sieben auf der Scrimmage Line stehen.

Denken Sie daran, daß Formationen *keine* Offenses sind. Wir als Trainer gewöhnen uns an, unsere Offenses danach zu bezeichnen, wie Sie sich an der Line aufstellen. Wir sprechen von einer Wishbone Offense oder einer Pro Offense, wenn wir in Wirklichkeit nur die Anordnung der Spieler beschreiben.

Sie können eine Vielfalt von Formationen verwenden, um ein und dieselbe Offense zu laufen. Und wie wir alle wissen, werden heute mehr Formationen eingesetzt als je zuvor.

Das Entscheidende ist, Formationen zu wählen, die für Ihre Spieler die meisten Vorteile bieten. Werfen wir einen Blick auf vier klassische Offensivformationen und ihre Stärken und Schwächen.

Wishbone-Formation

Die Wishbone-Formation wurde mit der vielleicht größten Wirkung in den frühen siebziger Jahren von den Mannschaften von Darrell Royal an der University of Texas eingesetzt. Emory Bellard kommt das Verdienst zu, der erste gewesen zu sein, der diese Formation in texanischen High Schools einsetzte.

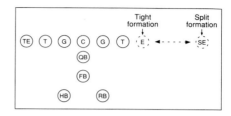

Keine Profimannschaft und nur eine Handvoll Schulen der Division I spielen die Wishbone-Formation. Aber mehrere Schulen der mittleren Division und viele High Schools favorisieren diese Formation.

Die Wishbone-Formation kann ein großer Vorteil für Teams sein, die über schnelle, nicht jedoch notwendigerweise über große Spieler verfügen. Auch die Option-Offense, die typischerweise aus der Wishbone-Formation gelaufen wird, ist relativ sicher – d. h., es kommt kaum zu Ballverlusten. Die Wishbone-Formation ist besonders wirkungsvoll, wenn Ihr Quarterback ein guter Läufer ist.

Der Nachteil der Wishbone-Formation ist, daß sie nicht viele Misdirection-Spielzüge zuläßt (eine Offensivtaktik, bei der die Backfield-Spieler beim Snap in eine bestimmte Richtung laufen, um die Defense in die Irre zu führen oder zu täuschen). Die Gegner tendieren auch dazu, sich gegen diese Offense gestaffelt an der Scrimmage Line zu formieren (Stack), weil sie die begrenzte Anzahl der für Pässe zur Verfügung stehenden Quick Receiver erkennen.

I-Formation

Die I-Formation ist das Ergebnis der Annahme, daß, wenn man seinen besten Runningback tief hinter einen blockierenden Fullback postieren kann, der Fullback in jeden Bereich des Spielfelds „dem Licht entgegen"

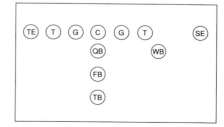

laufen kann – nach rechts, links oder zur Mitte hin. Aus diesem Grund wechselte die Auburn University von der Wishbone-Formation zur I-Formation, als Bo Jackson Senior war. Auburn fand heraus, daß die Mannschaft Bos Lauf einschränken konnte, wenn er sich als Halfback in der Wishbone-Formation aufstellte.

Die I-Formation ist synonym mit den großen Mannschaften der University of Southern California und ihren Tailbacks – Mike Garrett, O. J. Simpson, Anthony Davis, Charles White, Ricky Bell und Marcus Allen. Der Hauptvorteil dieser Formation spiegelt sich in diesen Namen wider; sie betont die Fertigkeiten herausragender Runningbacks.

Die I-Formation erlaubt einer Offense, auch Power Football zu spielen, wobei der Fullback blockt und den Ballträger durch die Lücke führt. Darüber hinaus erlaubt die I-Formation eine vielfältigere Auswahl von Spielzügen als andere Formationen.

Split Back Veer

Es war Bill Yoeman, der diese Formation an der University of Houston während der sechziger und siebziger Jahre entwickelte. Die Split-Back-Veer-Formation hat viele Prinzipien, wie z.B. den Hard Halfback Dive und die Option, mit Bud Wilkinsons Oklahoma-Split-T aus den fünfziger Jahren gemeinsam.

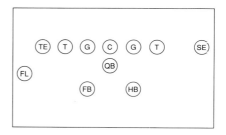

Der Vorteil dieser Formation ist, daß sie aus schnellen Spielern im Backfield den größten Nutzen schlägt. Die Split-Back-Veer-Formation ist ideal für Quick-hitting-Dives. Es ist auch eine gute Formation für das Auseinanderziehen der Defense, was Ihnen das Laufen der Option und vielleicht sogar ein Big Play ermöglicht.

Aber die Split-Back-Veer-Formation hat auch Schwächen. Sie ist für die Misdirection-Taktik nicht gut geeignet, und es gibt bei dieser Aufstellung nur wenig Gelegenheiten für ein Powerspiel.

Wing-T-Formation

Denkt man an die Wing-T-Formation, fallen einem sofort Dave Nelson, Forest Evashevski und die University of Delaware ein. Diese Formation ist im Major College-Football aus der Mode gekommen, aber wie ich später in diesem Kapitel zeigen werde, kann sie so angepaßt werden, daß ihre Stärken betont und ihre Schwächen minimiert werden.

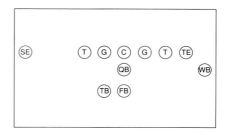

Die Wing-T-Formation wurde genau wie die alte Split-T- und in letzter Zeit die Split-Back-Veer-Formation entwickelt, um Nutzen aus der Mannschaftsschnelligkeit zu ziehen. Zusätzlich hatte die Offense aufgrund der Aufstellung mit drei Runningbacks die Chance, die Schnelligkeit des Dives, die Power des Lead- oder Trap-Blocks und die Täuschung des fehlgerichteten Konterspiels zu nutzen.

Drei Arten von Laufspielzügen

Bevor ich näher auf spezifische Spielzüge aus spezifischen Formationen eingehen werde, möchte ich einige weitere Elemente des Laufspiels hervorheben. Gleichgültig, in welcher Formation Sie sich befinden oder welche Terminologie Sie verwenden, Sie können aus drei Grundarten von Laufspielzügen auswählen:
- Schnelligkeitsspielzüge, wie z.b. der Quick Dive
- Powerspielzüge mit einem Lead-Block durch die Lücke
- Täuschspielzüge wie den Counter oder Reverse.

Wenn Sie über flinke und schnelle Runner und Blocker verfügen, ist es sinnvoll, Laufspielzüge einzusetzen, die ihre Geschwindigkeit maximieren. Einer der grundlegendsten Schnelligkeitsspielzüge ist der Hard Dive des Fullback. Bei diesem Spielzug übernimmt der Quarterback den Ball vom Center, pivotiert schnell und übergibt den Ball an den mit Höchstgeschwindigkeit geradeaus laufenden Fullback. Auch die Offense Line stürmt mit Höchstgeschwindigkeit nach vorne.

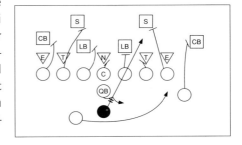

Dive-Spielzug

Der Fullback-Dive ist der Schnelligkeitsspielzug in der Wishbone- und I-Formation. Bei der Veer- oder Wing-T-Formation können jedoch der Fullback oder der Halfback einen Schnelligkeitsspielzug wie den Hard Dive laufen. Der Grund hierfür ist, daß beide Backs in gleicher Distanz von der Line stehen.

Ich habe bereits erwähnt, daß die großen I-Formationsteams der USC Power Football spielten. Der Grund, warum Sie diesen Stil so effektiv spielten, waren nicht ihre herausragenden Tailbacks, sondern ihre All-American-Offense-Linespieler und ihre großen blockierenden Fullbacks.

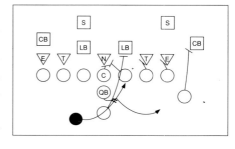

Zum Power Play gehört ein Lead-Blocker-Back oder ein Double-Team-Block am Angriffspunkt. Der Blocker hat die Funktion eines Schneepflugs, der die Bahn für den Ballträger freimacht, so daß dieser ungehindert laufen kann.

Powerspielzug

In diesem Beispiel für einen einfachen Powerspielzug übergibt der Quarterback den Ball dem Halfback, der dem Power-Lead-Block des Fullbacks folgt.

Die dem Schnelligkeitsspiel zugrunde liegende Philosophie lautet: „Die Spieler können nicht tackeln, was sie nicht greifen können". Eine Variation dieses Ansatzes ist: „Die Spieler können nicht tackeln, was sie nicht sehen können."

Der dritte Typ des Laufspiels, der Täuschungsspielzug, basiert auf dieser Prämisse.

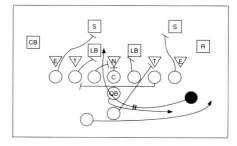

Counterspielzug

Mit diesen Spielzügen versucht man, die Defense zu narren. Viele Täuschungsspielzüge enthalten ein Misdirection-Element: Es wird versucht, die Defense in die Annahme zu versetzen, daß das Spiel in eine Richtung geht, obwohl es jedoch in Wirklichkeit in die entgegengesetzte Richtung geht. Ein Konterspielzug ist vielleicht das häufigste Beispiel eines Misdirection-Spielzugs.

Bei diesem Konterspielzug, dreht sich der Quarterback, und der Spielfluß geht nach rechts. Wenn die Defense sich zum angenommenen Angriffspunkt hin verschiebt, übergibt der Quarterback den Ball dem Halfback, der in die entgegengesetzte Richtung läuft – weg vom Spielfluß.

Key

○	= Offensive player		○⊣◁	=	Offensive player blocking a defensive player
▽	= Defensive lineman		- - - - -	=	Pass
□	= Defensive back				
●	= Offensive player to receive ball		ᏋᏋᏋᏋ	=	Offensive player in motion before the snap
‖	= Quarterback handoff		⋯⋯⋯	=	Pitchout
⟶	= Player movement				

Der Mythos von der „ausgewogenen Offense"

In meinen Augen ist der ausgewogene Angriff ein Mythos. Statistiken mögen belegen, daß Sie mit dem Laufen mit dem Ball und dem Passen des Balls etwa die gleiche Anzahl von Yards zurücklegen, aber die Vermittlung eines wirklich ausgewogenen Offensivangriffs ist so gut wie unmöglich.

Der Grund, warum ich dies sage, ist, daß ich bislang noch keine Offense Line gesehen habe, die das Laufspiel ebensogut und konsequent beherrschte wie das Paßspiel. Um gut für den Lauf zu blocken, müssen die Spieler der Offense Line in der Lage sein, nach vorne zu stürmen und soliden Kontakt mit ihren Gegnern auf der anderen Seite der Scrimmage Line suchen. Umgekehrt müssen Ihre Offense-Linespieler, um einen Paßblock auszuführen, etwas zurückfallen, die Scrimmage Line aufgeben und den Passer beschützen. Die beiden Blocktechniken sind grundsätzlich verschieden.

Wenn Sie also von einer ausgewogenen Offense hören, denken Sie noch einmal nach. Sehen Sie sich an, wie gut die Line das Blockspiel bei Laufspielzügen im Vergleich zu Paßspielzügen beherrscht, und ziehen Sie daraus Ihre Schlußfolgerungen.

Augustana-Wing-T

Nun möchte ich mehr in die Tiefe gehen und die Details einer spezifischen Formation und des Angriffssystems vorstellen, das wir entwickelt haben, um von ihm aus mit dem Ball zu laufen. Es handelt sich um ein einzigartiges System, und wir nennen es „Augustana-Wing-T".

Wir haben unsere Version des Wing-T-Systems auf der Grundlage der Trap- und Misdirection-Prinzipien des Iowa- oder Delaware Wing-T entwickelt und einige der Schnelligkeits- und Option-Prinzipien der zur gleichen Zeit (späte 50er Jahre) an der Ohio State University praktizierten Belly-Serie eingebaut (siehe Abbildung 9.1a).

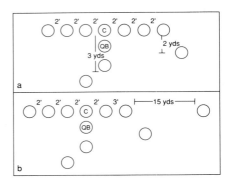

Abbildung 9.1:
Das Augustana-Wing-T-System aus (a) einer engen Aufstellung und (b) einer auseinandergezogenen Aufstellung

Als High School-Trainer hatte ich das Gefühl, daß das Iowa-Wing-T-System von den Offensive Guards zu viele Blockfertigkeiten und von den Backs zuviel Seitbewegung verlangte. Wir wollten uns in Richtung der gegnerischen Goal Line bewegen und nicht von Seitenlinie zu Seitenlinie. Darüber hinaus wollten wir unsere besten Sportler (in der Regel unsere Backs) sowohl als Schlüsselblocker als auch als Runner einsetzen.

Die Augustana-Wing-T-Formation ist flexibel; sie kann auf der Grundlage einer auseinandergezogenen Aufstellung (siehe Abbildung 9.1b), die auch eine effektive Aufstellung ist, um Powerspielzüge zu starten, gelaufen werden. Sie ist allerdings auch für Täuschmanöver geeignet.

Wir laufen aus dem Augustana-Wing-T-System heraus vier Serien von Spielzügen und demonstrieren damit, wie vielseitig diese Formation für jede das Laufspiel betonende Mannschaft ist.

Wing-T-Serie

Die Wing-T-Serie ermöglicht unserer Offense, die Defense mittels des „Sweep" auseinanderzuziehen – um außen am Tackle (off-tackle) vorbeizuziehen wie bei der Single-Wing-Formation und der Misdirection des Konterspiels. (Der „Sweep" ist ein Offensivspielzug, bei dem der Ballträger außen hinter den Blockern um den End herumläuft.)

Die Serie besteht aus drei Hauptspielzügen:

Fullback Dive – Ein schnelligkeitsorientierter Spielzug, bei dem der Quarterback nach hinten pivotiert (Reverse Pivot) und den Ball dem Fullback übergibt (siehe Abbildung 9.2a).

Abbildung 9.2:
Die vier Spielzüge der Wing-T-Serie: (a) Fullback Dive, (b) Tailback off-Tackle, (c) Wingback Counter und (d) Toss Sweep

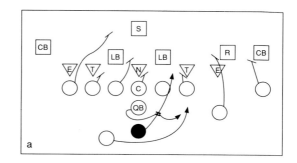

a

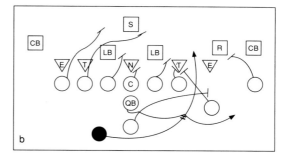

b

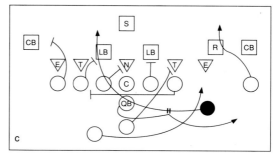

c

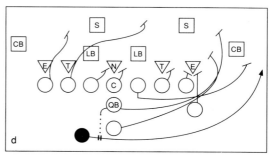

d

Tailback off-Tackle – Hierbei handelt es sich um eine Kombination aus Schnelligkeit und Power. Der Quarterback pivotiert nach hinten. Der Fullback kommt zur Line und bewegt sich dann parallel zu ihr und in Richtung Seitenlinie. Der Quarterback läuft weiter hinter dem Fullback und gibt den Ball dem Tailback off-Tackle (siehe Abbildung 9.2b).

Wingback Counter – Dieser Misdirection-Spielzug wird ebenfalls mit einem Reverse Pivot des Quarterbacks eingeleitet. Der Fullback zieht nach vorne und füllt die Lücke (blockt) für den ziehenden Tackle. Der Tailback läuft off-Tackle wie beim vorherigen Spielzug. Der Wingback, der dem Spielfluß entgegenläuft, aber dem ziehenden Tackle folgt, übernimmt vom Quarterback den innen übergebenen Ball (siehe Abbildung 9.2c).

Unsere Wing-T-Serie enthält auch einen *Toss Sweep* (siehe Abbildung 9.2d). Dies ist kein echter Serienspielzug, aber wir denken, daß dieser Spielzug notwendig ist, um die Defense aus unserer engen Formation heraus auseinanderzuziehen.

Inside-Belly-Serie

Die Inside-Belly-Serie vermittelt unserer Offense die Schnelligkeit und die Power des Fullbacks sowie die Schnelligkeit, Power und Täuschung (erzeugt durch die Fullback-Belly-Täuschung) unseres Halfbacks off-Tackle.

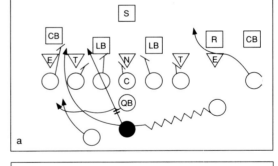

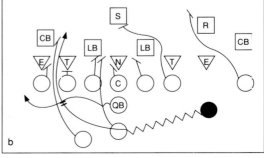

Abbildung 9.3:
Die beiden Basisspielzüge der Inside-Belly-Serie: (a) Fullback Dive und (b) Wingback Option

Die Inside-Belly-Serie besteht aus zwei Basisspielzügen:

Fullback Dive – Die Belly-Serie beginnt mit einem „*Quickhitter*" (Offensivspielzug mit einem Gewinn von nur wenigen Yards, bei dem eine schnelle Ballübergabe vom Quarterback auf den Runningback erfolgt, der in eine für einen kurzen Moment freigeblockte Lücke in der Line taucht). Der Quarterback dreht sich sofort zur Seite des Fullbacks und übergibt ihm den Ball direkt. Der Quarterback läuft weiter die Line herunter, als wenn er den Ball noch hätte, und täuscht eine Übergabe an den Wingback vor (siehe Abbildung 9.3a).

Wingback Option – Dieser Spielzug ist eine Kombination aus Schnelligkeit, Power und Täuschung. Er beginnt, indem der Quarterback sich dreht und den Ball in die Bauchgrube des Fullbacks plaziert, der ein „*Dive Play*" (Spielzug mit Gewinn von wenigen Yards, bei dem der Ballträger mit dem Kopf voran in die Line stürmt) vortäuscht. Der Quarterback zieht den Ball wieder aus der Bauchgrube des Fullbacks heraus und bewegt sich, nachdem der Fullback sich gelöst hat, weiter an der Line entlang. Der Wingback, der bereits vor dem Snap eine maximal schnelle Motion (Lauf parallel zur Line) eingeleitet hat, übernimmt den Ball vom Quarterback off-Tackle (siehe Abbildung 9.3b).

Outside-Belly-Serie

Die Outside-Belly-Serie ist eine Variante der Inside-Belly-Options. Diese Serie ist eine Kombination aus Schnelligkeits-, Power- und Täuschungsspielzügen und stellt somit eine Dreifachoption dar. Die Outside-Belly-Serie erlaubt uns, einen Spielzug zu beginnen und jeden der drei Läufer den Ball tragen zu lassen: den Fullback, den Quarterback oder den Wingback. Es handelt sich also um eine echte Option.

Die Outside-Belly-Serie beinhaltet drei wesentliche Optionen bzw. Alternativen:

Fullback off-Tackle – Der Quarterback dreht sich um 45 Grad, plaziert den Ball in der Bauchgrube des Fullbacks und tritt mit ihm zusammen nach vorne, um die Ballübergabe zu beenden. Der Fullback läuft mit dem Ball hart und geradeaus nach vorne (siehe Abbildung 9.4a). Der Quarterback läuft weiter an der Line entlang und täuscht vor, daß er den Ball noch hat. Der Wingback, der sich bereits vor dem Snap in Bewegung parallel zur Line (Motion) gesetzt hat, bleibt tief, als ob er sich auf einen Paß zur Seite (Pitch) vorbereiten würde.

Quarterback Option – In diesem Fall zieht der Quarterback den Ball aus der Bauchgrube des Fullbacks heraus und läuft weiter an der Line entlang. Er sieht dann, daß der „Corner-Contain-Spieler" der Defense entweder aus dem Spiel geblockt wurde oder weit deckt, um einen möglichen Seitenpaß zum Tailback abzufangen. (Ein „Contain"-Spieler ist dafür verantwortlich, den Ballträger in die Mitte des Feldes, wo sich die Mehrzahl der Abwehrspieler befindet, zu drängen.) Der Quarterback behält den Ball und läuft dem „Licht" entgegen bzw. stößt durch die Line (siehe Abbildung 9.4b).

Wingback Pitch – Ist weder die Fullback-off-Tackle- noch die Quarterback-Option möglich, dann besteht die dritte Alternative darin, daß der Quarterback einen Seitenpaß (Pitch) zum Wingback ausführt (siehe Abbildung 9.4c). Der Wingback muß tief hinten und weit genug außen bleiben und mit Höchsttempo laufen, wenn er den Seitenpaß annimmt.

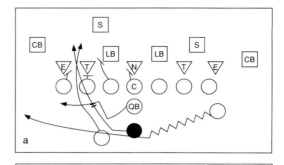
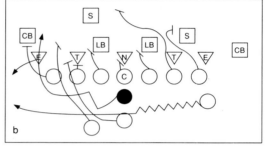
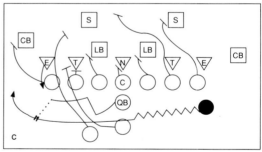

Abbildung 9.4: *Die drei wichtigsten Optionen bei der Outside-Belly-Serie: (a) Fullback-off-Tackle, (b) Quarterback Option und (c) Wingback Pitch*

Trap-Serie

Die Trap-Serie ermöglicht das Ausnutzen einer (auf Lücke stehenden) Defense, bei der Linespieler zwischen den Spielern unserer Offensivfront postiert sind. Diese Serie beinhaltet auch Power und Täuschung. Viele Mannschaften verwenden die Counter-Trap-Option, die in den achtziger Jahren durch die Washington Redskins zu Ruhm gelangte.

Die Trap-Serie enthält zwei Laufspielzüge mit einer Bootleg-Option:

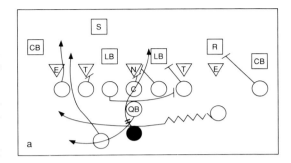

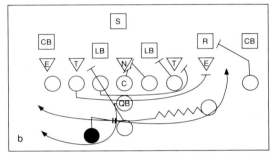

Abbildung 9.5: Die beiden Laufspielzüge der Trap-Serie: (a) Fullback Trap und (b) Counter Trap

Fullback Trap – Die erste Option dieser Serie wird durch eine Drehung des Quarterbacks eingeleitet, der dann jedoch zurücktritt, als ob er sich zurückfallen lassen oder einen Bootleg ausführen würde. Der Fullback läuft direkt an der Hüfte des Quarterbacks vorbei und folgt dem Trap Block zur Mitte hin (siehe Abbildung 9.5a). Der Quarterback führt dann einen *„Bootleg"* aus, d. h. er tut so, als ob er den Ball noch hätte. Achten Sie auf die Rolle des Halfbacks und des Tailbacks.

Counter Trap – Dieses Mal übergibt der Quarterback den Ball nicht dem Fullback. Statt dessen übergibt er ihn dem Halfback und führt dann den Bootleg aus, wobei der Tailback ihm folgt. Der Pulling Guard und der Tackle führen den Halfback in die Gegenrichtung (siehe Abbildung 9.5b).

Jeder Spielzug der Serie ist ein Formationsspielzug (Set Play) mit Blockvarianten zur Kontrolle der Defense. Die Serie oder die Option erlaubt der Offense, aus den verwundbaren Stellen in der Defensivdeckung und -aufstellung Nutzen zu ziehen.

Continuity (Kontinuität)

Ich erinnere mich, ein Buch durchgeblättert zu haben, das vorgab, „die 99 besten Spielzüge des Jahres" zu enthalten. Tatsächlich wurden einige große, innovative Spielzüge gezeigt, die sich alle voneinander unterschieden.

In Wirklichkeit funktioniert es jedoch nicht auf diese Weise. Sie können weder 99 unterschiedliche Spielzüge vermitteln, noch können Sie sie gegen eine Defense einsetzen.

Wie Sie an unseren vier Serien von Laufspielzügen sehen können, glauben wir, daß es wichtig ist, in jedem Angriff Schnelligkeits-, Power- und Täuschungsoptionen verfügbar zu haben. Wir glauben auch, daß die *„Continuity"* (Kontinuität), die durch unsere Vier-Serien-Methode erreicht wird,

- leichter zu vermitteln ist, was besonders hilfreich für unerfahrene Spieler ist;
- eine präzise Ausführung fördert, weil die Spieler die gleichen Dinge wiederholt tun;
- die Arten von Blocks, die von den Linespielern gefordert werden, einschränkt, wodurch sich ihre Fähigkeit steigert, die von uns wirklich benötigen Blocks zu setzen, und
- die Defense im unklaren läßt, weil die Formationen und Spielzüge alle gleich aussehen.

Dies ist eine kurze und allgemeine Erklärung der offensiven Continuity. Werfen wir jetzt einen Blick auf eine spezifische Anwendung dieses Konzepts am Beispiel eines unserer Playoff-Spiele aus dem Jahr 1985.

Continuity in Aktion

In der ersten Serie von Downs schafften wir es nicht, bei zwei Laufspielzügen und einem *„Swing-Paß"* (ein nach vorne zu einem im Kreis aus dem Backfield laufenden Runningback gespielter Paß), ein First Down zu erzielen. Bei unserem zweiten Ballbesitz starteten wir an der 20-Yards-Linie mit 80 Yards und einer harten Defense zwischen unserer Offense und der Endzone. Der scharfe Wind, der uns ins Gesicht blies, bewirkte, daß uns die Goal Line noch weiter weg schien.

Wir setzten unsere Wing-T-Serie fort, wobei wir unseren All-American Halfback, Brad Price, beim First und Second Down außen am Tackle vorbeilaufen ließen. Brads beide Läufe erbrachten zusammen nur wenige Yards, und bei beiden Läufen stellten wir fest, daß die Innen-Linebacker sich auf ihn konzentrierten (siehe Abbildung 9.6).

Abbildung 9.6:
Ein Off-Tackle Power Play

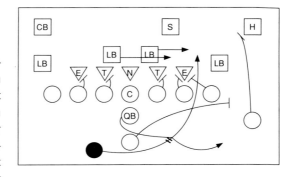

Beim dritten Down und sieben noch zu gehenden Yards bis zum erneuten First Down liefen wir also einen Konterspielzug, der unserer Off-Tackle-Option in der Serie sehr ähnlich sieht, mit der Ausnahme, daß unser Wingback den Ball übernimmt, indem er dem Bewegungsfluß der anderen Offense Backs entgegengerichtet läuft (siehe Abbildung 9.7). Da die Innen-Linebacker sich auf Price konzentrierten, schaffte unser Wingback viele Yards und ein First Down.

Abbildung 9.7:
Ein Konterspielzug

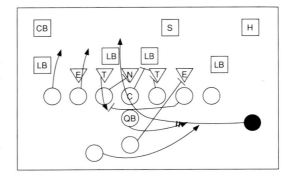

Nach diesem Konterspielzug folgten die Linebacker nicht mehr ganz so schnell den Bewegungen unseres Fullbacks und Halfbacks. Konsequenterweise begannen wir, die Yards förmlich herunterzuspulen, wobei wir versuchten, nie gegen den Wind zu passen. Wir beendeten diesen Drive mit einem Touchdown, nachdem wir fast während eines gesamten Spielviertels in Ballbesitz gewesen waren.

Coaching-Tips für das Laufspiel

Die Leute fragen die Trainer der Mannschaften, die erfolgreich mit dem Football laufen, immer, was ihr Geheimnis ist. Wir haben keine Geheimnisse. Alles, was wir tun, wurde in diesem Kapitel beschrieben.

Im folgenden finden Sie sechs Vorschläge, die Ihnen helfen werden, die Leistung zu erreichen, die Sie von Ihrem Laufspiel erwarten:

1. Vorschlag

Gestalten Sie Ihr System breit genug, um aus dem, was die Defense Ihnen erlaubt, Nutzen zu ziehen. Wenn Sie z.B. sehen, daß die Linebacker sehr schnell in eine Richtung „fließen", sollte der Konterspielzug oder der Konter-Trap-Block in Ihrem Arsenal enthalten sein.

2. Vorschlag

Machen Sie sich mit den Aufgaben jeder Position vertraut – Laufen, Blocken, Täuschen – und stellen Sie Ihre Spieler auf die Positionen, die ihre Talente optimieren.

3. Vorschlag

Dieser Vorschlag hängt mit dem 2. Vorschlag zusammen. Analysieren Sie Ihre Runner. Holen Sie das Optimum aus ihrem Können heraus, indem Sie sie bei jedem Spielzug auf die beste Position in der besten Formation stellen. Wenn Sie einen sehr schnellen Back haben, sollten Sie ihn so aufstellen, daß er den Ball bei Spielzügen erhält, die darauf angelegt sind, der Defense davonzulaufen.

4. Vorschlag

Sie müssen sich entscheiden, ob Sie wenige Dinge sehr gut oder viele Dinge nicht so gut tun. Halten Sie Ihre Spielzüge so einfach, daß Sie die Konzentration Ihrer Spieler nicht überfordern.

5. Vorschlag

Entwickeln Sie ein System, das Ihnen erlaubt, es während des Spiels umzustellen und das Ihre Spieler nicht verwirrt. Die vier von uns eingesetzten Serien sind ähnlich genug, so daß die Spieler die von uns verlangten Veränderungen leicht vornehmen können.

6. Vorschlag

Sie spielen so, wie Sie trainieren. Um eine Lauf-Offense anwenden zu können, müssen Sie die von Ihnen beabsichtigten Spielzüge immer wieder üben. Einige Spielzüge erfordern, daß Sie sie mit hohem Tempo und echtem Kontakt üben.

Zusammenfassung

Die wichtigsten Punkte, die in diesem Kapitel zum Laufspiel diskutiert wurden, sind:
1. Eine Formation ist keine Offense. Laufformationen positionieren Ihre Offense einfach so, daß Sie Spielzüge gegen die Defense am besten ausführen können.
2. Laufspielzüge können so gestaltet sein, daß sie Schnelligkeit, Power oder Täuschung betonen, aber nur wenige Spielzüge betonen alle drei Komponenten.
3. Die von Ihnen gewählte Laufformation sollte die beste Aufstellung für die Art von Spielzug sein, die Sie im Kopf haben.
4. Welches System auch immer Sie für den Lauf mit dem Football auswählen, Sie sollten sicher sein, daß Sie es durch und durch kennen und es Ihren Spielern vermitteln können.
5. Wenn Ihre Lauf-Offense sich durch Continuity auszeichnet, hat es die gegnerische Defense wesentlich schwerer gegen Sie. Continuity erlaubt Ihnen, aus dem, was die Defense Ihnen überläßt, Nutzen zu ziehen.

10   Das Vermitteln des Paßspiels

Weil wir eine das Laufspiel favorisierende Footballmannschaft sind, ziehen einige den voreiligen Schluß, daß wir eine Footballmannschaft sind, die nicht paßt. Dies ist nicht wahr. Im Gegenteil, in meinem ersten Jahr am Augustana-College, als unsere Spieler noch eher für das Paßspiel geeignet waren, waren wir die beste Paßmannschaft unserer Conference.

Einige sagen: „Wenn Sie das Laufspiel von Augie stoppen, dann haben Sie sie im Griff." Diese Leute scheinen zu vergessen, daß Eric Welgat, der ein guter Receiver bei uns war, einen Playoff-Rekord mit der höchsten Zahl von Receiving Yards in einem einzigen Spiel der Division III der NCAA aufstellte. Wie alle anderen Mannschaften sind auch wir auf ein gutes Paßspiel angewiesen.

Wir betonen das Laufspiel aus all den in Kapitel 9 angeführten Gründen. Aber wir wissen, daß das Paßspiel als Ergänzung unseres Laufspiels wichtig ist und um die Stärken unserer Spieler zu betonen.

Entwicklung des Paßspiels

Eine gute offensive Footballmannschaft muß über die *Fähigkeit* verfügen, zu laufen *und* zu passen. Das heißt nicht, daß eine gute Offensivmannschaft gleich häufig laufen und passen muß.

Sie brauchen das Paßspiel, um dem Gegner mit dem Big Play zu drohen, um die langen First Downs zu erzielen und um den Ball am Ende der Halbzeit oder des Spiels schnell zu bewegen. Wenn Sie hinsichtlich des Paßspiels eine Bedrohung darstellen, kann die Defense sich nicht in gestaffelter (Stack-) Formation an der Scrimmage Line aufstellen. Und indem Sie die Defense auseinanderziehen, eröffnen Sie das Laufspiel.

> **Eine einfache Lösung**
> In unserem NCAA-Viertelfinalspiel des Jahres 1984 standen wir einer Mannschaft aus Dayton gegenüber, von der jeder annahm, daß sie unser größtes Hindernis auf dem Weg zu einem erneuten nationalen Meistertitel sein könnte. Wie gewöhnlich hatten wir während der regulären Saison, in der wir ohne Niederlage geblieben waren, das Laufspiel betont.
> Unser Paßspiel war nicht sehr ausgeklügelt. So rief ich z. B. unseren Sophomore-Quarterback (Kirk Bednar) und unseren besten Receiver (Norm Singbush) während des Spiels zur Seitenlinie und fragte den Receiver, ob er während der meisten Laufrouten frei sei. Da er dies bejahte, instruierte ich unseren Quarterback, sich zurückfallen zu lassen und ihm den Ball zuzuwerfen. Der Quarterback tat, wie ihm aufgetragen und warf dem Receiver 12 *„Completions"* (erfolgreiche Pässe) zu. Wir gewannen das Spiel 14:13. In diesem Fall, d.h. mit einem jungen Quarterback und einem hervorragenden Receiver, ist der einfache Weg die bessere Lösung.

Ein gutes Laufspiel verbessert auch das Paßspiel. Viele lauforientierte Offenses verwenden kurze Pässe und Pässe, die ein schnelles Zurückfallen des Quarterbacks um drei Schritte verlangen und nur wenig Änderungen der Blockstrategie erfordern. Und wenn Sie gut genug mit dem Ball laufen, sind *„Play-Action-Pässe"* in der Regel effektiv, weil die Defense das Täuschungsmanöver respektieren muß. (Play-Action ist ein Paßversuch, der als Täuschung zu einem Runningback in der Line erfolgt, wobei der Linespieler einen Rush-Block simuliert.)

Drei Arten von Paßspielzügen

Da wir eine primär lauforientierte Mannschaft sind, haben wir uns zu einer selektiven Paßmannschaft entwickelt. Wir versuchen, alle drei Typen von Paßspielzügen einzubeziehen, um unser Laufspiel zu ergänzen.

Getimte Pässe

Der getimte Paß enthält zwei Elemente. Erstens läßt sich der Quarterback in gerader Richtung drei, fünf oder sieben Schritte von der Scrimmage Line zurückfallen. Zweitens synchronisieren der Quarterback und die Receiver den letzten Schritt des Zurückfallens mit dem Durchbruch des Receivers und seiner Suche des Balls.

Der Quarterback wirft den Ball zu einer Stelle, an der der Receiver sein *wird*, nicht zu einer Stelle, an der er im Moment des Ballabwurfs *ist*. Bei längeren Paßrouten braucht der Quarterback eine tiefere Tasche (abgeschirmter Raum für den Quaterback) und muß den Receiver mehr mit dem Ball führen.

Abbildung 10.1 stellt einen typischen, getimten Paßspielzug dar. Für getimte Pässe werden normalerweise die drei dargestellten Routen – die Drag-, Flag- und Square-Cut-Paßroute – eingesetzt.

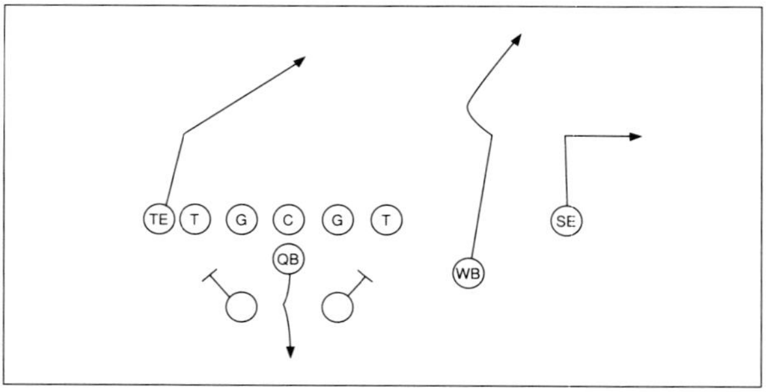

Abbildung 10.1: Ein typischer, getimter Paßspielzug

Große Quarterbacks mit starken Armen können diese Spielzüge am besten ausführen. Sie haben die Körperhöhe, um über die Köpfe der Defense hinwegzusehen, und können dem Ball den nötigen Schwung geben, um erfolgreiche Pässe zu werfen, bevor die Defense reagiert.

Sprint-out- und Bootleg-Pässe

Im Zeitalter des beweglichen Quarterbacks favorisieren viele Trainer den Sprint-out- oder Bootleg-Spielzug. Diese Spielzüge bieten eine bewegliche Tasche (Pocket; Schutzwall um den Quarterback), ein großer Vorteil für kleinere, schnellere Quarterbacks. Und weil die Tasche sich bewegt, fällt es der Defense schwerer, den Quarterback zu tackeln und zu Boden zu bringen.

Obwohl normalerweise effektiv, besitzt der Sprint-out-Paß auch Nachteile: Der Quarterback muß stets daran denken, sich beim Wurf frontal zum Ziel des Passes (Receiver oder eine bestimmte Stelle) zu stellen; schlechte Wurfgewohnheiten können sich aus Würfen in der Bewegung entwickeln, und nur wenige Quarterbacks werfen gut, wenn sie in die ihrem Wurfarm entgegengesetzte Richtung werfen.

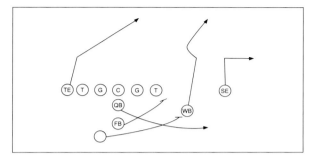

Abbildung 10.2: Der Sprint-out- oder Bootleg-Paß

Ferner erlauben Sprint-out- und Bootleg-Pässe der Defense nur, das Spielfeld halb zu decken. Es ist nahezu unmöglich, den Ball aus einem Sprint in die entgegengesetzte Richtung die ganze Strecke zurück quer über das Feld zu werfen. Achten Sie darauf, daß in Abbildung 10.2 alle potentiellen Receiver rechts vom Center stehen, wenn der Quarterback die Wurfposition erreicht.

Play-Action-Pässe

Gute Laufmannschaften werfen oft gerne nach Vortäuschen eines erfolgreichen Laufspielzuges. Der Grund ist offensichtlich: Die Defense muß den Laufspielzug respektieren und mitziehen, wodurch es wahrscheinlicher wird, daß die Offense einen Receiver freibekommt. Darüber hinaus fixiert der Laufspielzug die Defense Line, wodurch der Quarterback mehr Zeit zum Wurf erhält.

Das Beispiel (siehe Abbildung 10.3) zeigt den Quarterback beim Reverse Pivot und Antäuschen der Ballübergabe an

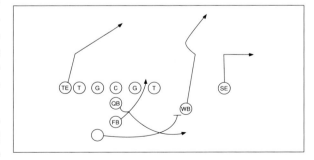

Abbildung 10.3: Ein Play-Action-Paß: Der Quarterback führt einen Reverse Pivot aus und täuscht die Ballübergabe an den Fullback vor.

den Fullback. Nach dem Täuschungsmanöver macht der Quarterback ein paar Schritte mehr, stellt sich auf und wirft. Wenn die Defense Backs nach vorne rücken, um das, was sie für ein Laufspiel halten, zu stoppen, wird der Receiver freistehen.

Paßbaum

Alle drei Typen der Paßspielzüge beinhalten Routen, die von einem „Paßbaum" ausgehen – die grundlegenden Paßrouten, die die Receiver innerhalb einer Offense laufen. Diese fünf Routen sind in Abbildung 10.4 dargestellt.

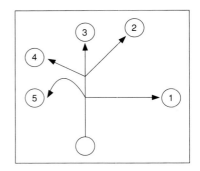

Abbildung 10.4:
Die fünf Routen des Paßbaums

1. *Square-out-Route:* Der Receiver sprintet von der Line weg, bremst scharf und läuft nach fünf, sieben oder zehn Yards im 90-Grad-Winkel zur Seitenlinie.
2. *Flag-Route:* Der Receiver sprintet von der Line weg, täuscht nach innen an und läuft auf einer 45-Grad-Route zur Seitenlinie.
3. *Take-off-Route:* Der Receiver sprintet zur Goal Line und blickt über die Innenschulter.
4. *Post-Route:* Das Gegenteil der Flag-Route. Der Receiver läuft im 45-Grad-Winkel zum Torpfosten oder zum Zentrum des Feldes.
5. *Curl-Route:* Der Receiver sprintet von der Scrimmage Line weg und läuft nach acht, zehn oder zwölf Yards im Bogen zu einer freien Zone auf dem Feld.

Die Receiver laufen natürlich viel mehr Paßrouten als im Paßbaum dargestellt. Was ist also der Sinn des Paßbaums? Warum soll man ihn den Spielern beibringen?

Der beste Grund ist, daß er ihnen genug unterschiedliche Paßrouten gibt, um die Defense zu verwirren bzw. im unklaren zu lassen. Gleichzeitig jedoch ist die Zahl der Paßrouten so begrenzt, das sie selbst für unerfahrene Spieler erlernbar sind.

Der Paßbaum strukturiert darüber hinaus eine Paß-Offense. Statt quer durcheinander über das Feld zu laufen, laufen die Spieler auf geregelten Routen. Dies hilft dem Quarterback, die Bewegungen der Receiver zu antizipieren und den Ball genau zu plazieren.

Schließlich kann die Offense die Defense durch die Koordination der Baumrouten auseinanderziehen.

Ein „Safety" (am weitesten hinten stehender Spieler der Defense Line) kann keine zwei Receiver decken, weil die Receiver auf dem Feld nicht dicht zusammenstehen. Wenn Sie einen herausragenden Receiver haben, muß die Defense entscheiden, ob sie ihn mit zwei Spielern blocken soll, den Raum decken soll, oder ob sie darauf hoffen soll, daß ein einziger Spieler ihn halten kann. Wenn die Defense sich entscheidet, 1:1 zu spielen, hat die Offense schon so gut wie gepunktet.

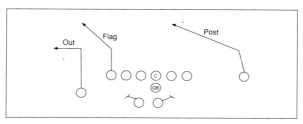

Abbildung 10.5: Timing-Routen aus der Pro-Formation

Wenn die Receiver einmal den Paßbaum erlernt haben, können sie diese Routen in jede beliebige Angriffsformation oder in ein Offensivsystem integrieren. So können die Receiver z.B. in einer paßorientierten Offense aus der Pro-Formation die in Abbildung 10.5 gezeigten Timing-Routen laufen.

Wir benutzen den Paßbaum bei Play-Action-Pässen, um den Receivern ihre Routen beizubringen. Aber ein Play-Action-Paß ist wie ein zugeordneter Spielzug: Die Routen sind konstant und arrangiert, um Nutzen aus einem überängstlichen „Secondary" (Rückraumspieler der Defense) zu ziehen. Die Lauftäuschung ist für diesen Spielzug entscheidender als die exakten Paßrouten der Receiver.

Auswahl einer Paßformation

Eine Paß-Offense beginnt wie eine Lauf-Offense mit einer Formation. Die von Ihnen ausgewählte Paßformation sollte die Fähigkeit Ihrer Spieler maximieren und sich die Schwächen der Defense zunutze machen.

Paßformationen versuchen normalerweise, einen oder mehrere Receiver von defensiver Hilfe abzuschneiden und zu isolieren und es der Defense zu erschweren, Receiver an der Scrimmage Line aufzuhalten. Aus diesem Grunde unterscheiden sich die im folgenden gezeigten Formationen sehr von den Laufformationen in Kapitel 9.

Pro-Aufstellung

Jahrelang favorisierten Mannschaften, die sich dem Paßspiel verschrieben hatten, die Pro-Aufstellung als ihre Basisformation. Diese Formation ermöglicht zwei Wide Outs – einen Split End und einen Flanker. Die Pro-Aufstellung setzt auch einen Tight End ein, einen starken Spieler, der entweder für den Lauf blocken oder kurze Pässe fangen und dann mit dem Ball, sofern er ihn einholt, laufen kann. Diese Formation zielt darauf ab, den besten Nutzen aus den beiden Runningbacks zu ziehen, die insofern eine Bedrohung darstellen, als sie laufen können oder kurze „Flare-Pässe" (kurze Pässe zu einem Back, der sich im Backfield zur Seitenlinie hin bewegt) in den „Flats" (Bereiche auf beiden Seiten der Formation) abfangen können.

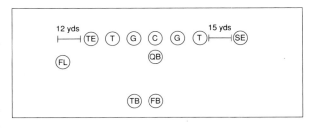

Der klassische Quarterback dieses Formationstyps, wie Joe Namath oder Dan Marino, läßt sich gerne geradeaus zurückfallen und wirft tief in die gegnerische Spielfeldhälfte. Die Shotgun-Formation erreicht die gleiche Paßposition, ohne das Zurückfallen des Quarterbacks zu erfordern (siehe Abbildung 10.6).

Die Shotgun-Formation ist etwas riskanter, weil sie einen Center Snap über fünf Yards erfordert, aber sie ermöglicht dem Quarterback einen besseren und längeren Blick auf den defensiven „Pass Rush" (schneller Angriff der Defense auf den Quarterback) und die defensive Deckung als die Pro-Aufstellung. Die Shotgun-Formation bietet weniger Laufoptionen.

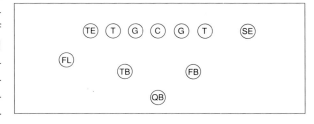

Abbildung 10.6: *Die Shotgun-Formation*

One-Back-Formation

Ein gutes Beispiel für eine Formation, die mit einer Offense verwechselt wird, ist die One-Back-Formation und die Run-and-Shoot-Offense. Viele

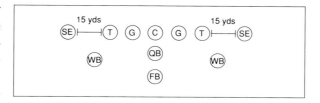

Mannschaften setzen die Aufstellung mit einem Back für verschiedene offensive Zwecke ein. Umgekehrt wird die Run-and-Shoot-Offense (die ursprünglich in den sechziger Jahren von Tiger Ellison entwickelt wurde) gelaufen, um die Defense auseinanderzuziehen. Es war kein Zufall, daß die Detroit Lions, als sie die Run-and-Shoot-Offense unter dem Offensivkoordinator June Jones praktizierten, diese Offense „Silver Stretch" nannten.

Wenn Sie eine Offense aus einer Single-Back-Formation laufen, brauchen Sie einen herausragenden Runningback und eine Truppe exzellenter Receiver. Auch eine hervorragende Pass-Blocking-Line ist sehr hilfreich. Die Washington Redskins hatten während der 80er und frühen 90er Jahre alle drei Komponenten, mit Riggins als H-Back; Art Monk, Gary Clark und Ricky Sanders als Receiver; und den „Hogs" als Front Line.

Weil die One-Back-Formation mehr Spieler an der Scrimmage Line verteilt, ist die Defense gezwungen, sich horizontal von einer Seitenlinie zur anderen auszudehnen. Und weil die Offense eine größere Bedrohung in der Tiefe darstellt, muß die Defense sich auch vertikal ausdehnen – von der Scrimmage Line in Richtung Goal Line. Wenn Sie nicht gerade einen sensationellen Runningback haben, wie Barry Sanders, ist es nicht wahrscheinlich, daß Sie den Ball effektiv aus der One-Back-Aufstellung heraus laufen können: Sie haben einen Blocking Back weniger und einen Blocker weniger in der Front Line (Tight End). Aus diesem Grund ist die Run-and-Shoot-Formation als eine Pass-Offense bekannt.

Basisformation

Wenn Ihr Paßspiel Play-Action-Pässe betont, stellen Sie sich normalerweise in der Laufformation auf.

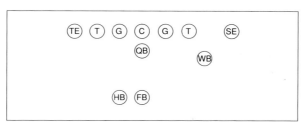

Denken Sie daran, daß Play-Action-Pässe nur funktionieren, wenn Sie die Defense glauben machen, daß Sie mit dem Ball laufen wollen. Positionieren Sie also die Line und das Backfield vor einem Play-Action-Paß genauso wie vor einem Lauf.

Es funktioniert auch andersherum. Wenn Sie in Ihrer Basisformation eine Paßbedrohung darstellen, ist die die Defense schlecht beraten, Ihnen das Paßspiel aufzuzwingen.

Paßspiel am Augustana-College

Einige könnten diese Kapitelüberschrift für einen Witz halten, weil es sich um ein Oxymoron (Zusammenstellung zweier sich ausschließender Begriffe) handelt. Aber wir werfen den Football wirklich, und wir verwenden bei unserem Paßspiel nicht nur unsere Basisformation.

Da wir normalerweise effektiv mit dem Football laufen, versuchen wir dies bei den meisten Paßspielzügen zu unserem Vorteil einzusetzen. Viele unserer Gegner konzentrieren ihre Defensivstrategie auf das Stoppen des Laufs. Sie stellen sich an der Line gestaffelt auf (Stacking), vor allem in der Mitte, und bringen ihre Defense Backs näher an die Scrimmage Line heran. Dies hält uns nicht vom Laufen ab, bietet aber gute Paßgelegenheiten. Wir hatten den größten Erfolg mit dem Paßspiel, wenn wir eines unserer besseren Laufspiele vortäuschten und unsere Receiver ihren Verteidigern, die übermäßig auf das Laufspiel eingestellt waren, einen Schritt voraus waren. Die meisten unserer Pässe sind also Play-Action-Pässe und werden aus unserer Basisformation – der Augustana-Wing-T-Formation - heraus geworfen.

Im folgenden finden Sie Beispiele für unsere Paßspiele. Achten Sie darauf, daß unsere Receiver bei jedem Spielzug auf vorgeschriebenen Routen laufen. Achten Sie des weiteren darauf, daß unser Quarterback in Abhängigkeit von den Erfordernissen eines spezifischen Paßspielzugs zurückfällt, herausprintet, einen Bootleg ausführt oder ein Laufspiel antäuscht.

> **Numerierungssystem für Receiver**
>
> Am Augustana-College numerieren wir unsere Receiver wie folgt:
> 1 = Split End (oder der End auf der Seite des Wingbacks)
> 2 = Tailback
> 3 = Fullback
> 4 = Wingback (oder Flanker in der Pro-Aufstellung)
> 9 = Tight End

Paßspielzug 1
Pro-Left-Formation – 491 Sprint Out – Take-off – Flat Drag

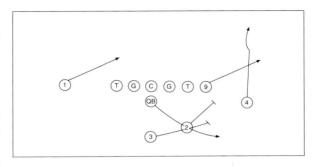

Aus der Pro-Aufstellung lassen wir den Quarterback nach rechts sprinten und überschwemmen diese Seite des Feldes mit Receivern. Der Split End zieht quer über das Feld, der Wingback läuft eine Take-off-Route, und der Tight End läuft eine Flat-Route zur Seitenlinie. Dieser Spielzug ist besonders effektiv, wenn das „*Flat*" (der Bereich des Feldes zu beiden Seiten der Formation) aufgrund der Position des „*Strong Safety*" (letzter Abwehrspieler auf der Seite mit den meisten Spielern) frei ist.

Paßspielzug 2
Flex-Right-Formation – 149 Dropback

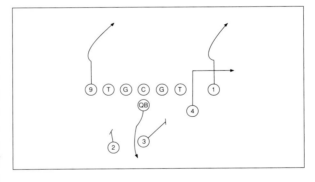

Wir starten diesen Spielzug aus der Flex-Formation mit dem Split End auf der Seite des Wings. Der Quarterback läßt sich schnell drei bis fünf Schritte geradeaus zurückfallen und blickt nach rechts, wo entweder der Split End eine Flag-Route läuft oder der Wingback eine Out-Route. Wenn die Defense beide Receiver deckt, checkt der Quarterback die Mitte des Feldes, ob der Tight Ends seine Post-Route läuft. Dieser Spielzug versucht, eine 1:1-Deckung des Tight Ends über die Mitte zu erzwingen.

Wing-T-Serien
Der Erfolg von Play-Action-Pässen hängt von der Stärke Ihres Laufspiels ab und davon, wie Ihre Offense die von Ihnen ausgewählten Spielzüge ausführt. Wenn Sie z.B. mit schnellen, direkten Innen-Laufspielzügen wenig Yards gewinnen, werden die Defense Backs des Gegners sich weniger verantwortlich für das Stoppen des

Laufs fühlen (ihre Mannschaftskameraden in der Front Line stoppen diese Laufspielzüge ohne Hilfe). Die Backs werden weniger wahrscheinlich anbeißen, wenn der Quarterback eine Ballübergabe vortäuscht. Und wenn der Quarterback schlecht täuscht, ist es eher unwahrscheinlich, daß die Defense Backs sich aus guten Paßdeckungspositionen herauslocken lassen, selbst wenn Ihre Offense effektiv mit dem Ball gelaufen ist.

Wir laufen die nächsten vier Play-Action-Pässe, einschließlich des getäuschten Fullback-Dive-Spielzugs, aus unserer Wing-T-Formation. Dies sind einige unserer erfolgreichsten Laufspielzüge, mit denen wir oft die zweite Verteidigungslinie („*Defense Secondary*") überwinden. Die Spieler dieser Line sind zu sehr darauf aus, das Laufspiel zu stoppen; sie nehmen die Täuschung des Quarterbacks an und kommen zu schnell nach vorne, um das zu ersticken, was sie für ein Laufspiel halten, oder positionieren zu viele Spieler an der Line, mit der Konsequenz, daß ihre (tiefe) Deckung ungenügend ist.

Paßspielzug 3
Angetäuschter Fullback-Dive-Paß

Der Quarterback hält nach einem wirkungsvoll angetäuschten Paß zum Fullback nach einem freistehenden Receiver auf der rechten Seite des

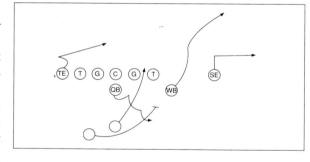

Feldes Ausschau. Wenn das Täuschungsmanöver dazu führt, daß der Strong Safety sich nähert, kann es sein, daß der Wingback sich auf einer Flag-Laufroute anbietet. Dies ist ein effektiver Spielzug, wenn Sie stark durch die Mitte laufen und wenn die Defense Backs versuchen, Ihnen das Paßspiel aufzuzwingen.

Paßspielzug 4
Paß aus der Inside-Belly-Serie

Dies ist ein schneller, direkter Play-Action-Paß aus unserer Inside-Belly-Serie. Nach

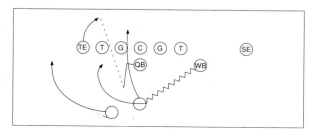

Antäuschen der Ballübergabe an den Fullback bremst der Quarterback sofort ab und wirft zum Tight End, der eine „Look"-Route läuft, d.h., er sucht nach dem Ball, nachdem er sich von der Scrimmage Line gelöst hat. Für den Erfolg dieses Spielzugs ist es entscheidend, daß der Quarterback vermeidet, daß der flach geworfene Ball zu Boden geschlagen wird. Auch kann der Tight End an der Scrimmage Line nicht festgehalten werden. Dieser Spielzug ist effektiv, wenn die Linebacker schnell reagieren, um den Fullback zu stoppen. Der Tight End sollte auf der Nahtstelle zwischen Linebacker und Safetyman freistehen.

Paßspielzug 5
Outside-Belly-Paß

Damit dieser Spielzug funktioniert, bedarf es einer Outside-Belly-Option-Bedrohung. Wenn der Cornerback zu hart kommt, um den Pitchman (Wingback) zu tackeln, bie-

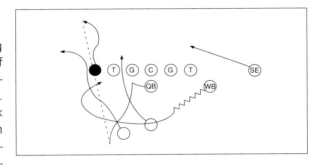

tet sich dem Quarterback ein freier Tight End an, dem er den Ball über 10 bis 15 Yards in Richtung der gegnerischen Goal Line zuwerfen kann. Wenn der Cornerback beim Tight End bleibt, sollte der Halfback frei im Flat stehen. Offensichtlich funktioniert dieser Spielzug am besten, wenn Sie den Ball gut mit der Outside-Belly-Serie laufen.

Paßspielzug 6
Trap-Bootleg

Dieser Spielzug beginnt, indem der Quarterback den Fullback-Trap vortäuscht und die Defense dazu bringt, mit der Backfield-Action zu fliessen. Nach dem Täuschungsmanöver führt der Quarterback

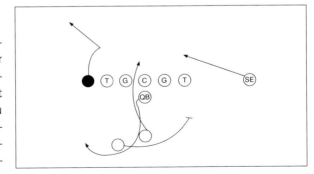

einen dem Spielfluß entgegengesetzten Bootleg aus und sucht den Tight End, der eine kurze Flag-Route läuft. Der Trap-Bootleg ist besonders effektiv gegen Defense Secondaries, die ihre Deckungszonen schnell rotieren.

Coaching-Tips für das Paßspiel

Wie das Laufspiel hat sich auch das Paßspiel bis zu einem gewissen Grad zum Option-Football entwickelt: Nehmen Sie sich, was die Defense erlaubt. Wenn die Defense tief steht, passen Sie kurz. Steht die Defense dicht und aggressiv, versuchen Sie den Home Run. Bei der Paßoffensive ist es auch wichtig, daß die Spieler ihre Kräfte klug einsetzen. Wenn Sie einen Split End einsetzen, sollten Sie versuchen, jemanden zu finden, der gut genug ist, um der Defense Respekt einzuflößen – was sich z.B. in einer doppelten Deckung niederschlagen könnte.

Ein weiterer Aspekt des Laufspiels, der auch auf das Paßspiel zutrifft, ist, daß Sie immer weiter üben müssen. Sie müssen den Paß auch *unter Druck* üben. Sie sollten Ihren Quarterback und die Receiver nicht nur Fangen üben lassen, wenn Sie Ihr Paßspiel verbessern wollen. Sie müssen auch ihr Timing beim Lauf mit voller Geschwindigkeit gegen eine Defense verbessern. Action-Pässe sind eingeprägte Paßrouten, um eine Defense zu übervorteilen. Die Receiver müssen ihre Routen kennen, wenn der Spielzug angesagt wird.

Zusammenfassung

Das Paßspiel kann für jede Offense sehr von Vorteil sein. Im folgenden finden Sie die Punkte, die Sie bei Ihrem Paßangriff berücksichtigen sollten:
1. Sie können nur eine gute Offensivmannschaft sein, wenn Sie imstande sind, den Football effektiv zu passen.
2. Verwenden Sie Paßformationen, um die Stärken Ihrer Spieler und Ihr Offensivsystem zu betonen.
3. Wenn Sie sich entscheiden, als Mannschaft den Schwerpunkt auf das Paßspiel zu legen, sollten Sie das Paßspiel studieren, üben und es so gut vermitteln, daß Sie Ihr Paßspiel mit dem Laufspiel in ein ausgewogenes Verhältnis bringen können.
4. Das Passen des Footballs ist nicht leichter, als mit dem Ball zu laufen. Legen Sie also den Schwerpunkt auf ein intensives Üben mit hohem Tempo. Diese Methode hilft, den Erfolg der Pass-Offense zu sichern.

TEIL IV
ABWEHRTRAINING

11 Grundlegende Defensivpositionen und -aufstellungen

Meisterschaften werden mit einer großen Defense gewonnen.
Es stimmt zwar, daß die Offense am meisten glänzt; aber Glanz hindert einen Gegner nicht daran, im vierten Viertel zur Goal Line durchzubrechen.

Unsere Spieler äußern oft den Slogan: „Die Offense ist die Show, aber die Defense ist der Schlüssel." Noch einfacher sagen sie: „'O' ist die Show, und 'D' ist der Schlüssel." Unsere Trainer sind von der Richtigkeit dieser Redensart überzeugt. Noch wichtiger ist jedoch, daß unsere Spieler an ihre Richtigkeit glauben.

Da jeder in unserem Programm die Defense wertschätzt, kämpfen unsere Spieler hart um jede Defensivposition. Dadurch verbessert sich das Leistungsniveau aller Abwehrspieler – der Starter wie auch der Nichtstarter.

Ungerade und gerade Defense

Im Unterschied zur Offense ist es bei der Defense nicht erforderlich, daß eine Minimalzahl von Spielern an der Scrimmage Line steht. Sie können daher für eine Defense fast jede beliebige Aufstellungsform wählen.

Im Grunde gibt es zwei Formen von Defensivaufstellungen, die sich dadurch unterscheiden, daß dem offensiven Center ein Linespieler direkt gegenübersteht oder nicht. Eine Defense, die den Center deckt, wird eine „odd" (ungerade) Defense genannt und besteht typischerweise aus fünf Linespielern (siehe Abbildung 11.1).

Wenn die Defense den Center nicht deckt, wird sie eine „even" (gerade) Defense genannt. In diesem Fall ist die Line in der Regel vier Spieler stark (siehe Abbildung 11.2).

Unabhängig davon, ob Sie die ungerade oder die gerade Defense wählen, haben Sie Spieler auf folgenden Positionen: Defense-Linespieler, Linebacker und Defense Back.

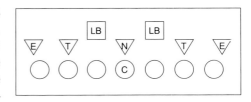

Abbildung 11.1: *Eine ungerade Defense deckt den Center und besteht typischerweise aus fünf Linespielern.*
N = Nose Tackle, T = Tackle, E = Defensive End, LB = Linebacker, CB = Cornerback, S = Safety, R = Rover, H = Halfback

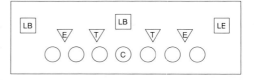

Abbildung 11.2: *Eine gerade Defense deckt den Center nicht und besteht normalerweise aus vier Linespielern.*

Defense-Linespieler

Wenn Sie bestimmen, ob die Linespieler in der Offense oder Defense spielen, sollten Sie sich an folgende Faustregel halten: In der Offense Line ist Körpergröße wichtiger; in der Defense Line ist Schnelligkeit wichtiger. Einfach gesagt, Defense-Linespieler können die Angreifer nicht zu Boden bringen, wenn sie sie nicht zu fassen kriegen.

GRUNDLEGENDE DEFENSIVPOSITIONEN UND -FORMATIONEN

Die meisten Leute suchen nach großen defensiven Linespielern. Es ist jedoch wichtiger, daß die Defense-Linespieler über die Fähigkeit und die Schnelligkeit verfügen, den Kontakt mit dem Gegner zu suchen, sich dann von der Offense zu lösen und zum Football zu laufen.

Bei der Positionierung Ihrer Defense Line sollten Sie die Vorteile Ihres Systems und Ihrer Spieler nutzen.

Noseguard

Wenn Sie mit einer ungeraden Defense spielen, muß Ihr bester Linespieler auf der Noseguard-Position stehen. Und wenn Sie einen herausragenden Noseguard haben, haben Sie wahrscheinlich auch eine herausragende Defense. Im Jahr 1986, als das Augustana-College die beste Defense der Staaten hatte, war es kein Zufall, daß die Defense in Brian King, einem All-American Noseguard, eine hervorragende Basis hatte.

Ein guter Noseguard hilft, die Blocker von den Linebackern fernzuhalten, indem er den Center und die beiden Guards besetzt. Weil er im Zentrum der Formation steht, hat der Noseguard die meisten Gelegenheiten, die Offense zu stören und an den Football zu kommen.

Noseguards sind normalerweise klein und haben einen tiefliegenden Körperschwerpunkt. Die Noseguards beginnen jeden Spielzug aus einer tiefen Vier-Punkte-Stellung und müssen verhindern, daß die Linespieler sie von den Füßen stoßen. Noseguards müssen schnell und hartnäckig sein. Zweierblocks können sie nicht entmutigen. Zweit- und Dritteinsätze gehören zur Gewohnheit.

Tackles

Defense Tackles sind oft größer als der Noseguard und fungieren als Anker, als das Bollwerk, das die Offense daran hindert, die Defense zu überlaufen. Tackles müssen die Blocker besetzen, so daß die Innen-Linebacker frei sind, um den Football ausfindig zu machen.

Idealerweise sind die Defense Tackles in der Lage, in die Offense Line einzudringen und die Lauf- und Paßspielzüge zu stören. Gegen zurückfallende Paßmannschaften kann ein guter Defense Tackle dabei helfen, die Tasche zum Zusammenbruch zu bringen und den Quarterback zu jagen bzw. zu Boden zu bringen. Wir hatten einmal einen derartigen Defense Tackle, Lynn Thomsen, der alle 50 Spiele während seiner Karriere eröffnete. Es ist kein Wunder, daß wir alle 50 Spiele gewannen.

Ends

Defense Ends sind größer und wendiger als alle anderen Defense-Linespieler. Heutzutage ähneln sie sehr Linebackern. Tatsächlich sehen die heutigen Defense Ends, wenn sie aus ihrer Zwei-Punkte-Stellung heraus starten, aus wie die Außen-Linebackers der Vergangenheit. Der Prototyp dieser End-Linebacker-Kombination war Ted Hendricks, der für die Baltimore Colts und Oakland Raiders spielte. Seit kurzem setzen die Mannschaften einen sogenannten *„Rush Linebacker"* ein, der oft die Rolle eines den *„Blitz"* ausführenden Defense Ends spielt. (Der *„Blitz"* ist ein in Paßsituationen eingesetzter Defensivspielzug, bei dem ein oder mehrere Defense Backs die Offense Line durchbrechen, um den Quarterback im Moment des Snap anzugehen, ihn zu Fall zu bringen oder zu blocken bzw. ihn dazu zu bringen, seinen Wurf überhastet auszuführen.) Defense Ends müssen stark genug sein, um ziehende Linespieler (Pulling Linemen), Tight Ends und Fullbacks anzugreifen. Sie müssen schnell genug sein, um durch die Offense Line zu brechen und den Passer zu tackeln und um die Backs im Raum neben der Formation (Flats) zu decken. Und sie müssen ausreichend clever sein, um Täuschungsspiele wie *„End Arounds"* (eine hinter der Line erfolgende Ballübergabe an den End durch einen Quarterback oder einen Runningback), Counter, Screens und Play-Action-Pässe zu durchschauen. Kurz gesagt, sie müssen athletischer sein als andere Linespieler.

Linebacker

Innen-Linebacker sind das Herz jeder großen Defense, vor allem einer Lauf-Defense. Sie müssen über Schnelligkeit, Instinkt und Aggressivität verfügen.

Weil die Linebacker weit weg von der Scrimmage Line stehen, sind sie frei, sich zu bewegen, bevor sie geblockt werden. Innen-Linebacker sollten stark genug sein, offensive Innen-Linespieler und Fullbacks direkt anzugreifen. Außen-Linebacker müssen schnell und athletisch genug sein, um das offene Feld zu decken und Runner und Receiver in Schach zu halten.

Defense Backs

Egal welches System Sie spielen, Ihre Defense Backs müssen die technisch versiertesten Spieler der Mannschaft sein. Als ich mit dem Coaching begann, suchte ich mir meine Cornerbacks und Safeties auf dem Basketballfeld aus – Jungs, die besser sprinten konnten als andere, mehr Rebounds erzielten und anderen am Ball überlegen waren. Diese Art von Spielern brauchen Sie, um die besten Spieler des Gegners - die Wide Receiver – zu decken.

Der Free Safety beobachtet, wie sich das Spiel der Offense zu entwickeln beginnt, dann reagiert er in Richtung des Balls. Im Gegensatz dazu greift der Strong Safety, wie ein Linebacker, den Ball aggressiv an. Der Strong Safety ist der Defense Back, der die größte Verantwortung für die Unterstützung der Lauf-Defense trägt.

Das Defense Backfield ist kein Platz für Angsthasen. Ein Ausrutscher eines Defense Back bedeutet sechs Punkte. Das mag auch auf andere Positionen zutreffen, aber der Defense Back, der einen Schnitzer macht, ist für jedermann sichtbar. Er kann sich nirgendwo verstecken, wenn er einen Tackle im freien Feld verpaßt oder einen Receiver entkommen und einen Touchdown machen läßt.

Die Auswahl einer Abwehrformation

Die von Ihnen ausgewählte Defensivformation sollte, wie Ihre Offensivformation, die für Ihr System und Ihre Spieler beste Aufstellung sein. Ein zusätzlicher Faktor, der bei Defensivformationen eine Rolle spielt, ist, wie gut sie das Feld gegen die Offense decken. Genau wie beim Baseball – wo die Feldspieler so positioniert werden, daß sie den Hittern ihre Stärken nehmen – benutzen Footballtrainer die Begrenzungen und die Plazierung der Spieler, um die Erfolgschance der Offense zu minimieren. Im folgenden werden drei grundlegende Defensivaufstellungen mit einer Zusammenfassung ihrer Stärken und Schwächen vorgestellt.

Die 5-2-Aufstellung

Die Profis nennen diese Aufstellung die 3-4-Defense. Auf der High School- und College-Ebene zählen wir die Defense Ends als Linespieler; die Profis rechnen die im wesentlichen gleichen Spieler zu den Linebackern.

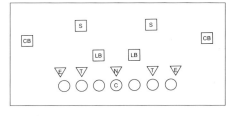

Die 5-2-Abwehr, eine ungerade Defense mit einer aus vier Spielern zusammengesetzten, tiefstehenden zweiten Reihe, bietet eine optimale Paßdeckung und dennoch eine Laufunterstützung durch den zusätzlichen Defense Back. Daher ist diese Formation gut geeignet, wenn Sie einen Noseguard haben und eine tiefstehende zweite Reihe mit vier Spielern wollen.

Der Nachteil der 5-2-Aufstellung ist, daß sie drei gute Down-Linespieler und einen Strong Cornerback brauchen.

Die 4-3-Aufstellung

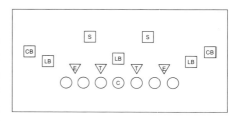

Diese Aufstellung ist die Standardaufstellung der Profis mit großen Defense Ends und ohne Noseguard. Die Außen-Linebacker müssen gewandt genug sein, um sich gegen die Blocks der Tight Ends und Fullbacks zu wehren, und sie müssen so schnell sein, daß sie die Backs auf den Paßrouten decken können. Auch hier wird standardmäßig eine tiefe zweite Reihe mit vier Spielern eingesetzt.

Der Vorteil der 4-3-Defense ist, daß Sie vier große Männer haben, die beim Lauf helfen können und einen herausragenden Middle Linebacker, der frei ist, um auf den Ball zuzugehen.

Der Nachteil dieser Formation ist, daß man einen großen Middle-Linebacker braucht, der den Platz der Position 2 in der 5-2-Aufstellung einnimmt.

Die 4-4- oder Split-6-Aufstellung

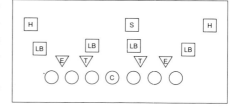

Diese Formation ist der 4-3-Aufstellung sehr ähnlich, mit der Ausnahme, daß eine Safety-Position in die Position eines Innen-Linebackers verwandelt wurde. Beachten Sie auch, daß die Innen-Linebacker sich hinter den Tackles aufreihen.

Die 4-4-Aufstellung ist ideal für Mannschaften, die eine das Laufspiel betonende Big Defense spielen. Mit soviel Man-Power an der Scrimmage Line ist die 4-4-Formation besonders wirkungsvoll gegen das Laufspiel. Wenn Sie gegen eine Mannschaft spielen, die das Paßspiel entweder nicht gut beherrscht oder keine Neigung dazu hat, sollten Sie diese Defense in Betracht ziehen. Sie stellt auch eine Option in Situationen mit geringem Raumgewinn dar.

Der offensichtliche Nachteil dieser Formation ist ihre Unfähigkeit, mit paßorientierten Angriffssystemen zurechtzukommen. Wie kontern Sie eine Offensivaufstellung mit einem Back und decken einen schnellen Wingback mit einem langsamen Linebacker? Und im Falle einer Zonendeckung sollten Sie die großen Lücken bedenken, die ein guter Quarterback ausnutzen würde.

Die Augustana-Defense

Am Augustana-College bevorzugen wir die Defense-Aufstellung auf Basis einer standardmäßigen 5-2-Formation. Bei der tiefen zweiten Reihe mit vier Spielern verwenden wir einen Strong Safety, der beim Lauf hilft. Wir glauben, daß diese Formation den Fertigkeiten unserer Spieler am besten entspricht und daß sie für die meisten Angriffssysteme, denen wir in unserem Spielplan begegnen, eine gut gestaffelte Aufstellung (Stack) an der Scrimmage Line darstellt.

Wir begannen mit dieser Basisaufstellung in der High School, nachdem wir jahrelang mit einer 4-4- (oder Split-6-) Aufstellung gespielt hatten. Wir wechselten die Formation aus folgendem Grund:

> **Zeit für einen Wechsel**
> Während der sechziger und siebziger Jahre waren wir eine ganz gute Defensivmannschaft und ließen ungefähr die Hälfte unserer Gegner nicht zum Zuge kommen. Aber als im Jahr 1974 das State-Playoff-System eingeführt wurde, gelangten wir zu der Erkenntnis, daß wir, um gegen die besten Mannschaften von Illinois konkurrenzfähig zu sein, mehr Laufunterstützung von der zweiten Reihe und bessere Fähigkeiten, gegen die Paßformation zu decken, brauchten. Ungefähr zur gleichen Zeit hatten wir einen Linebacker, der nicht diszipliniert genug war, um auf dieser Position zu spielen, der jedoch ein großer Noseguard werden konnte.
> Daher wechselten wir 1976 von einer 4-4-Formation zu einer 5-2-Formation. Wir gewannen in jenem Jahr die State-Meisterschaften, und der Noseguard schaffte den Aufstieg in das All-State-Team.

Am Augustana-College tauschen wir, wie in der High School, unsere beiden tiefen Backs gegeneinander aus. Unser Strong Safety (den wir unseren Rover nennen) tut sich immer mit einem Cornerback (den wir unseren Halfback nennen) zusammen; diesen beiden steht unser Cornerback gegenüber. Der Free Safety steht in der Mitte.

Der Rover und der Halfback spielen normalerweise auf der Wide Side des Feldes oder auf der starken (d.h. der mit den meisten Spielern besetzten) Seite der Formation, es sei denn, der Scouting-Bericht schlägt etwas anderes vor.

Durch die Bezeichnung und das Zusammenfügen dieser beiden tiefen Backs nutzen wir individuelle Fertigkeiten. Wir hoffen, daß der Rover und der Halfback sich ergänzen und daß sie ein starkes Paar bilden. Da wir nicht jedem erstklassigen Spieler auf jeder Position ein Stipendium geben können, ist es entscheidend, daß die Talente der Spieler in unserer Defensivaufstellung gut verteilt sind.

Gute Defense-Linespieler sind eine Grundlage der 5-2-Abwehr. Wir brauchen starke Sportler auf der Noseguard- und den Tackle-Positionen.

Zusammenfassung

1. Es gibt drei unterschiedliche Abwehrpositionen: Linespieler (Noseguard, Tackles und Ends); Linebackers (innen und außen); und Backs (Strong Safety, Free Safety und Cornerbacks).
2. Die Defense Line zwingt die Offense zu überhasteten Reaktionen bei Paßspielzügen und zu zögerndem Verhalten oder weiten Laufwegen bei Laufspielzügen.
3. Die Linebacker und Ends reagieren auf die von der Offense ausgeübte Gegenkraft und versuchen, sie aufzuhalten.
4. Die tiefstehenden Backs müssen die technisch versiertesten Spieler sein, denn ein Fehler kann Sie sechs Punkte kosten.
5. Stellen Sie Ihre Defense so auf, daß Ihre Spieler die beste Chance erhalten, den Gegner in Schach zu halten.
6. Sie müssen erkennen, wann eine Wechsel der Formation angebracht ist und was die Plus- und Minuspunkte der alternativen Formationen sind.

12 Das Vermitteln von Abwehrfertigkeiten

Jede der drei allgemeinen Abwehrpositionen - Linespieler, Linebacker und Back – muß mit Spielern besetzt werden, die über besondere Fertigkeiten verfügen. Die Spieler der Defense müssen, wie die Spieler der Offense, positionsspezifische Techniken beherrschen.

Eine Fertigkeit muß jedoch jeder Abwehrspieler beherrschen: das Tackling. Ein Abwehrspieler kann stark, schnell und flink sein, und er kann über viele andere Talente verfügen, wenn er jedoch nicht tackeln kann, kann er nicht spielen. Um die Bedeutung dieser Fertigkeit zu unterstreichen und Sie dazu zu ermutigen, auch Ihren Spielern die Wichtigkeit des Tacklings klarzumachen, beginne ich dieses Kapitel mit einem Abschnitt zur Vermittlung des Tacklings.

Tackling

Ein guter Tackler hält seine Knie gebeugt, seinen Kopf aufrecht, und sein Blick ist auf den Football gerichtet. Ich sage den Spielern, sie sollen sich auf den Ball konzentrieren, denn wenn sie dies tun, plazieren sie ihren Kopf vor den Körper des Ballträgers. Indem er seinen Blick auf den Ball richtet, hält der Abwehrspieler auch seinen Kopf aufrecht und seinen Helm nach hinten, so daß er den Runner nicht zuerst mit dem Helm trifft.

Ein Spieler sollte *nie* seinen Helm als Waffe einsetzen. Der Helm ist ein harter und gefährlicher Ausrüstungsgegenstand. Versucht der Abwehrspieler, seinen Helm als Waffe einzusetzen, schadet er nur sich selbst, denn der Helm kann dem Tackler gefährlicher werden als dem Ballträger, weil der Nacken des Abwehrspielers ungeschützt ist, wenn er seinen Helm tiefhält.

Bringen Sie den Abwehrspielern nicht nur bei, sich auf den Ball zu konzentrieren, sondern auch, *durch* den Ballträger förmlich zu explodieren. Der Tackler sollte seine Beine in Bewegung halten und seine Hüfte zum Boden drücken, so daß er sich heben kann, wenn er seine Arme um den Runner schlingt. Der kraftvolle Armeinsatz des Abwehrspielers ist wichtig, damit der Ballträger die Wucht des Aufpralls des Abwehrspielers nicht abfedern kann.

Kurz gesagt, bringen Sie den Abwehrspielern die folgende grundlegende Tackling-Technik bei: Richte den Blick auf den Ball, setze Deine Beine ein und beschleunige durch den Runner, hebe Dich und schlinge Deine Arme fest um ihn. Lassen Sie die Spieler diese Technik dann in Einzelübungen wie auch Testspielen wiederholt durchführen.

Tackling-Übung

Eins-gegen-Eins Tackling-Übung

Zweck: Vermittlung der Grundlagen eines guten Tacklings mit dem Kopf zuerst gegen einen Runner, nicht gegen einen Schlitten.

Vorgehensweise: Markieren Sie ein Fünf-Yards-Quadrat. Ein Spieler, der Ballträger, steht in einer Ecke, während der andere Spieler sich in der gegenüberliegenden Ecke, diagonal zu seinem Gegenspieler, aufstellt. Der Ballträger läuft mit hoher Geschwindigkeit *geradeaus* auf den Tackler zu (nicht über den Tackler - dies ist eine Tackling-Übung). Der Tackler tackelt den Angreifer mit aufgerichtetem Kopf und mit auf den Ball gerichtetem Blick, er drückt sich mit den Beinen ab, schlingt seine Arme um den Ballträger und reißt ihn zu Boden.

Coaching-Hinweise: Kontrollieren Sie alle Grundlagen. Die kurze Distanz zwischen den Spielern zu Beginn der Übung reduziert das Verletzungsrisiko, erhöht jedoch die Chance eines perfekten Tacklings. Diese Übung kann auch für das Tackling im Winkel benutzt werden. Stellen Sie sicher, daß der Ballträger die Line hinunterläuft. Betonen Sie, daß der Blick auf den Ball gerichtet sein soll und daß der Ballträger den Ball vom Tackler weghält.

Defense-Linespieler

Die Stellung des Defense-Linespielers muß ihm ermöglichen, sich schnell zu bewegen, einen Kontakt durchzuführen und zu laufen. Die Stellung unterscheidet sich etwas von der des Offense-Linespielers: Ein Defense-Linespieler kann nicht „kippen" oder eine Winkelbewegung machen, um sich einen Vorteil zu verschaffen.

Defense-Linespieler müssen bei jedem Spielzug Blocker abwehren, sie brauchen daher eine Vielfalt von Fertigkeiten, um mit ihrer Position umzugehen. Die vier Basistechniken, die alle Defense-Linespieler beherrschen sollten, sind die *Read-*, *Pressure-*, *Slant-* und *Swim*-Technik.

Bei der „Read"-Technik gibt der Defense-Linespieler dem Offense-Linespieler mit dem Unterarm oder mit den Händen einen Schlag, bevor er sich löst und zum Ball läuft. (Wenn Sie die Hände gebrauchen, müssen Sie versuchen, eine Innenhebelwirkung auf die Offense auszuüben.) Betonen Sie, daß der erste Schlag, den der Linespieler dem Blocker gibt, die wichtigste Grundlage ist, da er dem Spieler ermöglicht, den Angriff der Offense zu neutralisieren.

Wenn er eine Lücke nutzt, um Druck auf die Offense auszuüben, muß der Defense-Linespieler tief und hart zwischen den Offense-Linespielern durchtauchen *(dive)*. Das Ziel des Linespielers ist hierbei, die Offense zu durchdringen, so daß er hinter die Scrimmage Line in das Backfield gelangt.

Bei der Slant-Technik steht der Defense-Linespieler dem Offense-Linespieler normalerweise direkt gegenüber. Die erste Bewegung des Abwehrspielers muß ein schneller Überkreuzschritt sein zusammen mit einer Reißbewegung (bei der er seinen inneren Arm durch die Arme des Blockers führt), um am Gegner vorbei in die Lücke zu gelangen. Diese Bewegung stoppt in der Regel den Angriff eines Offense-Linespielers, weil er ein kleineres Ziel hat.

Die Swim-Technik wird bei einem Gegner eingesetzt, der den Kopf aufrecht hält. Beim Swim muß der Abwehrspieler dem rechten Unterarm des Gegners mit seiner rechten Hand einen Schlag versetzen, was den Blocker davon abhält, sich seitwärts zu bewegen. Gleichzeitig muß der Defense-Linespieler seinen linken Arm mit einer Art Schwimmbewegung über den Helm seines Gegners führen und diesen Arm als eine Barriere verwenden, um sich am in der äußeren Position stehenden Offense-Linespieler vorbeizudrücken.

Defense-Line-Übung

Slant und Run

Zweck: Vermitteln der Slant-Technik und der schnellen Reaktion danach.
Vorgehensweise: Der Defense-Linespieler steht dem Offense-Linespieler direkt gegenüber. Beim Snap des Balls wechselt der Abwehrspieler schnell herüber, attackiert den Offense-Linespieler und geht dann in der entstandenen Lücke in Stellung. Nachdem er in Stellung gegangen ist, sprintet der Linespieler nach vorne.
Coaching-Hinweise: Kontrollieren Sie die Schnelligkeit der ersten Bewegung des Abwehrspielers und die Autorität, mit der er seine Attacke durchführt. Stellen Sie sicher, daß er diese beiden ersten Bewegungen beherrscht; ist dies nicht der Fall, wird er keine Chance haben, sich in Stellung zu begeben und zu sprinten.

Linebacker

Die Linebacker beginnen jeden Spielzug aus einer stehenden Position mit gebeugten Knien, schulterbreit auseinanderstehenden Füßen, aufgerichtetem Kopf, geradem Rücken und unten gehaltenen Armen, bereit, einen Schlag auszuführen oder Blocker abzuwehren. Diese Stellung ist eine solide Basis, von der aus man sich bewegen und die Offense beobachten kann.

Die Grundregel für Linebacker lautet, *niemals Boden aufzugeben*. Die Linebacker müssen sich schnell und kraftvoll bewegen und instinktiv auf den Spielzug reagieren.

Ein guter Linebacker kann jedoch nicht alleine von seinen angeborenen Fähigkeiten leben. Helfen Sie Ihren Linebackern, indem Sie ihnen sagen, auf welche offensiven Schlüssel sie reagieren sollten. Einige Abwehrstrategien konzentrieren sich auf die Guards, andere auf die Runningbacks und wieder andere auf den Quarterback.

Diese Konzentrationsschwerpunkte unterstützen die Reaktion des Linebackers. Cleverneß ersetzt jedoch keine saubere Technik und Härte. Selbst wenn der Linebacker in eine gute Position kommt, um das Spiel zu stoppen, muß er in der Lage sein, den heranstürmenden Blocker anzugehen, mit einem kurzen Schritt einen Schlag auszuführen, um zum Stand zu kommen.

Die folgenden Übungen sind am besten geeignet, um diese Techniken zu vermitteln.

Linebacker-Übungen

In der Box

Zweck: Den Linebackern beizubringen, einen Schlag mit einem kurzen Schritt auszuführen und nicht an Boden zu verlieren.

Vorgehensweise: Markieren Sie ein Zwei-Yards-Viereck. Stellen Sie einen Linebacker in die Box. Lassen Sie sich zwei oder drei Linespieler in fünf Yards Entfernung vom Linebacker aufstellen. Auf ein Kommando hin versuchen die Linespieler, den Linebacker aus der Box zu blocken. Einem Blocker folgt schnell ein zweiter (siehe Abbildung 12.1).

Coaching-Hinweise: Kontrollieren Sie, ob der Linebacker eine gute Stellung eingenommen hat, seinen Kopf aufrecht hält und einen starken Schlag austeilt, um jeden Blockversuch abzuwehren. Geben Sie im Verlauf dieser Übungen ein schnelles Feedback, womit Sie den Linebacker an eine saubere Technik erinnern.

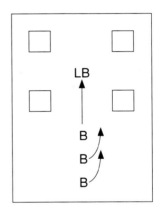

Abbildung 12.1:
Linebacker-Übung in der Box

Schritt in die Lücke

Zweck: Den Linebackern zu vermitteln, zum Ball zu „fließen" und zum Tackle nach vorne zu kommen.

Vorgehensweise: Stellen Sie quer über das Feld verteilt Hartpuppen auf, die eine Offense Front markieren. Verwenden Sie einen Ballträger und einen Linebacker, die sich auf beiden Seiten dieser Puppenlinie spiegelbildlich einander gegenüber aufstellen. Der Ballträger läuft seitlich und kommt nach vorne in eine Lücke. Der Linebacker verhält sich spiegelbildlich zum Runner und stößt in die Lücke, um ihn zu tackeln (siehe Abbildung 12.2).

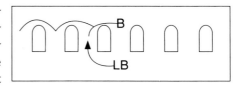

Abbildung 12.2:
Linebacker-Übung mit Schritt in die Lücke

Coaching-Hinweise: Konzentrieren Sie sich auf eine gute Stellung – eine tiefe, schnelle Bewegung, so daß der Linebacker das Tackling in der Vorwärtsbewegung ausführen kann.

Defense Backs

Das Vermitteln defensiver Back-Techniken ähnelt sehr der Vermittlung der Grundlagen der 1:1-Abwehr im Basketball. Sie müssen den Spielern der Back Line beibringen, sich mit gebeugten Beinen aufzustellen, bereit, rückwärts zu laufen oder sich zu drehen und mit dem Receiver zu laufen.

Wenn sie Mann-gegen-Mann gegen einen Receiver verteidigen, sollten die Backs für einen Abstand von zwei bis drei Yards sorgen, und sich auf die Gürtelschnalle des Receivers konzentrieren. In der 1:1-Situation muß der Receiver der Konzentrationsschwerpunkt des Defense Backs sein; er muß ihn über das ganze Feld beschatten. Fußarbeit, Flinkheit, Gewandtheit und Schnelligkeit sind entscheidend.

Wenn die Defense eine Zonendeckung vornimmt, spielen die Backs nicht so eng an den Receivern. Statt dessen konzentrieren Sie sich auf die Augen des Quarterbacks und schützen einen festgelegten Bereich des Feldes.

Defense Backs – vor allem Safeties – müssen auch wissen, wie sie sich bei einem Laufspiel (des Gegners) verhalten. Bringen Sie ihnen bei, beherzt nach vorne zu rücken, wenn die Offense ein Laufspiel ausführt; dann abzubremsen, sich aufzustellen und den Ballträger zu attackieren. Wie die Linebacker brauchen die Defense Backs einen Riecher für den Ball. Und, obwohl Sie hoffen, daß es nie dazu kommt, können schnelle Defense Backs offensive Spieler, die zum Touchdown durchgebrochen sind, einholen und fassen.

Die vielfältigen körperlichen Anforderungen, die an Defense Backs gestellt werden, zeigen, warum Sie Ihre besten Sportler auf diesen Positionen einsetzen sollten. Wenn Sie das tun, können Sie die gegen Sie erzielten Punkte reduzieren.

Übungen für Defense Backs

Schützen Sie die Zone

Zweck: Dem Defense Back soll vermittelt werden, daß er bei richtigem Winkel und Beherrschen der Grundlagen, den Ballträger einholen und eine tiefe Zone decken kann.

Vorgehensweise: Stellen Sie die Receiver an beiden „Hashmarks" (Innenfeldlinien) auf, mit einem Defense Back in der Mitte des Feldes fünf Yards von der Line entfernt. Während er rückwärts läuft, um vor den Receivern zu bleiben, richtet der Defense Back seine Augen auf den Quarterback. Der Quarterback dreht sich zu einer Seite, um zu werfen. Der Defense Back antizipiert die Absicht des Quarterbacks, dreht seine Hüften und sprintet zum vorgesehenen Receiver, um den Ball abzufangen (siehe Abbildung 12.3).

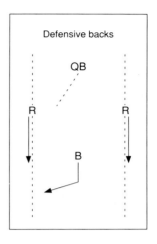

Abbildung 12.3:
Zonen-Schutz-Übung für Defense Backs

Coaching-Hinweise: Ihr Quarterback sollte hoch und weit in Richtung der gegnerischen Goal Line werfen – mindestens 25 Yards in das gegnerische Feld. Achten Sie darauf, daß die Defense Backs den richtigen Winkel einnehmen, um den Paß abzufangen. Sie sollten nicht geradeaus zur Seitenlinie laufen. Ihre Reaktion auf den Paß sollte der eines guten Außenfeldspielers (Outfielder) im Baseball ähneln, der bereits beim Treffgeräusch des Schlägers den Flug des Balles antizipiert und dorthin startet, wo er landen wird.

Eine zweite Übung für Defense Backs, „*Release, Go, Jump, Catch*", ist in Kapitel 8 erklärt. Setzen Sie einen tiefstehenden Back in einer Bump-and-Run-Manndeckung auf den Receiver an und werfen Sie den Ball. Instruieren Sie sowohl die Offense wie die Defense, dem Ball hinterherzulaufen und nicht darauf zu warten, bis er landet.

Zusammenfassung

1. Alle guten Abwehrspieler sind gute Tackler. Betonen Sie Ihren Abwehrspielern gegenüber die Bedeutung dieser Fertigkeit mehr als die aller anderen Fertigkeiten.

2. Defense-Linespieler müssen ihre Schnelligkeit maximieren. Bringen Sie ihnen die Read-, Pressure-, Slant- und Swim-Techniken bei, so daß sie nie geblockt bleiben sollten.
3. Linebacker riechen förmlich, welcher Spielzug bevorsteht und reagieren. Als Zentrum der Defense sollten die Linebacker die Einstellung und die Tackling-Fertigkeiten besitzen, um der Offense keinen Zentimeter Raumgewinn zuzugestehen.
4. Defense Backs befinden sich in einer sehr riskanten Position. Damit Sie dieses Risiko tragen können, stellen Sie ihre körperlich talentiertesten Spieler auf die defensiven Back-Positionen und vermitteln Sie ihnen die paßorientierten und lauforientierten Defensivtechniken, die sie brauchen, um erfolgreich zu sein.

13 Das Vermitteln der Mannschaftsabwehr

Die meisten Trainer stimmen darin überein, daß eine erstklassige Defense für ein erfolgreiches Programm entscheidend ist. Eine gute Defense gibt Ihnen Beständigkeit und die Chance zu gewinnen, selbst wenn Ihre Offense Fehler macht.

Tatsächlich ist eine gute Defense in jeder Sportart der Schlüssel zum Erfolg. Es stimmt zwar, daß Sie nicht gewinnen können, wenn Sie keine Punkte machen, aber wenn Sie Ihren Gegner daran hindern zu punkten, können Sie auf keinen Fall verlieren.

Wir haben uns jede Abwehrposition isoliert angesehen, aber eine gute Defense ist nur möglich, wenn Sie Ihre Linespieler, Linebacker und Backs koordinieren. Diese Koordination der Spieler beinhaltet das effektive Positionieren Ihrer Spieler, das Ergänzen der Fertigkeiten individueller Spieler durch die Fertigkeiten ihrer Mannschaftskameraden und die Nutzung von Abwehrstrategien, die die Kollektivkraft der Spieler maximieren.

In diesem Kapitel betrachten wir die gedankliche Arbeit, die für die Entwicklung einer Abwehrstrategie erforderlich ist, und wie diese Strategie zu Ihrem Angriffssystem passen sollte. Dann untersuchen wir, wie wir am Augustana-College eine erfolgreiche Abwehr aufgebaut haben und wie wir Formationen, Spieler und Strategien während der Spiele den aktuellen Erfordernissen anpassen.

Die Auswahl Ihrer Abwehrmethode

Wie große Angriffssysteme sind auch die stärksten Abwehrsysteme eindimensional. Damit meine ich, daß die Defense sowohl das Lauf- als auch das Paßspiel stoppen kann, indem sie dem Gegner keine Chance gibt, diese strategische Option einzusetzen.

Ich ermutige Sie dazu, Ihrer Defense beizubringen, so effektiv gegen das Laufspiel zu sein, daß die andere Mannschaft gezwungen ist zu passen, oder so effektiv gegen den Paß zu sein, daß der Gegner gezwungen ist zu laufen. Wenn es Ihnen gelingt, die Hälfte der dem Gegner zur Verfügung stehenden Optionen auszuschließen, können Sie ihn in Schach halten.

Betonen Sie das Team

Offensivtrainer versuchen immer, 1:1- oder Isolationssituationen zu schaffen. Aber auf der Defensivseite sollten Sie nicht zum Individualspiel ermutigen. Die beste Defense ist eine Team-Defense – d. h., eine Defense, deren Spieler bei jedem Spielzug zusammenarbeiten, um die Offense zu stoppen.

So könnte es z.B. sein, daß ein guter Defense-Linespieler zwei Offense-Linespieler binden muß, um die Blocker von den Linebackern fernzuhalten. Oder es könnte sein, daß ein Linebacker oder Defense End einen offensiven Receiver blocken oder aufhalten, um einem tiefen Back bei der Paßdeckung zu helfen.

Aus diesem Grund legen wir keinen Wert darauf, wer der beste Tackler ist, wer die meisten *„Sacks"* (Zubodenreißen des Ballträgers) schafft oder wer die meisten Pässe abfängt. Die Individualstatistiken zeigen lediglich, wie gut die Jungs neben Ihnen ihre Arbeit erledigt haben. Und einige Spielerstatistiken, wenn z.B. die Middle Linebacker die besten Tackler sind, sind eher eine Funktion der Position als eine individuelle Leistung.

Sorgen Sie dafür, daß die Verteidigungsstrategie einfach bleibt

Egal, ob Sie eine Abwehrstrategie verwenden, die darauf ausgerichtet ist, das Laufspiel zu stoppen, oder eine, die das Paßspiel unterbinden soll, sorgen Sie dafür, daß sie einfach bleibt. Obwohl Sie das Verständnis und das Gefühl haben, Sie könnten komplexe Abwehrstrategien unterrichten, sollten Sie darüber nachdenken, ob die Kosten in Gestalt eines schlechten Lernerfolgs bei den Spielern, von Verwirrung, Unentschlossenheit und Frustration den Einsatz lohnen.

Die einfachsten Abwehrstrategien sind die effektivsten. Die Strategie wird funktionieren, wenn man Sie flexibler einer Vielfalt von Angriffen und Situationen anpassen kann und wenn sie das Lauf- oder Paßspiel effektiv kontrolliert.

Auch wenn das von Ihnen ausgewählte Abwehrsystem einfach ist, sollten Sie Ihre Abwehrspieler trotzdem dazu bringen, clever zu spielen. Wenn die Offense während eines *„Drive"* (Serie von Spielzügen, die zu einem Raumgewinn in Richtung der gegnerischen Goal Line führen) auf einen *„Huddle"* verzichtet (No-Huddle-Offense), um Zeit zu sparen, sollte Ihre Defense in der Lage sein zu reagieren, selbst wenn die Offense einige neue Kniffe einbaut.

Die Klugheit, die Ihre Defense im direkten Spiel anwendet, spiegelt ihre Vorbereitung wider. Sorgen Sie dafür, daß Ihre Defense im Training mit allen Situationen konfrontiert wird, denen sie auch im Spiel begegnen könnte. Kontrollieren Sie, ob die Defense auf verschiedene Absichten der Offense reagieren kann, indem sie die Prinzipien Ihrer Abwehrstrategie erlernt. Kurz gesagt, testen Sie Ihre Mannschaftsabwehr im Training, bevor Ihre Spieler das Schlachtfeld betreten.

Abwehrstile

Wollen Sie eine *„Pressure Defense"* (Druckabwehr), oder ziehen Sie die *„Bend-but-don't-break-Methode"* („Beuge-ohne-zu-brechen-Methode") vor? Dies sind grundlegende Fragen, die jeder Trainer beantworten muß. Und wenn Sie darüber nachdenken, welchen Abwehrstil Sie übernehmen, sollten Sie immer berücksichtigen, wie sich dieser Abwehrstil mit dem Offensivstil Ihrer Mannschaft verträgt.

Einige abwehrorientierte Trainer denken nicht über ihre Offense nach, wenn sie ihre Abwehrstrategie entwickeln. So kann es z.B. passieren, daß sie eine Bend-but-don't-break-Abwehr mit einer Offense kombinieren, die den Ball nur wenige Yards am Stück nach vorne bringt. Aber diese beiden Systeme vertragen sich so wenig wie Feuer und Wasser.

Der Grund dafür ist, daß die Offense, die den Ball nur wenige Yards nach vorne bringt, den Ball beständig im Mittelfeld benötigt, um zu punkten. Es passiert nur selten, daß sie den Ball in einem Drive 70 Yards nach vorne bringt. Die Bend-but-don't-break-Abwehr sorgt jedoch oft dafür, daß Ihre Feldposition schlecht ist.

Daher muß ihr ein Angriff entgegengestellt werden, der in der Lage ist, sich über die gesamte Feldlänge zu bewegen. Aus diesem Grund brauchen Sie eine aggressive Pressure Defense, um gegen ein konservatives Laufspiel bestehen zu können. Umgekehrt können Sie sich eine Bend-but-don't-break-Abwehr dann leisten, wenn Sie einer Offense gegenüberstehen, die viele Yards am Stück zurücklegt.

Die Auswahl einer Defensivaufstellung

Wie ich bereits in Kapitel 11 erklärt habe, werden Abwehrformationen dadurch gekennzeichnet, wie viele Spieler an der Scrimmage Line stehen und wo sie sich relativ zum Angriffscenter aufstellen. Im Gegensatz zu einer ungeraden (odd) steht bei einer geraden (even) Offense dem Center kein Noseguard direkt gegenüber.

Wenn Sie festlegen, wie viele Spieler Sie an der Scrimmage Line aufstellen, sollten Sie zuerst über die Strategie und den Stil der von Ihnen angestrebten Abwehr nachdenken. Wollen Sie die Offense attackieren, oder wollen Sie abwarten und die Offense studieren bzw. „lesen"?

Andere wichtige Faktoren, die Sie berücksichtigen müssen, sind Ihre Spieler und der Plan, nach dem Sie spielen. Haben Sie mehrere gute Linespieler? Liegt die Stärke Ihrer Mannschaft in ihrer Schnelligkeit oder in der Größe der Spieler? Haben Sie einen aggressiven Noseguard für die 5-2-Abwehr? Haben Sie einen starken Middle Linebacker für die 4-3-Abwehr?

Und was ist mit Ihren Gegnern? Betonen die meisten das Laufspiel oder das Paßspiel? Sind sie Ihnen körperlich gewachsen? Was für Angriffsformationen werden im allgemeinen eingesetzt?

Denken Sie vor Ihrem ersten Training sorgfältig über alle diese Fragen nach. Wählen Sie dann die Abwehraufstellung aus, die für Ihre Spieler und Ihr System am vorteilhaftesten ist und die den Stärken Ihrer Gegner am wenigsten entspricht.

Die 7-Mann-Front gegen die 8-Mann-Front

Werfen wir nun einen Blick auf zwei Arten von Defensivaufstellungen mit ihren Stärken und Schwächen. Fast alle Abwehrformationen, auf allen Spielebenen, können einer von zwei Kategorien zugeordnet werden: der 7-Mann-Front oder der 8-Mann-Front.

7-Mann-Front

Die meisten Profi- und College-Mannschaften stellen eine Kombination von sieben Linespielern und Linebackern an der Scrimmage Line auf. Da die 7-Mann-Front über vier Defense Backs verfügt, kann sie sich leicht auf unterschiedliche Angriffsformationen einstellen, vor allem auf passende Formationen mit einem Back. Zwei häufig zu findende 7-Mann-Fronten sind die 5-2- und die 4-3-Formation (siehe Abbildungen 13.1 (a) und (b).)

Die 7-Mann-Front kann auch gegen Laufformationen effektiv sein. Wenn Sie einen aggressiven Cornerback haben, der bei Laufspielzügen aufwärts rotieren kann, haben Sie das Äquivalent zu einer 8-Mann-Front.

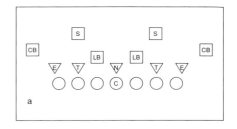

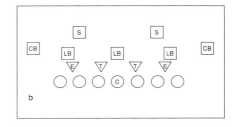

Abbildung 13.1: Zwei häufige 7-Mann-Defensiv-Fronten: (a) die 5-2-Aufstellung und (b) die 4-3-Aufstellung

8-Mann-Front

Diese Aufstellung funktioniert gut bei Gegnern, die das Laufspiel betonen. Indem Sie so viele Spieler an der Line aufstellen, erschweren Sie es der Offense, jeden im Punkt des Angriffs zu blocken.

Zwei häufige Formationen, die bei einer Defense mit einer 8-Mann-Front eingesetzt werden, sind die 5-3- und die 4-4-Formation (siehe Abbildungen 13.2 (a) und (b)).

Diese Abwehrformation paßt gut zu lauforientierten Angriffsformationen wie die Wishbone- und die Wing-T-Formation. Der zusätzliche Mann in der Front erschwert es der Offense, einen Back durch die Abwehrmauer zu katapultieren.

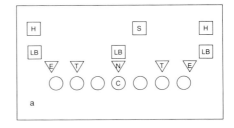

Abbildung 13.2: Zwei häufige Formationen bei einer Defense mit einer 8-Mann-Front: (a) die 5-3-Aufstellung ...

Die 8-Mann-Front ist weniger wirkungsvoll gegen Mannschaften, die das Paßspiel betonen, und vor allem gegen eine Offense, die sich über das Feld ausbreitet, um zu werfen. So ist es z.b. vollkommen unangemessen, einen „Slotman" (ein Back, der hinter dem Raum zwischen Tackle und End positioniert ist) mit einem Linebacker oder End zu decken. Mit nur drei Defense Backs ist es auch

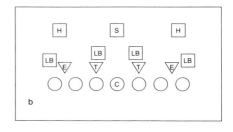

... und (b) die 4-4-Aufstellung

schwieriger, sich auf eine auseinandergezogene, multiple Offense einzustellen (eine multiple Offense ist eine Offense, bei der unterschiedliche Arten von Spielzügen auf Basis ein und derselben Formation durchgeführt werden).

Augustana-5-2-Rover-Defense

Die 5-2-Rover-Formation (siehe Abbildung 13.3) erlaubt unserem Team eine leichte Anpassung an wechselnde Angriffsformationen, d.h. sowohl gegen das Laufspiel als auch das Paßspiel. Wir glauben auch, daß diese Abwehr zusätzlich eine effektive Pressure Defense ist und daß sie die Stärken unserer Abwehrspieler betont.

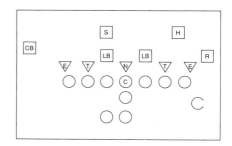

Abbildung 13.3: Die 5-2-Rover-Defense

Bei dieser Defense ist unser „Rover" (ein Defense Back oder Linebacker ohne spezielle Aufgabe, der sich überall dort aufstellt, wo er es für nötig hält, um den Ball zu spielen) in den Klauen der Offense plaziert, unabhängig davon, welcher Formation wir gegenüberstehen (siehe Abbildungen 13.4 und 13.5). Aus diesem Grund ist unser Rover einer der besten und härtesten Spieler. Wenn die Offense uns schlagen will, muß sie unseren besten Spieler auch schlagen. Was oft geschieht, ist, daß die gegnerische Offense so sehr bemüht ist, unseren Rover zu vermeiden, daß sie darauf verzichtet, das zu tun, was sie am besten beherrscht.

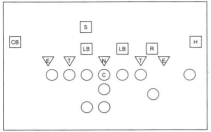 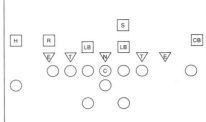

Abbildung 13.4: Die 5-2-Rover-Defense gegen eine Wing-T-Offense

Abbildung 13.5: Die 5-2-Rover-Defense gegen eine Pro-Offense

Line- und Linebacker-Optionen

Der wirkliche Test für unsere 5-2-Rover-Abwehr-Formation kommt im Moment des Snaps. Innerhalb unseres Konzepts der Pressure Defense kann die 5-2-Front einen „Slant", „Blitz" oder „Cross" ausführen.

Der 5-Slant und 3-Slant (siehe Abbildung 13.6 (a) und (b)) schaffen eine Defensivaufstellung, die sich, wenn man im Winkel auf die Line zuläuft („slant the line"), in eine andere Defense verwandelt.

Wir können aus der 5-2-Aufstellung auch einen Blitz ausführen (siehe Abbildung 13.7), um die Offense zu

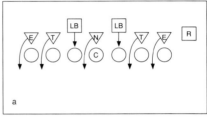

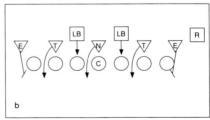

Abbildung 13.6:
Die 5-2-Rover-Defense führt (a) einen 5-Slant und (b) einen 3-Slant aus.

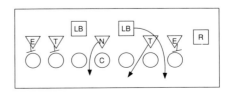

Abbildung 13.7: Die 5-2-Rover-Defense führt einen Blitz aus.

verwirren und unter Druck zu setzen. Der Laufstart des Linebackers und die leichte Verzögerung erlauben ihm, einen ungedeckten Bereich („*seam*") für den Angriff in der Offense Line zu suchen.

Manchmal lassen wir unseren Linebacker und Noseguard auch kreuzen (siehe Abbildung 13.8), um durch die Mitte zu dringen.

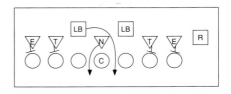

Abbildung 13.8: *Die 5-2-Rover-Defense führt einen Cross (Kreuz-Spielzug) aus.*

Wenn allerdings der Blitz abgewehrt wird, haben Sie Ihre Defense überfordert, und es kann passieren, daß die Offense die Chance eines Big Plays wittert.

Down- und Distanz-Strategien

Drei Faktoren helfen uns zu entscheiden, wann wir welche Taktik anwenden. Erstens: unser Defensivplan. Zweitens: um welches Down es sich handelt. Drittens: wie weit die Offense laufen muß, um ein First Down zu erzielen. Wie bereits gesagt, ziehen wir es vor, Defensivdruck auf den Gegner auszuüben, weil es sich bei unserer Offense um ein ballkontrollierendes System handelt. Es macht für uns keinen Sinn, uns zurückzulehnen, die Defense zu studieren und zu hoffen, daß unsere Offense einen Drive über die Länge des Spielfeldes spielen kann.

> ### Die Feldposition ist eine Priorität
>
> Als ich ans Augustana-College kam, hatten wir einen herausragenden Defensivkoordinator, Mike Hollway, der jetzt Chef-Football-Trainer an der Ohio Wesleyan University ist. Weil Mike so ein hervorragender Trainer war, gab ich ihm in meinem ersten Jahr nur einen Hinweis, nämlich die Goal Line auf Feldposition zu setzen. Damit meinte ich, daß wir der gegnerischen Mannschaft nicht erlauben konnten, einen Drive über das gesamte Spielfeld auszuführen, um dann zu versuchen, sie an der Goal Line zu stoppen.
>
> Anders gesagt, ich glaubte nicht, daß es unserer Offense häufig gelingen würde, einen Drive über 70 oder 80 Yards auszuführen. Ich sagte Mike also, daß, wenn wir drei First Downs schaffen sollten, unsere Defense nur zwei First Downs aufgeben sollte.
>
> Wir mußten über das gesamte Spielfeld Druck ausüben, in der Offense geduldig sein und auf eine Chance zu punkten warten. Das taten wir und ent-

DAS VERMITTELN DER MANNSCHAFTSABWEHR

wickelten dabei einen besonderen, für das Augustana-College typischen Stil des Abwehrspiels. Im ersten Jahr erreichten wir eine Bilanz von 6:3 Siegen, obwohl wir vorher ein Verliererprogramm gehabt hatten.

Die Offense entwickelt *„Down-and-Distance-Tendencies"* (gewohnheitsmäßige Wahl einer bestimmten Strategie in bestimmten Situationen), wobei sie sich bei bestimmten Downs mit einer bestimmten Anzahl von noch zurückzulegenden Yards für gleiche oder ähnliche Spielzüge entscheiden. Sie entscheiden sich z.B. für *„Fullback Screens"* und *„Draw Plays"* (Spielzug, der ein Paßspiel vortäuscht, aber ein Laufspiel ausführt) beim zweiten Versuch und benötigen 10 bis 20 Yards für das Erreichen eines First Down. Je mehr Sie über den Gegner wissen, desto besser sind Sie imstande, seine Offense in bestimmten Situation vorauszusehen.

Durch den Einsatz von Computern sind die meisten größeren College- und Profimannschaften in der Lage, sich genau auf die Gewohnheiten einer Mannschaft einzustellen und entsprechende Abwehrstrategien zu wählen.

Nehmen wir an, die Scouting-Berichte sagen Ihnen, daß im dritten Versuch mit wenig Raumgewinn der Gegner gerne außen um den Tight End herum zur Wide Side des Feldes läuft. Die Defense könnte sich in diesem Fall entscheiden, die gesamte Line in Richtung dieser Seite zu kippen, um das Spiel zu forcieren.

Übungen zur Mannschaftsabwehr

Verfolgungsübung

Zweck: Den Defense-Spielern sollen geeignete Laufrichtungswinkel beigebracht werden, um ein Big Play der Offense zu verhindern.

Vorgehensweise: Die Defense stellt sich in regelmäßiger Aufstellung auf. Der Quarterback nimmt den Snap und wirft einen schnellen Paß zu einem der beiden Receiver an der Seitenlinie. Nach dem Fangen des Balls läuft der Receiver zur Goal Line, wo-

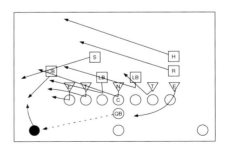

Abbildung 13.9:
Die gesamte Defense verfolgt den Receiver.

bei ihm die gesamte Defense hinterhersprintet (siehe Abbildung 13.9). Wiederholen Sie die Übung, wobei die „Stunts" (geplante Laufmanöver der Defense, um die Blocker zu verwirren) vor dem Snap festgelegt werden, um geeignete Gassen zu garantieren.

Coaching-Hinweise: Stellen Sie sicher, daß die Defense im richtigen Winkel läuft, um den Ballträger abfangen zu können. Achten Sie auch darauf, daß die Abwehrspieler nicht hintereinander herlaufen. Sie sollten dem Ballträger in unterschiedlichen Winkeln folgen.

Anpassungsübung

Zweck: Der gesamten Abwehrmannschaft soll beigebracht werden, offensive Formationen und Positionswechsel zu erkennen und sich darauf einzustellen.

Vorgehensweise: Die Defense stellt sich in regelmäßiger Aufstellung auf. Die Offense formiert sich und wechselt bzw. schickt einen Spieler parallel zur Scrimmage Line („Man in Motion"). Die Defense muß den von der Offense durchgeführten Spielzug erkennen, sich darauf einstellen und reagieren (siehe Abbildung 13.10 (a) und (b)). Die Offense sollte die Defense mit vielfältigen Formationen und Positionswechseln konfrontieren, die sie erkennen und auf die sie reagieren müssen.

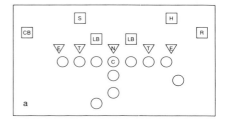

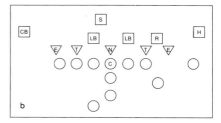

Abbildung 13.10:
(a) Basis-Defense gegenüber Wing-T-Offense und (b) Wechsel von Rover und Corner gegenüber Wing-T-Offense mit Split End

Coaching-Hinweise: Diese Übung hilft Ihrer Mannschaft, die Anwendung der Abwehrprinzipien zu erlernen. Stellen Sie sicher, daß Sie von allen Teilen der Defense eine Anpassung erwarten können und nicht nur von isolierten Bereichen.

Erkennungs- und Reaktionsübung

Zweck: Der Defense soll beigebracht werden, die Formation zu erkennen, sich auf sie einzustellen und über die strategischen Gewohnheiten der Offensivmannschaft nachzudenken.

Vorgehensweise: Die Offensivmannschaften brechen den Huddle ab, stellen sich auf und führen einen Spielzug durch. Die Defense reagiert entsprechend, indem sie den Ballträger „einwickelt".

Coaching-Hinweise: Kontrollieren Sie, ob die Aufstellung, das Verfolgen und das Erkennen der strategischen Gewohnheiten der Offense korrekt sind.

Zusammenfassung

1. Die Defense ist ein Mannschaftsspiel. Die Line, die Linebacker und die Defense Backs müssen koordiniert werden.
2. Erstrangige Gesichtspunkte, die es bei der Auswahl einer Abwehrstrategie zu berücksichtigen gilt, sind Ihre Persönlichkeit, Ihre Spieler und Ihre Gegner.
3. Ihre Defense sollte Ihre Offense ergänzen.
4. Wenn Sie sich für eine Defense entschieden haben, müssen Sie lernen, wie Sie sie am effektivsten gegen jede Offense, mit der Sie zu tun haben, arbeiten lassen.
5. Konzentrieren Sie sich auf die Down-and-Distance-Strategien der Offense, und verzichten Sie auf unnötige Experimente in der Defense.

14 Das Vermitteln des Schußspiels

Jeder erfahrene Trainer und kenntnisreiche Fan weiß, daß bei den Techniken und Taktiken, die wir in den Teilen III und IV bis jetzt behandelt haben, etwas Wichtiges fehlt. In diesem Kapitel werden wir uns das Schußspiel, oder das Spiel der Special Teams (Sondereinheiten), genauer ansehen. Aber leiten Sie bitte aus dieser späten Behandlung dieses Themas nicht die Bedeutung ab, die ich dem Schußspiel beimesse. Ich respektiere das Schußspiel, weil es häufig über Sieg oder Niederlage entscheidet.

Der verstorbene George Allen war einer der ersten und bedeutendsten Trainer, die einen Schwerpunkt auf die Special Teams legten. Er flößte seinen Spielern den Glauben ein, daß es eine Ehre ist, zu den elf ausgewählten Jungs zu gehören, die einer Schußeinheit angehören. Nachdem Allens Rams und Redskins so viele Spiele aufgrund der Leistungen ihrer Special Teams gewonnen hatten, begannen auch andere Trainer, das Schußspiel wichtiger zu nehmen. Heute hat jede Profi- und College-Mannschaft einen eigenen Trainer für die Special Teams, und jeder kluge Trainer macht das Schußspiel zu einer vorrangigen Aufgabe, nicht nur zu einem Anhängsel.

Ein Kapitel reicht nicht aus, um das Schußspiel so eingehend zu behandeln, wie es ihm eigentlich zukommt, weil zu jedem Spielzug technische Positionen gehören, die eine korrekte und wiederholte Bewegungsausführung benötigen. Sie alle im Detail zu behandeln, würde ein ganzes Buch füllen.

Aber in diesem Kapitel werden wir die primären Komponenten jeder Special-Team-Situation ansprechen – den *"Kickoff"* (Anspiel), *"Field Goals"* (Feldtore) und *"Punts"* (Befreiungsschläge).

Beginnen Sie mit dieser Information, wenn Sie Ihre Spieler unterrichten, und werden Sie dann spezifischer, indem Sie die Spieler auf jeder technischen Position unterrichten.

Kickoff (Anspiel)

Der *"Kickoff"* ist die lockere Komponente des Footballspiels. Er erlaubt Trainern, temperamentvolle, aggressive Spieler einzusetzen, die der gegnerischen Mannschaft ans Leder wollen. Jahrelang hatten Texas A&M ein Kickoff-Team, das sich aus Statisten aus der Studentenschaft zusammensetzte. Diese wirkungsvollen und enthusiastischen Spieler erlaubten den Startern, sich auszuruhen und trugen dazu bei, daß sich die Verletzungsrate unter den Startern reduzierte, die andernfalls im Kickoff-Team gewesen wären.

Obwohl eine sorglose Einstellung hilfreich sein kann, brauchen selbst die Mitglieder des Kickoff-Teams Disziplin. Jeder Spieler trägt eine bestimmte Verantwortung, wie beispielsweise das Aufbrechen des *"Keils"* des *"Return Teams"*, das Schließen von Verfolgungsgassen oder das Zurückhalten des Gegners als *"Contain Men"* (Spieler, die den Ballträger in die Mitte des Feldes und damit in die Richtung der meisten Abwehrspieler drängen).

Das Kickoff-Team beginnt, endet jedoch nicht mit dem Kicker. Manchmal spielt ein Spieler mit starken Beinen eine besondere Rolle im Kickoff-Team. Ein andermal hat der Kicker sich seine Rolle in der Auseinandersetzung mit seinen Mannschaftskameraden verdient. Das Schußspiel ist etwas Objektives, und der Spieler, der den Ball am höchsten und weitesten tritt, ist Ihr Kickoff-Spieler.

Die übrigen Spieler des Kickoff-Teams sollten schnelle, starke und sichere Tackler sein. Sie brauchen mindestens einen besonders schnellen Spieler an jedem Ende der Kick-Formation, um hinter dem Return Man her in Richtung der gegnerischen Goal Line zu sprinten. Sie brauchen auch kräftigere Linebacker-Typen in der Mitte der Formation, um einen etwaigen Keil, den das Return Team zu bilden versucht, zu zerstören. Schließlich sollte der Kicker oder ein Contain Man auf jeder Seite zurückhängen, um einen Touchdown-Return zu verhindern (siehe Abbildung 14.1).

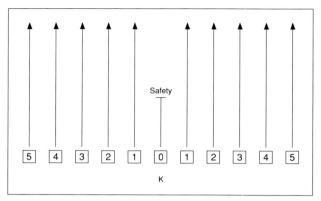

Abbildung 14.1: Die Position des Kickoff Teams

Da das Kickoff-Team oft die erste Spielergruppe ist, die Ihr Team in einem Spiel repräsentiert, kann ihre Leistung die psychologische Basis der weiteren Spielphasen setzen. Die Feldposition, die Ihr Kickoff-Team der gegnerischen Offense gibt, kann auch wichtige Konsequenzen für Ihre Defense haben.

Abgesehen davon, daß Sie Ihren stärksten Kicker einsetzen, sollten Sie üben, den Ball weit weg vom besten Return Man des Gegners zu schießen. Manchmal wird auch ein No-Return (Flachschuß) durchgeführt, um das Timing eines großen Return Teams zu stören.

Kickoff-Return

Sollte Ihre Mannschaft jemals in Sachen Kickoff-Return einen führenden Platz einnehmen, so ist dies ein Zeichen für eine schlechte Saison. Denn dies bedeutet, daß Ihre Gegner oft ein Anspiel durchführten, weil sie viele Punkte gegen Sie gemacht haben.

Positiver ausgedrückt kann jedoch ein guter Kickoff-Return für Ihre Offense eine exzellente Feldposition zu Beginn der Spielhälfte herausspielen, oder er kann nach dem Punktgewinn des Gegners den Impuls des Spiels ändern. Wenn er gut ausgeführt wird, kann der Return der spannendste Spielzug im Football sein.

Bei einem Return stellen Sie in der Regel Ihre beiden oder drei schnellsten und am schwierigsten zu fassenden Runner im freien Feld auf die tiefen Positionen. Vor ihnen stehen gute Blocks in Gestalt beweglicher Spieler wie Tight Ends und Fullbacks. Weiter vorne brauchen Sie größere, gewandte Linespieler, die den Ball gut fangen können für den Fall, daß das Kickoff-Team versucht, den Ball kurz zu spielen.

Der einfachste und am häufigsten eingesetzte Kick-Return basiert auf dem mathematischen Prinzip, daß die kürzeste Strecke zwischen zwei Punkten eine Gerade ist. Bei diesem Return bilden die vorderen fünf oder sechs und die mittlere Gruppe der Returner einen

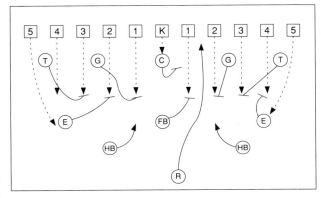

Abbildung 14.2: Ein Kickoff-Return

Keil zwischen dem Returner und dem Ziel des Gegners (siehe Abbildung 14.2). Dies ermöglicht dem Returner einen vollen Laufstart und die Suche nach einer Lücke in der Schußdeckung. Das Kickoff-Team versucht, um den Keil der Blocker herumzulaufen oder sich hindurchzukämpfen.

Field Goal (Feldtor) und Point After Touchdown (Zusatzversuch oder Extrapunkt nach einem Touchdown)

Das Field Goal und der Extrapunkt wurden einmal vom verstorbenen Dave Nelson, dem Sekretär der NCAA-Football-Regelkommission, als das „unaufhaltbare Spiel" beschrieben. Als jedoch Regeländerungen das *„Tee"* (Halter) abschafften und den Abstand zwischen den Torpfosten verringerten, wurde es weniger sicher, daß dieser Spielzug zu einem Erfolg führte.

Unabhängig davon, ob es sich um drei Punkte oder nur um einen Punkt handelt, Sie sollten diese Gelegenheiten zum Punkten ernst nehmen. Arbeiten Sie mit Ihren technischen Spielern so, daß Field Goals und Points after Touchdown (PATs) so automatisch wie möglich werden. Was auf den ersten Blick wie vergeudete Trainingszeit aussieht, kann in zwei oder drei Spielen einer Saison über Sieg oder Niederlage entscheiden.

Abbildung 14.3 zeigt eine grundlegende Field-Goal- oder PAT-Aufstellung. (Der *„Holder"* – d.h. der Spieler, der den Ball für den Schuß auf den Boden plaziert – würde auf der linken Seite eines linksfüßigen Kickers stehen.)

DAS VERMITTELN DES SCHUSS-SPIELS

Es handelt sich hier um eine Tight Formation, deren Grundregel ist, daß jeder Blocker für seine Innenlücke verantwortlich ist. Die Blocker müssen eine Tasche für den Kicker schaffen, in der er den Ball schießt.

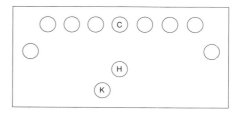

Jede Position in einem Field-Goal- oder PAT-Team ist wichtig, aber einige Rollen sind besonders entscheidend. Im folgenden werden die drei

Abbildung 14.3: Eine grundlegende Field-Goal- oder PAT-Aufstellung

wichtigsten Rollen in einem Field-Goal- und PAT-Team sowie die Methoden, wie man diesen Spielern eine effektive Aufgabenerfüllung beibringt, beschrieben.

Center

Zunächst brauchen Sie einen Center, der den Ball tief über eine Entfernung von sieben Yards zuspielen kann. Dies ist einen spezielle Fertigkeit, die intensiver Übung bedarf.

Der Center muß seine Beine für den tiefen Snap weiter spreizen, weil er seine Arme nach hinten durch seine Beine schwingen muß. Der Center muß beide Hände auf den Ball legen: Die untere Hand ist die Powerhand, während die obere Hand die Führungshand ist, die dem Ball einen Drall verleiht. Der Center sollte sich auf die Hände des Holders konzentrieren, besonders auf die Hand, die dem Platz des Holds am nächsten ist.

Dies ist eine derart wichtige Aufgabe, daß vom Center kein Blocken beim Schuß erwartet wird. Allerdings ist jeder Center, der blocken kann, natürlich ein Plus.

Im College können Sie Center, die den Snap ausführen können, rekrutieren. In der High School müssen Sie oft den nehmen, der den Job am besten beherrscht.

Holder

Der Holder ist der Quarterback des PAT-Teams. Er ist verantwortlich für die Aufstellung, das Zählen des Signals und für das Plazieren des Balls für den Kicker.

Der Holder kniet sieben Yards hinter dem Center und markiert einen Punkt, von dem der Kicker weiß, daß der Ball dorthin gesetzt wird. Der Holder sollte versuchen, den Ball auf Armlänge zu fangen (Arme in Richtung Center) und den Ball dann schnell zum Abschußpunkt zu bringen. Wenn er den Ball auf den Boden setzt, kann es sein, daß der Holder den Ball drehen muß, so daß der Kicker nicht gegen die Schnürung tritt.

Der Holder muß sichere und schnelle Hände haben. Er muß den Ball innerhalb von 2,5 Sekunden nach dem Snap in eine geeignete Position für den Kicker bringen. Ist er langsamer, wird das Timing des Kickers gestört, und der Kick wird vermutlich geblockt.

Field-Goal-Kicker

Das Field-Goal-Kicking ist vielleicht die speziellste Fertigkeit im Football. Das ist vermutlich der Grund dafür, daß Sportler, die im Grunde nicht wie Footballspieler aussehen, hier erfolgreich sind; sie haben ihr gesamtes Training auf eine Fertigkeit ausgerichtet – das Schießen des Balls durch die Pfosten.

Machen Sie keinen Fehler, das Schießen eines Feldtores geschieht nicht zufällig. Es muß intensiv und regelmäßig geübt werden.

Auf die folgenden Dinge müssen Sie achten, wenn Sie Ihrem Kicker bei seiner Feldtortechnik helfen wollen:
1. Kopf nach unten neigen, auf den Ball konzentrieren.
2. Der Nicht-Schußfuß wird nicht hinter oder vor, sondern neben den Ball gesetzt.
3. Das Schußbein wird nach dem Ballkontakt gestreckt.

> **Der Trainer kann nicht immer den Erfolg für sich beanspruchen**
> Im Jahr 1986 hatten wir in unserem Bereich drei herausragende High School-Kicker. Einer war ein Punt-Paß-und-Kick-Champion, der später für die University of Iowa kickte. Ein anderer war vier Jahre lang Kicker in der ersten Mannschaft der Northern Illinois University. Beim dritten handelte es sich um meinen Sohn Barry, der im Jahr 1990 ein Kodak All-American-Spieler am Augustana-College wurde.

Eine lokale Zeitung interviewte alle drei Spieler, als sie in der High School waren. Der Reporter ging davon aus, daß ich Barry das Kicken beigebracht hatte. Barry korrigierte jedoch den Reporter und sagte ihm, daß er sich das Kicking selbst beigebracht hätte, als er als Kind an zahllosen Football-Trainingseinheiten teilgenommen hätte. Wenn er Langeweile bekommen hätte, wäre er an ein Ende des Feldes gegangen und hätte den Football gekickt. Er war wirklich jemand, der sich das Schußspiel selbst beigebracht hatte, indem er die Technik durch wiederholtes Üben erlernte – nicht durch den Unterricht seines Vaters.

Vortäuschen des Feldtores oder des PAT

Es ist am besten, ein Feldtor oder einen PAT vorzutäuschen, wenn Ihr Gegner am wenigsten damit rechnet. Das Üben einer Täuschung aus dieser Formation wird Ihnen vermutlich dabei helfen, den Versuch eines Rush-Blocks zu kontrollieren und wird Ihre Mannschaft auch trainieren, sich zu organisieren, wenn ein schlechter Center-Snap oder irgendein anderer Fehler auftritt.

Punting (Befreiungsschlag)

Wir mögen es zwar nicht, aber selbst die stärkste Offensivmannschaft muß gelegentlich punten. Betrachten Sie das Punting als eine Methode, aus Schwierigkeiten herauszukommen, oder als eine Methode, Ihrer Mannschaft zu einer besseren Feldposition zu verhelfen.

Center

Bei Punts muß der Center den Ball über etwa 13 Yards zuspielen. Die Technik dieses Snaps ähnelt sehr der des Feldtor-Snaps. Weil jedoch die Distanz und die Höhe des Snaps größer sind, muß der Center mit noch mehr Kraft aus seiner unteren Hand werfen.

Der Center sollte sich von Beginn des Snap-Signals bis der Ball die Hände des Punters erreicht auf die Gürtelschnalle des Punters konzentrieren. Die Blockverantwortlichkeit des Centers ist bei weitem nicht so wichtig wie seine Aufgabe, den Ball dem Punter genau zuzuspielen.

Kein Scrambling (Versuch des Quarterbacks, dem Sack zu entkommen) auf dieser Position
Im Jahr 1976 übernahm unser Quarterback beim State-Championship-Spiel die Rolle des tiefstehenden Back-up Snapper. Da sich unser Stamm-Snapper verletzte, mußte der Quarterback also bei Punts, Feldtoren und Extrapunkten den Snap ausführen. Aber Sie können mir glauben, daß die gegnerischen Defense-Linespieler keine Gnade mit ihm hatten, nachdem er den Ball zugespielt hatte. Es war ihre Methode, den Quarterback in der Kampfzone an der Scrimmage Line (Trenches) zu begrüßen.

Punter

Der Punt, oder Freistoß, erfordert eine ganz andere Schußbewegung als der Platzkick bei Kickoffs, Feldtoren oder PATs. Und um ein guter Punter zu werden, braucht man genausoviel Disziplin und Übung wie man benötigt, um ein guter Platzkicker zu werden.

Die folgenden vier wichtigen Punkte müssen Sie Ihrem Punter beibringen:
1. Beobachte den Snap. Stelle sicher, daß Du den Ball fängst, und schieße dann.
2. Mache nie mehr als zwei Schritte vor dem Punt. Dein erster Schritt muß mit dem Schußbein erfolgen.
3. Tritt gerade in die Richtung, in die Du schießt.
4. Halte den Ball in einer Linie mit Deinem Schußbein nach vorne und lasse ihn leicht auf den gestreckten Fuß fallen.

Eine der besten Methoden, wie die Punter die Grundlagen üben können, ist, indem sie kurze Punts treten, genauso wie ein Quarterback kurze Pässe wirft. Dies trägt dazu bei, daß der Punter die Konzentration entwickelt, den Ball auf seinen gestreckten Fuß fallen zu lassen und den Ball in eine Rotationsbewegung wie bei einem Paß zu bringen.

Sie sollten Ihren Puntern jedoch nicht nur eine korrekte Technik, sondern auch die Punting-Strategie beibringen. Setzen Sie Belohnungen dafür aus, daß der Ball innerhalb der gegnerischen 15-Yards-Linie ins Aus gekickt wird, und nicht dafür, daß er in die Endzone gekickt wird.

Sorgen Sie auch dafür, daß der Punter und das Punt-Team auf die mit dem Punt erreichten *Netto*-Yards stolz sind und nicht auf die Weite des Schusses. Es nutzt nichts, den Ball 50 Yards zu schießen, wenn der Gegner einen Return von 25 Yards erzielt. Es ist besser, ihn 35 Yards zu schießen, ohne daß es zum Return kommt.

Punt-Formationen

Die folgenden Abbildungen zeigen die beiden Grundtypen der Punt-Formationen. In der engen (tight) Formation (siehe Abbildung 14.4) nimmt der Punter den Snap zehn Yards hinter dem Center an. Diese Formation wird eingesetzt, um einen schwachen Center zu kompensieren oder, um den Ball von der eigenen Endzone aus zu schießen.

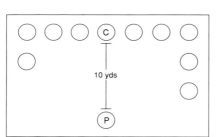

Abbildung 14.4: Die enge (tight) Punt-Formation

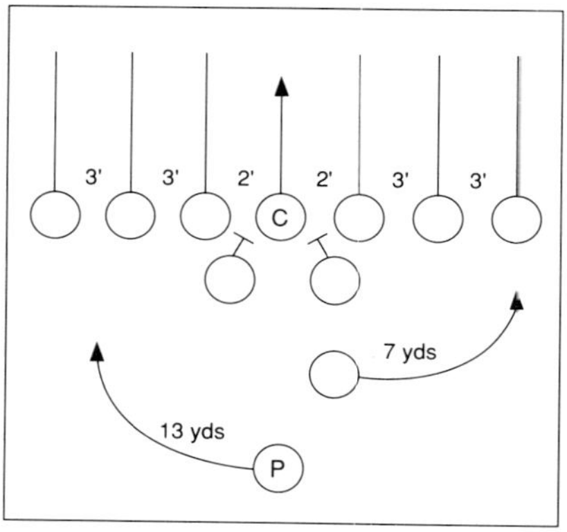

Abbildung 14.5: Die auseinandergezogene (spread) Punt-Formation

Die häufigere Punt-Formation ist die in Abbildung 14.5 dargestellte, auseinandergezogene Aufstellung. In diesem Fall stellt sich der Punter 13 bis 15 Yards hinter dem Center auf.

Punt-Deckung

Das Entscheidende, durch das sich ein erfolgreiches Punt-Team auszeichnet ist nicht unbedingt die Weite, die der Punter mit seinem Schuß erreicht, sondern, wie gut die übrigen Mitglieder des Teams in die gegnerische Spielfeldhälfte dringen und den Returner tackeln. Es ist besser, 40 Yards weit zu schießen und einen Return über fünf Yards zuzulassen, als 50 Yards weit zu schießen und einen Return über 20 Yards zuzulassen. Punt-Deckung ist die Fähigkeit, den Return aufzuhalten. Eine auseinandergezogene Formation unterstützt die Deckung, indem der Kicker 13 bis 15 Yards weit hintensteht, was der Line erlaubt, eine kürzere Zeit zu blocken und eine längere Distanz zu decken.

Die Formation kann jedoch die Einstellung nicht wettmachen. Ein gutes Punt-Team braucht aggressive, schnelle Spieler, die beherzt zum Ball sprinten. Eine gute Raumaufteilung ist wichtig, um Lücken, die sich für den Return öffnen, zu vermeiden. Ihr Punter wird normalerweise der Safety sein, der sich zurückhält, sollte der Runner durchbrechen.

Punt-Return

Der Punt-Return ist ein Big Play (wichtiger, folgenreicher Spielzug). Ein guter Return versetzt die Offense in eine gute Feldposition und schafft eine gute Ausgangsposition für den Beginn eines Drive (Serie von Spielzügen, die zu einem Raumgewinn in Richtung der gegnerischen Goal Line führen).

Der Return beginnt mit einem hohen Druck auf den Kicker. Wenn Sie eine Lücke in der Formation des Punt-Teams entdecken oder ein Team haben, das in seinen Bereich zurückgedrängt ist, kann es sein, daß Sie sich zum Versuch entschließen, den Schuß zu blocken. Ihr Punt-Return-Team sollte diszipliniert genug sein, um den Block zu versuchen und gleichzeitig ein Foul am Kicker (*„Roughing the Kicker"*) zu vermeiden, was dazu führen kann, daß der Ball an die Offense des Punt-Teams zurückgegeben wird.

Nach dem Rush (Versuch, die Offense Line zu durchdringen, um den Kick zu blocken) wird die nächste Komponente des Punt-Return – der Block für den Punt-Returner – zur vorrangigen Aufgabe. Die Spieler müssen über der Hüfte blocken und sicherstellen, daß der Kopf vor dem Gegner ist, bevor sie Kontakt haben. Viele hervorragende Punt-Returns wurden wegen eines *„Clippings"* (illegales Blocken eines Gegners von hinten) abgepfiffen.

Sie können einen, zwei oder sogar drei tiefstehende Männer für den Punt-Return auswählen. Der Vorteil eines tiefstehenden Mannes und eines Rush durch zehn Spieler ist eine langsamere Deckung durch das Punt-Team. Allerdings wird ein guter Kicker den Ball von einem Returner wegkicken und den Punt zum Rollen bringen. Durchschnittlich rollt ein Punt zehn Yards weit – auf Kunstrasen weiter.

Der Punt-Returner muß gut fangen und sich seiner Position auf dem Spielfeld stets bewußt sein. So muß er z.B. einen Fair Catch ausnutzen, wenn die Deckung des Punt-Teams ihm überlegen ist, aber er muß den Ball in die Endzone für einen Touchback lassen, wenn es so aussieht, als ob dies geschehen würde.

Wall Return (Mauer-Return)

Ein häufig angewandter Punt-Return-Spielzug ist das Aufstellen einer Mauer von Blockspielern, um den Runner an einer Seitenlinie entlang freizusperren. Wie in Abbildung 14.6 ersichtlich, wird beim Wall Return eine Hälfte des Spielfeldes mit Blockspielern überschwemmt, um eine Barriere gegen die Tackler des Punt-Teams zu bilden.

Der Spielzug beginnt damit, daß der End auf der Seite des Returns seinen Mann nach außen drückt. Der neben ihm stehende Tackle drückt seinen Mann nach innen. Diese kleine Anpassung schafft eine Gasse für die Returns weiter unten. Der End und der Tackle sprinten dann in Richtung der gegnerischen Goal Line, um die Front der Mauer zu bilden. Der Linebacker blockt den Guard und folgt dem Tackle zur Mauer. Der Noseguard blockt den Snapper und folgt dem Linebacker zur Mauer.

Der Tackle und End auf der dem Punt entgegengesetzten Seite des Spielfeldes stürmen auf den Punter zu und zwingen ihn, schnell zu

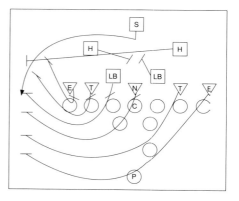

Abbildung 14.6: Beim Wall-Return wird eine Spielhälfte von Blockspielern überschwemmt, um eine Barriere gegen die Tackler des Punt-Teams zu bilden.

schießen. Der Backside Linebacker blockt den ersten Gegner nieder. Die Backs machen innen dicht und führen den Return Man. Entnehmen Sie der Abbildung 14.6, daß der Back auf der Returnseite nach innen blockt, um den Return Man starten zu lassen. Der andere Back schützt den Returner und führt dann, um den Contain Man zu blocken. Der Return Man bedroht den Middle, bevor er zur Mauer durchbricht und seinem führenden Back folgt. Die Aufgabe des Return Man besteht darin, auf die andere Seite der Mauer zu gelangen, die seine Mannschaftskameraden für ihn errichtet haben.

Punt-Return-Fähigkeiten

In den späten sechziger Jahren hatten wir während unserer Rekord-Siegesserie in der High School einen Safety, der bei seinen letzten 14 Spielen 15 Punts für

TDs über 60 Yards returnierte. Bei dem Spieler handelte es sich um Barry Pearson, der nachher bei den Steelers und den Chiefs spielte. Sein Können inspirierte die ganze Mannschaft, sich besonders einzusetzen.

Das Training der Special Teams

Beim Training der Special Teams kommt es darauf an, daß man alle Phasen des Schußspiels live und in vollem Tempo übt.

Wir trainieren das Punting jeden Tag auf dem Spielfeld. Aufgrund der von Open-Field-Blocks und Tackles ausgehenden Verletzungsrisiken üben wir allerdings Kickoffs und Kickoff-Returns weniger häufig auf dem Spielfeld.

Die Spieler trainieren Punts, Extrapunkte und Kickoffs individuell. Wenn wir als Team üben, handelt es sich um unser Full-Speed- und Full-Contact-Kicking-Team.

Zusammenfassung

1. Das Schußspiel macht ein Drittel des Footballspiels aus. Widmen Sie ihm daher mindestens ein Drittel Ihrer Aufmerksamkeit.
2. Helfen Sie den Spielern, spezielle Fertigkeiten für das Schußspiel zu entwickeln. Schußtraining, -bücher, -videos und besondere individuelle Anweisungen können für diese Entwicklung sehr wichtig sein.
3. Special teams sind – sagen wir – speziell. Behandeln Sie sie entsprechend, mit Aufmerksamkeit im Training und mit Verantwortung im Spiel.

TEIL V
DAS TRAINING DES SPIELS

15 Spielvorbereitung

Die Spielvorbereitung beginnt mit der Vorbereitung auf das Training. Damit meine ich, daß wir am Spieltag leistungsbereit sein sollten, wenn wir unsere Spieler während der Woche körperlich und psychisch vorbereitet haben.

Alles, was Sie vor dem ersten Spiel und zwischen den Spielen tun, sollte dazu dienen, die Bereitschaft der Spieler, gegen den nächsten Gegner anzutreten, zu erhöhen. Jeder Scouting-Bericht, jede Übung und jede Zusammenkunft sollte Ihrem Team eine bessere Chance geben, bei dem bevorstehenden Spiel erfolgreich zu sein. Dieser Vorbereitungsprozeß sollte zu einer Routine und einem wirkungsvollen Muster werden.

Konzentration auf das Spiel

Die Vorbereitung auf das nächste Spiel beginnt mit dem Ende des vorangegangenen Spiels. Die mit diesem Spiel assoziierten Emotionen sollten höchstens einen oder zwei Tage anhalten, dann sollten Sie sich gedanklich mit dem nächsten Spiel bzw. mit dem nächsten Gegner auseinandersetzen. Wir haben festgestellt, daß diese Konzentrationsverlagerung von dem soeben absolvierten zum nächsten Spiel uns vor allzu tiefer Depression oder zu großem Enthusiasmus schützt.

Ein wichtiger Aspekt der Vorbereitung ist die Ruhe und die Zeit zum Ausheilen von Verletzungen, die den Spielern nach einem Spiel zugestanden werden muß. Wir raten den Spielern, mit allen Beschwerden sofort zum Physiotherapeuten zu gehen. Ferner empfehlen wir ihnen, sich während der ersten 24 Stunden nach einem Spiel richtig zu ernähren und auszuschlafen, so daß sich ihr Körper erholt. Wenn man auf den Besuch beim Physiotherapeuten und auf Erholung verzichtet, kann das Training in der folgenden Woche beeinträchtigt werden.

Wenn wir am Montag zum Training zusammenkommen, erwarten wir von jedem Spieler Einsatzbereitschaft. Wir bereiten uns auf jedes Spiel anhand des gleichen Trainingsplans vor (siehe Kapitel 6). Diese Routine trägt dazu bei, daß die körperliche Kondition unserer Spieler aufgebaut oder aufrechterhalten wird und sorgt dafür, daß sie psychisch auf das Spiel vorbereitet sind.

> **Nicht nur irgendeine Zahl**
> Ein mir bekannter Trainer versuchte, seine Mannschaft mit einer besonderen Methode auf ein Eröffnungsspiel vorzubereiten. Am ersten Trainingstag bemerkten die Spieler eine riesige, an der Wand der Umkleidekabine befestigte Zahl. Niemand hatte eine Ahnung, was die Zahl bedeutete. Schließlich, in der letzten Woche vor dem Spiel, stellten die Spieler fest, daß es sich um die Anzahl der Minuten bis zum ersten Kickoff handelte. Damit begannen auch die Spieler, die Minuten zu zählen. Sie waren völlig auf den Spielbeginn konzentriert.

Konzentration auf den Gegner

Viele Trainer entschuldigen eine schlechte Leistung, indem sie sagen, ihre Spieler hätten sich gedanklich bereits mit einem starken zukünftigen Gegner beschäftigt. Diese Entschuldigung kann ich nicht akzeptieren. Natürlich wissen die Spieler, wer von ihren Gegnern stark ist, aber die Trainer müssen sicherstellen, daß die Spieler in jedes Spiel mit dem gleichen Grad an mentaler Vorbereitung gehen.

Wir hatten nie das Gefühl, daß unsere Spieler Probleme damit hatten, sich auf einen Gegner vorzubereiten. Wir erinnern die Spieler täglich daran, daß es in ihrer eigenen individuellen Verantwortung liegt, ihre Arbeitstage zu nutzen, um sich auf den Spieltag vorzubereiten.

> **Der reflektierte Gegner**
> Ich hatte die Gewohnheit, den Namen unseres Gegners auf den Spiegel zu schreiben. Wenn die Spieler ihre Haare kämmten, konnten sie nicht vermeiden, über diesen Gegner nachzudenken. Sein Name stand direkt vor ihnen.
> Wenn wir das Spiel gewannen, schrieben wir den Namen des Gegners links neben den Spiegel; hatten wir verloren, so schrieben wir ihn rechts hin. Wir hofften, daß am Ende der Saison auf der rechten Seite des Spiegels kein Name stehen würde.

Es wurde zu einer Tradition, den Namen des nächsten Gegners auf den Spiegel des Umkleideraums zu schreiben. Nach einer Weile begannen die Spieler, dies zu Beginn jeder Woche selbst zu tun. Ich glaube, dies half unseren Spielern dabei, sich auf den Gegner der nächsten Woche zu konzentrieren.

Die Trainer müssen den Gegner studieren, und sie müssen den Spielern vermitteln, was sie wissen müssen, um die beste Siegeschance zu haben. Dieser Prozeß beginnt mit dem Scouting und endet mit dem Abschlußtraining vor dem Spiel.

Scouting

Scouting ist enorm wichtig, weil Football ein ausgesprochen strategisches Spiel ist. Es ist entscheidend, wie Sie Ihre Spieler gegen Ihren Gegner positionieren. Football ist keinesfalls ein einfaches Reaktionsspiel; die Spieler müssen richtig positioniert sein, und sie müssen die richtigen Gegenaktionen auf das, was der Gegner tut, geübt haben.

Unsere formale Vorbereitungswoche beginnt damit, daß die Trainer den Scouting-Bericht erhalten. Wir bekommen diese Information am Tag nach dem Spiel und beginnen sofort mit der Analyse.

Es gibt verschiedene, von den Mannschaften eingesetzte Scouting-Methoden. Einige Mannschaften verwenden Videofilme. Andere verwenden Tonbandkasset-

ten, auf denen die einzelnen Spielzüge beschrieben werden. Vielfach werden schriftliche Berichte genutzt. Die meisten Programme verwenden jedoch eine Kombination dieser drei Scouting-Methoden.

Die Conferences haben üblicherweise Regeln, nach denen die Filme zwischen den einzelnen Schulen ausgetauscht werden. Diese Richtlinien bestimmen den Inhalt und die Qualität des Films sowie den zeitlichen Rahmen, innerhalb dessen der Film dem nächsten Gegner zugeschickt werden muß. Wenn Sie jedoch in der Playoff-Runde gegen Schulen spielen, die Ihrer Conference nicht angehören, werden die Filmaustauschregeln manchmal nicht mehr befolgt.

Der falsche Film
Um uns im Jahr 1983 auf ein Playoff-Spiel vorzubereiten, begannen wir mit der Analyse eines Films, der uns von unserem nächsten Gegner zugeschickt worden war. Wir brauchten nicht lange, um zu erkennen, daß etwas faul war.

Die Mannschaft war für ihren sehr guten Quarterback bekannt. Der Film, den die Schule uns zugeschickt hatte, zeigte jedoch nur den Quarterback der zweiten Mannschaft im Einsatz.

Da wir nicht spielen wollten, ohne die wichtigste Offensivwaffe des Gegners gesehen zu haben, riefen wir bei der Schule an und verlangten einen anderen Film. Sie reagierten überrascht, stimmten jedoch (unter Nachdruck der NCAA) zu, uns einen anderen Film zuzuschicken, der den Quarterback ihrer ersten Mannschaft zeigte.

Filmanalyse
Angenommen, uns wird der richtige Film zugeschickt, dann beginnen wir sogleich mit der Analyse. Wenn Ihnen gute technische Anlagen zur Verfügung stehen, können Sie einen Computer so programmieren, daß er Ihnen die Spielzüge auf jede nur erdenkliche Weise sortiert.

Zunächst analysieren wir den Film im Hinblick auf die Offense, Defense und die Special Teams des Gegners. Innerhalb dieser Kategorien suchen wir dann nach spezifischen Elementen innerhalb jeder Einheit.

Die Filmanalyse sollte die Gewohnheiten der gegnerischen Mannschaft, aus denen Sie Nutzen ziehen können, bloßlegen. Eine sorgfältige Untersuchung wird dazu führen, daß Sie feine Veränderungen der Aufstellung oder der Spieler, die den Spielzug verraten, erkennen. Sie werden z.B. feststellen, daß einige Mannschaften bestimmte Laufformationen haben und unterschiedliche Formationen für Paßspielzüge einsetzen.

Vorteile des Films
Wenn man sie klug einsetzt, sind Filme großartig: Ein Film gibt Ihnen die Gelegenheit, einen Gegner zu beobachten, den Sie andernfalls mangels Gelegenheit aufgrund unterschiedlicher Spielpläne nie sehen würden. Ohne Filme wäre unser Scouting ausschließlich auf schriftliche und mündliche Berichte unserer Scouts angewiesen.

Filme sind großartige Lehrer und unterstützen die Spielplanung. Obwohl Sie nie hundertprozentig sicher sein können, was ein Gegner machen könnte, gestattet Ihnen der Film, das nächste Spiel mit einem gewissen Grad an Sicherheit zu planen, und unterstützt Sie dabei, Vertrauen in Sie selbst, in Ihre Trainer und Ihre Spieler zu entwickeln.

Nachteile des Films
Obwohl der Film als ein Scouting-Werkzeug viele Vorteile hat, hat er auch Grenzen. Filme geben keine Informationen über die körperlichen Fähigkeiten des Gegners und vermitteln Ihnen auch kein Gefühl für die Spielbedingungen. Ein Film zeigt Ihnen selten die Aktionen aller elf Spieler auf dem Feld. Und weil die Kame-

ra normalerweise zwischen den Spielzügen stoppt, sehen Sie nicht, wie die Mannschaft Spieler ersetzt und erfahren auch nichts über die Einstellungen einzelner Spieler.

Filme können auch teuer sein. Und selbst wenn Sie über Computertechnologie verfügen, um den Inhalt der Filme zu analysieren, benötigt man enorm viel Zeit, um die Daten zu programmieren und zu aussagekräftigen Teilen zusammenzufassen.

Stellen Sie auch sicher, daß Ihre Spieler, nachdem sie ihren nächsten Gegner gesehen haben, nicht übermäßig selbstbewußt oder mutlos werden. Betonen Sie, daß die Spieler die Technik und die Strategie des Gegners studieren sollen. Lassen Sie nicht zu, daß Ihre Spieler auf Basis des Erfolgs Ihres nächsten Gegners (in dem im Film dargestellten Spiel) zu voreiligen Schlußfolgerungen kommen.

Offense
Formation
Position auf dem Feld
Down-and-Distance
Arten von Spielzügen

Defense
Basis-Defense
Anpassungen der Defense an unterschiedliche offensive Aufstellungen
Individuelle Verantwortlichkeiten

Special Teams
Aufstellungen
Blockstrategien
Beste Deckungsspieler

Das falsche Bild
In meinem ersten Jahr an der High School setzte ich einen Film aus dem vorangegangenen Jahr ein, um die Vorbereitung auf den nächsten Gegner zu unterstützen. In diesem Film verwandte die Mannschaft eine Wing-T-Offense. Ich entwickelte also eine Defensivaufstellung und -strategie, um die dieser Formation entspringenden Spielzüge zu stoppen.

Sie können sich meine Überraschung vorstellen, als wir feststellen mußten, daß die Sophomore-Mannschaft dieses Gegners eine Double-Wing-Offense mit einem versetzten Fullback einsetzte. Unser Trainerstab zog sich angesichts dessen sofort in den Umkleideraum zurück, um noch in letzter Minute eine Abwehrumstellung zu entwickeln, falls die Varsity-Mannschaft auch eine derartige Formation anwenden sollte. Es nutzte leider nichts. Unsere Abwehrspieler waren den ganzen Abend über falsch postiert, weil wir versäumt hatten, sie im Training richtig vorzubereiten.

Nach dem Spiel stellten wir fest, daß der Film, den wir uns als Vorbereitung auf dieses Spiel angesehen hatten, in die falsche Hülle gesteckt worden war. Die Mannschaft, die wir in dem Film gesehen hatten, war nicht identisch mit der Mannschaft, gegen die wir gerade gespielt hatten.

Dieses Versehen unterstreicht die Wichtigkeit korrekter Aufzeichnungen, der richtigen Ablage aller Filme von Spielen und natürlich guter Scouts.

Der Scouting-Bericht
Da ein Film nicht die optimale Methode ist, um einen Gegner zu studieren, ist die altmodische Form des Scoutings noch immer populär. Ein oder zwei Mann Ihres Vertrauens besuchen das Spiel oder die Spiele des Gegners, bevor Sie gegen die betreffende Mannschaft spielen. Sie machen Aufzeichnung auf Papier und Tonband und holen die erbetenen Informationen für Sie ein.

Diese Informationen beinhalten üblicherweise die Grundaufstellungen der betreffenden Mannschaft, ihre favorisierten offensiven Spielzüge und ihre Schlüsselspieler. Unser Scouting-Bericht informiert Sie über die Down-, Distanz- und Feldposition. Um die Tabellarisierung zu vereinfachen, sollten Sie die Position des Downs auf dem Scouting-Formular stets auf die gleiche Stelle schreiben (z.B. First Down immer oben links, Second Down oben rechts, Third Down unten links und Fourth Down unten rechts).

Sie erwarten von den Scouts auch besondere Einblicke. Verrät ein gegnerischer Spieler z.B. Spielzüge? Vielleicht stellt sich ein Offensive Guard weiter zurück auf, wenn er für einen Sweep oder Trap-Block wegziehen will. Sollte dies der Fall sein, können Sie Ihrer Defense einschärfen, sich auf den Guard zu konzentrieren und den Spielzug zu antizipieren. Ihre Scouts sollten stets nach Möglichkeiten suchen, die Ihnen zu einem Vorteil verhelfen können.

Die Scouts müssen auch die Stärken der gegnerischen Mannschaft herausfinden. Wenn die zu beobachtende Mannschaft beispielsweise über einen schnellen und schwer zu fassenden Split End verfügt, kann es sein, daß Sie zwei Defense Backs auf ihn ansetzen müssen. Sie können von einem Spieler nicht erwarten, daß er etwas tut, zu dem er körperlich nicht in der Lage ist.

Zwei Scouts sind besser als einer. Von zwei Scouts können Sie sowohl schriftliche als auch Tonbandberichte über das Spiel des Gegners erhalten. Wenn die Scouts verantwortungsbewußt sind, werden Sie in ihren Aufzeichnungen einen hohen Grad von Übereinstimmungen feststellen. Dies erhöht Ihr Vertrauen in die Informationen, die Sie von ihnen erhalten.

Beobachtung der falschen Mannschaft

In meinem ersten Jahr an der Geneseo High School wurde ein Trainer ausgeschickt, um eine Mannschaft zu beobachten, die erst ein Spiel in jenem Jahr verloren hatte. Diese Mannschaft war außerordentlich schnell: Das Backfield bestand aus allen vier Mitgliedern der 440-Yard-Staffelmannschaft der State-Meisterschaften. Der Trainer kehrte mit einem eine Seite umfassenden Scouting-Bericht zurück. Oben rechts in der Ecke stand: „Schau Dir einmal den dritten Cheerleader von links an; sie sieht echt toll aus." Mensch, war ich wütend! Ich sagte zu ihm: „Kein Wunder, daß Ihr hier nie etwas gewinnt." Da es das letzte Spiel war, brachte dieser Trainer die Saison noch zu Ende, aber es war seine letzte an unserer Schule.

Selbst-Scouting

Wenn ich den Eindruck erweckt habe, daß unser Schwerpunkt bei der Spielvorbereitung darauf liegt, was der Gegner tut, habe ich Sie in die Irre geführt. Die Leistung unserer eigenen Mannschaft interessiert uns immer sehr viel mehr als die der gegnerischen Mannschaft.

Das trifft auf die meisten Trainer, die ich kenne, zu. Ich glaube sogar, daß die Trainer sich die meisten Filme ansehen, um ihre eigene Mannschaft zu beobachten, nicht die gegnerische.

Obwohl wir vermutlich unsere eigene Mannschaft am besten kennen, kann gerade diese Vertrautheit manchmal dazu führen, daß man bestimmte Dinge übersieht. Weil wir so nahe an der Situation sind, kann es sein, daß wir Gewohnheiten, die sich entwickelt haben, übersehen. Vielleicht haben wir hinsichtlich der Auswahl der Spielzüge bei bestimmten Downs-and-Distances eine Strategie entwickelt. Vielleicht ist es so etwas Simples wie der Quarterback, der immer nach dem Snap-Signal verlangt. Ohne eine objektive Außensicht – egal, ob durch einen Film oder schriftlichen Bericht – wird man diese Gewohnheiten nicht entdecken.

244 SPIELVORBEREITUNG

Denken Sie darüber nach, was Sie in Ihren Gegnern zu entdecken versuchen. Machen Sie sich dann Gedanken darüber, was Ihre Gegner entdecken könnten, wenn sie Sie beobachten würden.

Coachen Sie für sich selbst, nicht für den Gegner

Unsere Betonung der Selbstbeobachtung ist Teil einer umfassenderen Philosophie, die lautet: „Kümmern Sie sich mehr darum, was Sie selbst machen, als um das, was der Gegner macht." Wir können das, was wir selbst tun, viel besser kontrollieren, als das, was der Gegner tut.

Selbst wenn Sie einen Gegner gewissenhaft und mit großem Zeitaufwand beobachten, können Sie sich auf die Ergebnisse nicht verlassen. Wie eine Mannschaft gegen einen anderen Gegner spielt, besagt nicht unbedingt, wie sie gegen Sie spielt. Dies war sowohl bei unserer Serie von 52 hintereinander gewonnenen

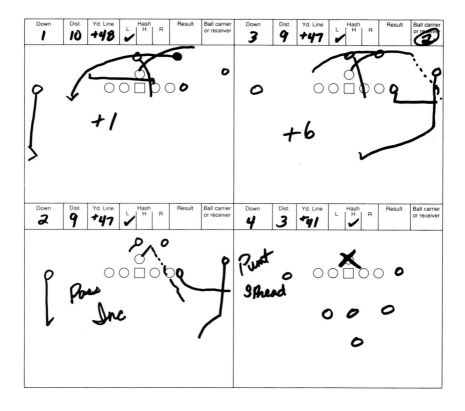

Spielen in der High School der Fall als auch später bei unseren 60 Siegen hintereinander im College. Während beider Serien probierten die gegnerischen Mannschaften alle möglichen Angriffs- und Abwehrvarianten gegen uns aus, in der Hoffnung, uns zu Fall zu bringen.

Wir haben nie versucht, das, was wir tun, zu tarnen oder zu verstecken. Wie Adolph Rupp einmal zu seinen Trainerkollegen aus derselben Conference, die an seinem Basketball-Camp teilnahmen, sagte: „Ihr könnt ruhig wissen, was wir tun, aber solange Ihr nicht auf dem Spielfeld gegen uns antretet, wißt Ihr nicht, wie gut wir es tun."

Andere Mannschaften wissen genau, was Augie tun wird, wir wissen jedoch, daß dies egal ist, wenn wir das, was wir tun, gut genug tun. Keine Mannschaft wird uns stoppen, es sei denn, sie ist uns körperlich weit überlegen.

Die Vorbereitung des Spielplans

Scouting-Berichte sind nur dann nützlich, wenn Sie sie verwenden, um Ihren Spielplan zu entwickeln: die allgemeinen und spezifischen Schemata, Taktiken und Spielzüge, die Sie *ausgehend von Ihrer Basis-Offense und -Defense* betonen.

Sie entwerfen nicht für jedes Punktspiel einen neuen Spielplan. Da nur eine Woche Vorbereitungszeit bleibt, haben Ihre Spieler Schwierigkeiten, selbst kleine taktische Veränderungen nachzuvollziehen. Das jeweils neue Spiel ist also lediglich eine Verfeinerung oder ein neues Zuschneiden Ihrer Strategie – d.h. Ihres Spielplans – zwecks Akzentuierung Ihrer Stärken und Offenlegen der Schwächen Ihres Gegners.

> **Oft ist es besser, nichts zu verändern**
> Vor einer Meisterschaft waren sich die Trainer hinsichtlich ihrer Kenntnis der gegnerischen Offense so sicher, daß wir mit unseren Abwehrspielern sehr viel darüber sprachen, wie wir diese Offense stoppen sollten. Wir entwickelten sogar eine eigene Defense, von der wir sicher waren, daß sie funktionierte.
> Unser Vertrauen in den defensiven Spielplan endete in dem Moment, als der Gegner nach dem Eröffnungs-Kickoff geradeaus in Richtung unserer Goal Line marschierte. Während der gesamten ersten Spielhälfte gelang es uns nicht, den Gegner zu stoppen.

Nach der Halbzeit wechselten wir wieder zu unserer Basis-Defense – diejenige, die wir 13 Spiele lang mit Erfolg angewandt hatten. Befreit von unserer speziellen Abwehrstrategie, reagierten die Spieler schneller und instinktiver auf den Ball. Wir gaben in der zweiten Hälfte nur drei Punkte ab, und meldeten damit Anspruch auf den Meistertitel an.

Die Eventualitäten

Zusätzlich zum standardmäßigen Spielplan muß ein Trainer viele Fragen berücksichtigen, die mit „Was wäre, wenn ...?" beginnen: Was wäre, wenn der Gegner einen No-Huddle-Angriff wählen würde? Was würde passieren, wenn wir den gegnerischen Noseguard nicht 1:1 in den Griff bekommen sollten? Was wäre, wenn wir zwei Minuten vor Schluß einen Punkt zurücklägen und wählen müßten zwischen dem Schießen eines Extrapunktes für ein Unentschieden oder dem Versuch, eine 2-Punkte-Conversion zu erzielen?

Der Cheftrainer muß nach Rücksprache mit seinen Assistenten auf derartige Fragen eine Antwort wissen. Viele Trainer planen ihre Reaktionen vor dem Spieltag. Andere ziehen es vor, Ad-hoc-Entscheidungen zu treffen, wobei sie Faktoren wie den Spielimpuls, Verletzungen und Empfehlungen der Spieler berücksichtigen.

Sind die Eventualitäten nicht so kompliziert, dann sollten Sie noch alle möglichen Entscheidungen, die ein gegnerischer Trainer machen könnte, in die Faktorenkette einbeziehen. Wird er seinen Punter auf dem Vierten-und-Vier von der 50-Yards-Linie täuschen lassen? Wird er von einer Defense-Front mit sieben Spielern zu einer Defense-Front mit acht Spielern wechseln, um zu versuchen, das Laufspiel zu stoppen?
   Es ist klar, daß Sie nicht jeden möglichen Fall planen oder voraussehen können. Zu viele unerfahrene Trainer versuchen dies vergeblich und verlieren innerhalb dieses Prozesses den Blickwinkel für das, was ihre erstrangige Aufgabe sein sollte: die Vorbereitung ihrer Mannschaft.

Wir konfrontieren unsere Spieler mit so wenig „Was wäre, wenn ..."-Szenarien wie möglich. Je weniger Alternativen Sie berücksichtigen müssen, desto besser. Wir wollen, daß unsere Spieler mit Selbstbewußtsein an das gehen, was sie als Individuen und als Mannschaft tun. Wir wollen nicht, daß sie sich Sorgen darüber machen, was der Gegner tun könnte. Diese Gedanken sind dem Trainer vorbehalten.

Die Umsetzung des Spielplans

Da Sie jetzt wissen, welche Informationen wir einholen und worauf wir bei der Spielvorbereitung den Schwerpunkt legen, wollen wir uns jetzt damit beschäftigen, wie wir diese Informationen und die Theorie in die Praxis umsetzen. Im folgenden finden Sie eine Beschreibung, wie wir unseren Plan für jedes Spiel vorbereiten.

Montag

Der Trainerstab trifft sich und bestimmt, wie wir, ausgehend von unserer Basis-Offense und Basis-Defense, den Gegner am besten angreifen können. Wir wollen keine unserer Optionen aus dem Plan entfernen.

Dann werfen wir einen genaueren Blick auf unsere Offense, Defense und die Special Teams vor dem Hintergrund der Stärken und Schwächen des Gegners. Ausgehend von dieser Analyse stellen wir eine Reihe von Fragen:

Zur Offense:
Auf welche Serie legen wir den Schwerpunkt? Welche Spielzüge werden auf Basis dieser Serie am besten funktionieren? Welche spezifischen Mißverständnisse zwischen den gegnerischen Spielern können wir ausnutzen?

Zur Defense:
Wie werden wir gegen unterschiedliche Formationen decken? Welche Spielzüge oder Spieler müssen wir als erste stoppen? Wie passen unsere Spieler zusammen?

Zu den Special Teams:
Welche Aufstellung wählen sie? Was sind ihre Stärken?

Ein Teil unserer Auswertung wird sich mit den Gewohnheiten des Gegners beschäftigen: Welches Laufspiel sie in bestimmten Down-and-Distance-Situationen wählen; wie wir aus diesen Gewohnheiten Nutzen ziehen könnten; nach welchen Schlüsseln wir in ihrer Defense suchen müssen; wie wir unserem Quarterback und den Receivern dabei helfen können, diese Schlüssel zu identifizieren. Diese Auswertung und Planung dauert oft bis zum nächsten Tag, an dem wir bereit sein müssen, den Spielplan unseren Spielern mitzuteilen.

Dienstag

Nach dem Nachmittagstraining am Dienstag wird die Mannschaft erstmalig mit dem Spielplan konfrontiert. Eigentlich stellen wir jeder Einheit – der Offense, der Defense und allen Special Teams – einen spezifischen Spielplan vor.

Die Lehrmethode ist das Durchspielen der Formationen und Spielzüge an der Kreidetafel und auf dem Spielfeld. Diese Methode hilft den Spielern, die Formationen und Spielzüge besser zu verstehen, indem sie sie auch in der Praxis erleben und nicht nur an der Kreidetafel sehen. Zu diesem Zeitpunkt zeigen wir den Spielern die Umstellungen, die wir an unserer Basis-Offense und Defense vornehmen, und jeden neuen Kniff im Schußspiel.

Nach Durchgehen des Spielplans in ganzen Einheiten, teilen sich die Spieler in kleine Gruppen auf und arbeiten an den Individualtechniken und Gruppentaktiken, die für die betreffende Woche am wichtigsten sind. Wenn wir z.B. gegen eine Mannschaft spielen, die den Ball oft ihren Runningbacks zuwirft, absolvieren unsere Linebacker Paßabwehrübungen, um ihre Deckungstechniken zu verbessern.

Nach diesen Übungen in Kleingruppen versammeln wir wieder die offensiven und defensiven Einheiten (an gegenüberliegenden Seiten des Spielfelds). Jede Einheit versucht, den Spielplan auszuführen und Techniken anzuwenden, die ihr vorher im Training beigebracht wurden. Ein Scout Team stellt den Gegner dar und imitiert so gut wie möglich seine Formationen, Spielzüge und Gewohnheiten.

Mittwoch

Die Vorstellung, daß alles, was wir am Montag und Dienstag geplant haben, so wie vorhergesehen läuft, ist zwar schön, aber das ist nur selten der Fall. Daher treffen sich mittwochs die Trainer und analysieren, wie sie den Spielplan einer Revision unterziehen können. Wir stellen z.B. fest, daß wir eine bestimmte Blocktaktik nicht so, wie gedacht, einsetzen können.

Wenn derartige Umstellungen notwendig sind, stellen wir sie ebenfalls sowohl an der Kreidetafel wie auch praktisch auf dem Spielfeld vor. Wir wollen sicherstellen, daß die Spieler die Änderungen verstehen. Dann überprüfen wir, ob die Veränderungen in unserem Testspiel gegen das Scout Team funktionieren.

Am Mittwoch arbeiten wir an der Ausführung unseres Schußspiels und üben alle am Dienstag vorgestellten Anpassungen an die gegnerischen Special Teams, mit vollem Tempo.

Mittwoch ist ein echter Arbeitstag, aber wir haben auch das Gefühl, daß es ein Spieltag im Sinne der Spielvorbereitung ist. Das Tempo des Spiels am Freitag oder Samstag spiegelt normalerweise wider, wie gut wir am Dienstag und Mittwoch trainiert haben.

Das Training am Tag vor dem Spiel

Am Tag vor dem Spiel ist das Training kurz und leicht, gerade ausreichend, um die Spieler ein wenig ins Schwitzen zu bringen. Zu diesem Zeitpunkt sollten wir den Spielplan nicht mehr wesentlich ändern.

Wir erinnern die Spieler an alle ihre Aufgaben und lassen sie noch einmal jede Phase unseres Offense-, Defense- und Special-Team-Plans durchlaufen.

Zusammenfassung

Kein Footballtrainer bzw. keine Footballmannschaft kann ohne eine gute körperliche und mentale Vorbereitung auf das Spielfeld gehen und beständig erfolgreich sein. Die Komponenten dieser Vorbereitung sollten sein:

1. Eine vertraute und konzentrierte Trainingsroutine.
2. Scouting-Informationen, die man durch Filmanalysen sowie durch schriftliche und verbale Berichte gewinnt.
3. Selbstverbesserung sowie eine bessere Mannschaftsleistung als Schwerpunkt, nicht das, was der Gegner tut.
4. Ein gut durchdachter Spielplan, der nicht sehr von der Basis-Offense und -Defense-Strategie abweicht.
5. Eine sorgfältige Umsetzung des Spielplans durch das Vermitteln und das Üben taktischer Komponenten und individueller Techniken.

16 Das Bewältigen von Spielsituationen

Ich glaube stets, daß wir jedes Spiel gewinnen können, und ich erwarte auch, daß meine Spieler dies glauben. Dies ist kein Ausdruck übertriebenen Selbstbewußtseins. Wir respektieren alle unsere Gegner. Und wie jeder Trainer, denke ich auch am Morgen vor dem Spiel an Eventualitäten.

Da wir jedoch von unserem System und unseren Methoden des Unterrichts und der Vorbereitung überzeugt sind, sind wir voller Vertrauen, wenn wir das Spielfeld betreten. Dieses Selbstbewußtsein hat seinen Ursprung zum großen Teil in dem Erfolg, den wir im Laufe der Jahre hatten. Die Spieler haben gesehen, was frühere Mannschaften erreicht haben – anders gesagt, sie sind sich der Tradition bewußt.

Vor dem Spiel

Wie die Spieler müssen sich auch die Trainer mental auf ein Spiel vorbereiten. Sie können damit nicht bis eine Stunde vor Spielbeginn warten.

Zusätzlich zum Spielplan sollten Sie eine ganze Anzahl von Faktoren berücksichtigen, einschließlich des Spielortes, des Wetters und der Motivationslage der Spieler.

Heimvorteil?

Der Heimvorteil spielt beim Football keine so große Rolle wie im Basketball. Die Größe des Spielfeldes und der Abstand der Fans von den Seitenlinien limitieren den Heimvorteil. Und wenn Sie nicht gerade in einem Stadion mit 50.000 lärmenden Fans spielen, sollte die Umgebung bei Auswärtsspielen kein Problem für Ihre Spieler sein.

Die Schiedsrichterentscheidungen können bei Auswärtsspielen einseitiger ausfallen, aber nur wenige Spiele werden alleine durch die Schiedsrichter entschieden. Machen Sie also Ihre Spieler nicht nervös, indem Sie ihnen sagen, die Schiedsrichter seien bei Auswärtsspielen gegen sie.

Einige Trainer versuchen, während des Spiels Druck auf die Schiedsrichter auszuüben. Obwohl ich sicher bin, daß dies manchmal wirkt, mögen die meisten Schiedsrichter diese Belästigungen nicht, und der Versuch wirkt sich zuungunsten des Trainers und seiner Mannschaft aus.

Die meisten Trainer sehen sich bei Heimspielen einem größeren Druck ausgesetzt zu gewinnen. Sie haben mehr eigene Fans, die zusehen, es wird mehr von Ihnen erwartet, und Ihre Siegesbilanz bei Heimspielen ist einer der ersten Faktoren, den sich die Verwaltung anschaut, wenn es darum geht, Sie als Trainer zu behalten.

Heim- oder Auswärtsspiel?
In meinem ersten Jahr am Augustana-College verloren wir unsere ersten vier Heimspiele. (Irgendwie gewannen wir jedoch alle Auswärtsspiele.) Ich brauchte nicht viel Zeit, um zu erfahren, daß man vom Augustana-College einfach nicht erwartete, Heimspiele zu verlieren. Die Spieler schienen den Druck zu spüren. Um also die Spannung vor dem letzten Heimspiel jenes Jahres zu lösen, machte ich in einem örtlichen Bürgerverein folgende spaßhafte Bemerkung: „Ich glaube, ich packe die Jungs dieses Mal in einen Bus und fahre mit ihnen einmal um den Block. Vielleicht gewinnen wir dann endlich mal ein Heimspiel."

Nach dieser Rede sagte ein Sportreporter zu mir: „Bob, das ist eine großartige Idee. Wenn Du das tust, drehe ich einen Film darüber."

Ich sagte: „Mensch, ich habe doch nur einen Witz gemacht. So ein Blödsinn liegt mir fern."

Nachdem ich jedoch noch einmal darüber nachgedacht hatte (und nachdem ich zufällig unseren College-Präsidenten, Dr. Treadway, getroffen hatte, der, obwohl er das Programm grundsätzlich guthieß, unsere Heimspielniederlagen erwähnte), wurde mir klar, daß die Spieler von jedem hörten, zuhause nicht gewinnen zu können. Vielleicht begannen sie mittlerweile, daran zu glauben.

Ich sagte also den Spielern, daß wir uns am Morgen des Spiels zu einem gemeinsamen Frühstück treffen würden. Als ich sie an diesem Morgen alle im Umkleideraum hatte, ließ ich den Sportdirektor, John Farwell, einen großen, grünen Bus, der zu unserer Verfügung stand, vorfahren. Am Ende des Treffens sagte ich den Spielern: „Okay, Jungs, laden wir unsere Sachen in den Bus und fahren wir los. Wir halten unterwegs wegen des Frühstücks an."

Die Spieler sahen mich an, als ob ich einen Witz gemacht hätte, aber dann begriffen sie, und alle packten ihre Sachen in den Bus. Wir fuhren um ein paar Blocks, und danach waren alle locker und lachten. Wir hatten viel Spaß. Wenn wir dieses Spiel verlieren sollten, dann jedenfalls nicht aufgrund von Verkrampfung.

Tatsächlich gewannen wird das Spiel 12:8 gegen einen körperlich überlegenen und wahrscheinlich talentierteren Gegner. Damit war die Serie von Heimniederlagen zu Ende.

Jeder denkt gerne an diese Busreise und unseren ersten Heimspielerfolg nach langer Zeit zurück. Das ist das einzige Mal, daß ich mir eine derartige Show erlaubt habe, aber in jenem Moment war es das einzig Richtige.

Das Wetter

Sie müssen die Spielbedingungen berücksichtigen. Windiges, regnerisches Wetter, Schnee, extreme Hitze und Luftfeuchtigkeit oder bittere Kälte haben Auswirkungen auf das Spiel. Es kann sein, daß Sie den Spielplan leicht revidieren müssen, um sich an die Bedingungen anzupassen. Wenn es beispielweise windig und regnerisch ist, könnten Sie auf riskantere Spielzüge, bei denen viel gepaßt oder der Ball viel gespielt wird, verzichten.

Ich möchte jedoch betonen, daß Sie das Wetter nie als eine Entschuldigung für eine Niederlage heranziehen sollten. Das Wetter begünstigt niemanden. Beide Mannschaften müssen mit den gleichen Elementen umgehen. Schlechtes Wetter führt dazu, daß das Spiel knapper ausgeht, da die Mannschaften ihre Spielpläne reduzieren und weniger Punkte erzielen.

Spielermotivation

Die beste Methode, wie ich mich sowohl als Spieler als auch als Trainer motivieren kann, ist, mir einige ruhige Minuten zu gönnen, in denen ich die Dinge wirklich durchdenken kann. Ich rate auch den Spielern, sich eine derartige Ruhepause zu gönnen, in der sie über ihre Aufgaben nachdenken können.

Wenn wir in den Bus steigen, um zu einem Auswärtsspiel zu fahren, erwarten wir von den Spielern, daß sie sich auf das Spiel konzentrieren, weil wir glauben, daß mentales Training dazu beiträgt, mentale Fehler während des Spiels zu vermeiden.

Es ist seltsam, daß mittlerweile die Hälfte unserer Spieler im Umkleideraum Kopfhörer trägt und Musik hört. Ich frage mich, ob das die beste Methode ist, oder ob es nötig ist. Bislang habe ich diese Verhaltensweise allerdings noch nicht untersagt.

Ich bin sicherlich kein großer Redner, der aufputschende Ansprachen hält. Das entspricht nicht meiner Persönlichkeit, und es sollte auch nicht notwendig sein. Darüber hinaus hat so etwas selten eine lang anhaltende positive Wirkung.

Glaubhafte Motivation

Ich glaube nicht daran, daß man einen Jungen dazu motivieren kann, etwas zu tun, das er nicht tun kann. Anders gesagt, ich glaube, es ist unfair, einen Jungen die ganze Woche über mit Emotion zu coachen, indem man sagt: „Du schaffst es, den Dir gegenüberstehenden All-Pro-Spieler zu blocken." Wenn der betreffende Junge dann zum ersten Mal überrannt wird, weiß er, daß er keine Chance hat.

Machen Sie die Spieler auf die Überlegenheit ihrer Gegner aufmerksam, und entwickeln Sie eine Strategie, die ihnen die beste Erfolgschance gibt und das Selbstvertrauen, daß sie es schaffen können. Ob Sie die Blockstrategie ändern, einen gegnerischen Spieler durch zwei Spieler blocken lassen oder was auch immer, Sie sollten alles tun, was Sie können, um dem benachteiligten Spieler zu helfen. Es ist unfair, ihn emotional aufzubauen und zu hoffen, daß er auf diese Weise überleben kann. Er wird feststellen, daß Sie ihn belogen haben, wenn er das erste Mal überrannt wird.

Motivationshilfen und eingeladene Redner

Es ist nicht verkehrt, wenn ein Trainer ein spezielles Tonband einsetzt oder wenn er einen Redner einlädt, um die Spieler in eine bessere psychische Verfassung zu bringen. Ich lasse mich durch derartige Aktionen sehr inspirieren. Und ich kenne viele Trainer, die so etwas tun.

Viele Trainer gehen auch am Abend vor dem Spiel mit der gesamten Mannschaft ins Kino, um beispielsweise einen Kriegsfilm anzuschauen. Ich finde daran nichts Verkehrtes, aber ich war noch nie in einer Situation, in der ich so etwas für notwendig gehalten habe.

Nicht zu hoch und nicht zu tief

Es ist für jeden Trainer wichtig, daß er das Temperament seiner Spieler kennt. Beobachten Sie, wie schnell die Spieler sich anziehen, wie enthusiastisch sie auf das Spielfeld laufen und ob sie sich während der Aufwärmübungen auf ihre aktuellen Aufgaben konzentrieren.

Die Aufmerksamkeitsspanne der Spieler ist am Spieltag kürzer. Folglich ist es nicht der richtige Zeitpunkt, um ihnen eine neue Taktik beizubringen oder eine neue Aufgabe zuzuweisen.

Während der frühen Phase eines großen Spiels sind die Spieler besonders anfällig für mentale Fehler. Sie sind emotional so sehr bei der Sache, daß sie Schwierigkeiten haben, sich auf ihre Aufgaben zu konzentrieren. Steigern Sie ihre Ablenkung nicht noch zusätzlich, indem Sie ihnen etwas ganz Neues vorstellen.

Wenn wir einmal das Spielfeld betreten haben, um uns aufzuwärmen, gehen wir selten vor der Halbzeit in den Umkleideraum zurück. Wir halten die Spieler gerne aktiv und sorgen dafür, daß sie sich voll und ganz mit der Spielvorbereitung beschäftigen. Wenn wir während der Woche unsere Arbeit getan haben, sollte es nicht nötig sein, zu diesem Zeitpunkt noch einmal den Spielplan durchzugehen. Es bedarf nur einiger kurzer Erinnerungen im Rahmen eines Endzonen-Huddles vor dem Spiel, und wir sind bereit loszulegen.

Spielertypen

Es gibt Spieler, die definitiv im Spiel besser sind als im Training. Im Training verwenden sie den speziellen Extraspielzug, den sie im Spiel zeigen, nicht. Diese Spielertypen scheinen über einen Schalter zu verfügen, den sie nur zum Spiel anschalten.

Aber wie ich bereits in diesem ganzen Buch betont habe, glauben wir nicht, daß es so etwas gibt, wie einen „Nicht-Trainings-Spieler". Also sind Spieler, die in Wettspielen bessere Leistungen zu bringen scheinen als im Training, nicht davon freigestellt, ebenso hart zu trainieren wie ihre Mannschaftskameraden.

Seien Sie sorgfältig, wenn Sie die Balance zwischen Können und Einsatz beurteilen. Was bei einem Spieler aussieht wie Trödelei, braucht dies nicht wirklich zu sein. Es mag aussehen, als ob der betreffende Spieler sich drückt, aber vielleicht ist er tatsächlich so talentiert und so schnell, daß er bei Windsprints immer als Erster oder Zweiter ins Ziel kommt. Während die anderen Spieler schnaufen und keuchen, schwitzt er kaum. Es ist nicht fair, ihn wegen seines natürlichen Talents, aufgrund dessen es so aussieht, als ob er sich weniger anstrengt als seine Mannschaftskameraden, zu kritisieren?

> **Eine Wahrheit, die nur potentiellen Tacklern bekannt war**
> Der große, ehemalige Runningback Jim Brown wurde manchmal von Zuschauern und sogar von seinen Trainern kritisiert, weil es so aussah, als sei er nicht ganz bei der Sache. War er getackelt worden, dauerte es ewig, bis er zum Huddle zurückkam. Er sah stets aus, als pfeife er auf dem letzten Loch – das heißt, so schien es wenigstens zwischen den Spielzügen.
> Man sollte jedoch berücksichtigen, daß die Abwehrspieler, die versuchten, ihn zu Boden zu ziehen, ihren Mund nie öffneten. Sie wußten aus erster Hand, daß Brown bei jedem Lauf alles gab, was er hatte. Während die Leute auf den Tribünen und in der Pressebox ihn wegen seines anscheinenden Mangels an Einsatz kritisierten, hofften die Abwehrspieler nur, daß er sich mit dem Ball nicht in ihre Richtung bewegen würde.

Gebete vor und nach dem Spiel

Das Augustana-College ist eine christliche Schule. Wir halten es daher für wichtig, daß unsere Spieler christliche Werte wie Würde, Respekt und Brüderlichkeit repräsentieren; daß sie es für wertvoll halten, an etwas zu glauben, das mächtiger ist als sie selbst mit ihrem ganzen Können.

Eine sehr wichtige Methode, die Prinzipien zu vermitteln, sind Gebete vor und nach dem Spiel. Bei jedem Spiel kommen wir vor dem Spielen der Nationalhymne zusammen, knien nieder und beten in der ganzen Gruppe. Das gleiche tun wir, nachdem wir am Spielende der gegnerischen Mannschaft gratuliert haben.

Im Gebet vor dem Spiel bitten wir normalerweise um Hilfe dafür, daß wir unser Bestes geben – *nicht* um den Sieg. Das Gebet nach dem Spiel ist reflektiverer Natur. Wir danken dafür, daß wir die Gelegenheit hatten, zusammen zu spielen, und das Spiel ohne Verletzungen über die Runden gebracht haben.

Das Vermitteln dieser Werte durch das Gebet ist heutzutage viel schwieriger als früher, vor allem an öffentlichen Schulen. Die Eltern und Gemeindemitglieder sagen den Trainern: „Dies sind Ihre Werte, Trainer, nicht unsere." Wenn Sie also an einer öffentlichen Schule Trainer sind, müssen Sie damit rechnen, daß dem Mannschaftsgebet Widerstand entgegengebracht wird.

Es ist erstaunlich, daß Trainer, die so viele Ansichten über Gesundheit, Hygiene und Fitneß sowie akademische Leistungen teilen, Widerspruch erhalten, wenn

sie so etwas Grundlegendes ausdrücken wie religiösen Glauben. Die Gebete vor und nach dem Spiel sind für mich sehr wichtig, und ich glaube, daß sie auch den Spielern wichtig sind. Es ist eine besondere Situation, in der die Spieler ausdrücken können, wie sie über sich und andere denken und welche Gefühle sie haben. Ich sehe keinen Grund, dies zu verbieten.

Spielzeit

Im Huddle vor dem Kickoff sind die Spieler nervös und können den Spielbeginn kaum abwarten. Es liegt in der Verantwortung des Trainers, ihre Emotionen konstruktiv in das Spiel zu kanalisieren.

Trainerverhalten

Ihre Mannschaft spiegelt Sie wider. Wenn Sie Ihre Konzentration oder Fassung während des Spiels verlieren, ist es wahrscheinlich, daß es Ihren Spielern genauso geht.

Wenn Sie sich aufregen, sorgen Sie dafür, daß Sie diese Emotion unter Kontrolle halten. Sie können die Schiedsrichterentscheidungen, die aufgrund des Protestes eines Trainers zurückgezogen wurden, an einer Hand abzählen. Konzentrieren Sie sich also möglichst schnell wieder auf das Spiel. Wenn Ihnen dies nicht gelingt, bekommen weder Sie selbst noch Ihre Mannschaft am Spieltag eine zweite Chance.

Reaktionen auf Spielsituationen

Mein zurückhaltender Coaching-Stil kostet mich keinen besonderen Aufwand. So bin ich eben. Ich konzentriere mich auf das Spiel und die Spieler. Andere Dinge beschäftigen mich emotional nicht so sehr. Ich konzentriere mich kaum auf die Schiedsrichter.

Genauso erwarte ich von unseren Spielern, daß sie einfach auf den Platz gehen und 60 Minuten lang so konzentriert und intensiv spielen wie nur möglich. Wenn sie im Spiel sind, müssen sie 100 Prozent geben. Um den Spielstand und die Schiedsrichter sollten sie sich nicht kümmern.

Mein Verhalten hilft den Spielern vermutlich, während der Spiele ruhig zu bleiben. Wenn ich z.B. während Auszeiten mit unserem Quarterback in dem gleichen ruhigen Ton spreche wie im Training, gibt ihm dies die Sicherheit, daß kein Grund zur Nervosität besteht. Es ist eine subtile Art, ihm zu sagen: „Geh raus, und spiele so wie im Training." Die Assistenztrainer können sich um viele Details während des Spiels kümmern. Ich bin für das Verhalten und die Emotionen der Spieler zuständig.

Echte Emotionen gegenüber falschen Emotionen

Sie können nichts vortäuschen. Wenn Sie ein sehr emotionaler Mensch sind, werden Ihre Spieler Ihre Emotionalität auch während des Spiels akzeptieren. Die Spieler werden es gutheißen, wenn Sie die Verantwortung übernehmen und sich engagieren.

Jeder Trainer sollte Emotionen zeigen, aber diese Emotionen sollten echt und spontan sein, keine Show.

Ich bin am emotionalsten, wenn unsere jungen Spieler das erreichen, was sie sich vorgenommen haben. Hoher individueller Einsatz, wie beispielsweise ein besonders guter First-Down-Run, lösen auch eine positive Reaktion aus. Aber es ist nicht mein Stil, auf jeden Spielzug emotional zu reagieren oder darauf, daß ein Spieler seine Routineaufgabe erfüllt.

Kein Wettkampf unter den Trainern

Da Footballtrainer auf gegenüberliegenden Seiten des Spielfeldes stehen, sind Auseinandersetzungen, wie man sie bei Basketballtrainern beobachten kann, nicht möglich. Wir versuchen immer, den Trainerstab der gegnerischen Mannschaft vor dem Spiel zu begrüßen und ihnen nach dem Spiel die Hand zu schütteln egal wie das Spielergebnis ist.

Nur unter außerordentlichen Umständen richte ich an einen gegnerischen Trainer oder Spieler einen Kommentar. Eine solche Situation ist beispielsweise, wenn der Trainer versucht, die Schiedsrichter oder meine Mannschaft auf dem Feld zu dirigieren. Dann schreite ich ein. Er sollte unsere Spieler nie angreifen. Nur einmal habe ich einem gegnerischen Spieler mehr als einen sportlichen Klaps gegeben.

Ein regelwidriger Schlag, der teuer zu stehen kam

Es war früh in der ersten Spielhälfte, aber das Spiel war schon so gut wie vorbei. Wir lagen weit vorne und hatten geplant, bei der nächsten Offensivserie alle unsere Starter zu ersetzen. Wir setzten unsere beste Offense immer zuerst ein, da wir kein Interesse haben, gegen irgend jemanden unnötig in Rückstand zu geraten.

Aber dann versetzte ein gegnerischer Abwehrspieler einem unserer Spieler einen schrecklichen, illegalen Schlag. Während unser Physiotherapeut den Zustand des Spielers kontrollierte, sagte ich zu dem schuldigen Abwehrspieler, daß er dazu beitragen hätte, daß das Spielergebnis noch peinlicher für seine Mannschaft ausfallen würde, als es bereits ohnehin war.

Wir ersetzten daher nicht so freimütig, wie wir geplant hatten, und wir gewannen mit hohem Vorsprung. Fazit: keine regelwidrigen Schläge, sondern nur guter, harter Football!

Umstellung und Anpassung der Spieler

Football ist mittlerweile ein Spiel von Spezialisten mit besonderen Spielern für jedes Down und jede Situation. Ein Trainer, der über die Spielerzahl und das -material verfügt, um diese Umstellungen vorzunehmen, wird profitieren.

Ich war nie besonders scharf auf situative Korrekturen. Warum sollte man etwas ändern, wenn die Dinge gut laufen? In den meisten Fällen wechseln wir während der Spiele also nicht leichtfertig Spieler aus. Die Jungs, die sich durch ihre Arbeit in der Woche das Recht zum Einsatz verdient haben, sollten nicht aus dem Spiel genommen werden, nur weil sie einen körperlichen Fehler gemacht haben.

Andererseits ersetze ich jedoch sofort Spieler, die mentale Fehler gemacht haben. Mentale Fehler sind inakzeptabel. Wenn wir einen Spieler aus dem Spiel nehmen, um seine Aufmerksamkeit zu wecken, kann er wieder ins Spiel zurückkommen, er muß jedoch nicht. Dies hängt davon ab, wie gut sein Ersatz spielt. Wir bringen den Starter nicht automatisch wieder ins Spiel.

Anpassungen des Spielplans

Wir glauben auch sehr daran, daß es sinnvoll ist, unser System und unseren Spielplan beizubehalten, bis der Zeitpunkt und der Punktestand eine Änderung erforderlich machen. Ein Ballverlust oder unerwartete, nachteilige Spielvorkommnisse („Bad Breaks") sollten kein Grund sein, die Strategie mitten im Wettkampf zu ändern.

Wenn eine Mannschaft massive Gegenmaßnahmen gegen einen Teil unserer Offensivserie ergreift, laufen wir ganz einfach eine andere Option. Seien Sie fexibel. Sie gewinnen keine Medaillen dafür, daß Sie beweisen, daß Sie Ihren liebsten Spielzug mit Ihrem besten Back laufen können, wenn sich vier Abwehrspieler auf ihn stürzen.

Häufiger als an einer Strategie festzuhalten, ist jedoch, daß Trainer oft nur allzu leicht bereit sind, einen Spielplan aufzugeben, weil ihre Mannschaft in Rückstand geraten ist. Wenn Ihre Offensivstrategie nicht gerade darauf ausgerichtet ist, schnell zuzuschlagen, ist es wahrscheinlich, daß Sie Ihrer Mannschaft nur noch ein tieferes Loch graben, wenn Sie versuchen, überhastet wieder ins Spiel zu gelangen.

PUP für den Top-Preis

Als ich im Jahr 1990 am Frühjahrs-Trainingsmeeting der University of Colorado teilnahm (einige Monate, nachdem die Buffalos die nationale Meisterschaft im Orange Bowl verloren hatten), beobachtete ich, daß Bill McCartney eine neue Übung einsetzte. Er nannte die Übung PUP, Pass under Pressure (Paß unter Druck). Jede der von ihm geleiteten Trainingseinheiten beinhaltete eine Phase, in der die Spieler eine Reihe von PUPs absolvierten.

Bill wußte, daß seine Mannschaft nur ganz nach oben gelangen konnte, wenn sie in der Lage war, den Ball zu werfen, wenn es nötig war. Indem er seine Mannschaft mittels PUPs vorbereitete, konnte Bill es sich leisten, nur eine geringfügige Anpassung des Mannschaftsspielplans vorzunehmen, wenn es nötig wurde, den Ball schnell zu passen.

Wie Sie wissen, gewann Colorado den Orange Bowl und den nationalen Meistertitel in jener Saison. Die PUP-Phasen zahlten sich also aus.

Halbzeit

Unabhängig vom Spielstand versuche ich, mich während der Halbzeit sachlich zu verhalten. Die Trainer fragen jeden Spieler, wie der Spieler ihm gegenüber spielt, was er macht, was der befragte Spieler für das richtige Handeln hält und wo das Problem bei den Dingen liegt, die nicht funktionieren. Wir verbinden dieses Feedback mit unserer eigenen Sichtweise, um Anpassungen vorzunehmen, von denen wir annehmen, daß sie helfen. Wir versuchen, nüchtern zu bleiben und emotionale Appelle zu vermeiden.

Die vermutlich wichtigste Änderung, die wir in der Halbzeit vornehmen, ist die Einschränkung der Auswahlmöglichkeiten im Hinblick auf die Spielzüge. Wir wissen zu diesem Zeitpunkt, welche Optionen nicht zur Verfügung stehen, und wir verschwenden daher keine Zeit mehr damit, zu versuchen, sie zum Laufen zu bringen. Die Spieler sind häufig sehr hilfreich bei der Bestimmung dessen, was funktioniert und was nicht.

Hüten Sie sich vor dem „Fliegenklatscher"

In der Halbzeitpause eines Spiels während meines ersten Jahres am Augustana-College versuchten wir, zusammen mit der Mannschaft herauszufinden, wie wir die viel stärkere Defense Line des Gegners, die die Scrimmage Line während der ersten Spielhälfte dominiert hatte, in den Griff bekommen können. Vor allem der riesige Defense Tackle des Gegners war mit jedem, der ihn zu blocken versuchte, fertig geworden. Wann immer der ihm gegenüber positionierte Guard ins Backfield zog, stieß der Tackle durch die Lücke und war am Ballträger, bevor wir es mitbekommen hatten.

Wir machten unserem Fullback daher klar, wie wichtig es sei, die Lücke zu schließen und den massiven Linespieler zu blocken. Der Fullback sah mich daraufhin hilflos an und sagte: „Ich hasse es zu sagen, aber dieser große Kerl klatscht mich ab wie eine Fliege."

Was sollte ich darauf erwidern? Er hatte recht. Und seine Bemerkung führte meinen emotionalen Appell, das Problem zu korrigieren, ad absurdum.

Die Veränderungen, die der Trainer der gegnerischen Mannschaft in der Halbzeitpause vornimmt, sind für Sie belanglos. Wenn Sie sich in dem „Was-wäre-wenn ..."-Denken verfangen, verlieren Sie den Blick für das, was für Sie nützlich ist. Was auch immer Sie tun, vermeiden Sie Überreaktionen. Sie leisten damit mehr Schaden als Gutes.

Der falsche Ansatz
Die erste Footballmannschaft, die ich übernahm, hatte mehrere Jahre lang kein Spiel mehr gewonnen. Im ersten Spiel in meinem ersten Jahr mit dieser Mannschaft lagen wir nach der Halbzeit nur 7:13 zurück, und die Jungs schienen ein wenig niedergeschlagen zu sein. Ich schimpfte also mit der Mannschaft, in der Annahme, daß dies die Spieler zu einem besseren Einsatz ermuntern würde. Wir verschlechterten uns danach jedoch noch weiter und verloren 19:52.

Danach wurde mir klar, daß ich ein bereits geprügeltes Pferd ausgepeitscht hatte. Diese Jungs glaubten nicht an sich selbst, sie hatten überhaupt kein Selbstvertrauen. Ich hatte sie also in der Halbzeitpause nur noch mehr deprimiert, obwohl sie eher einen Aufbau nötig gehabt hätten.

Zur Regel, daß ein aufputschendes Gespräch in der Halbzeitpause negative Wirkungen hat, gibt es nur eine Ausnahme, nämlich, wenn eine Mannschaft, die Meister war, selbstgefällig wird. In diesem Fall kann Schelte die Spieler zurück zur Realität bringen. Der sparsam vermittelte emotionale Schock kann eine solche Mannschaft motivieren.

Spieler mit sehr großem Selbstvertrauen und Können scheinen über einen kleinen Schalter zu verfügen: Sie können diesen Schalter ein wenig höher drehen, und sie wissen dies. Sie können daher auf den Platz gehen und mit höherer Intensität spielen. Dies kann in der zweiten Spielhälfte über Sieg oder Niederlage entscheiden.

Die letzten Spielminuten

Der Spruch „Nichts ist verloren, ehe das Spiel vorüber ist" würde besser lauten: „Nichts ist verloren, ehe Sie das Spiel aufgeben."

Wir setzen jede Woche so viele Spieler ein, wie wir können. Wir haben schon 100 Spieler in einem Spiel eingesetzt. Wir erwarten von jedem, daß er hundertprozentigen Einsatz zeigt, egal wie das Spiel steht.

Es macht keinen Unterschied, ob Sie mit einem Punkt oder mit 30 Punkten Rückstand verlieren. Es macht jedoch einen Unterschied, wenn Ihre Spieler resignieren. Wenn Sie bereits aufgeben, bloß weil es so aussieht, als sei das Spiel vorbei, dies jedoch in Wirklichkeit nicht der Fall ist, verpassen sie wichtige Aufholgelegenheiten. Die Gegner lernen daraus, daß sie eine gute Siegeschance haben, wenn es ihnen gelingt, Ihre Mannschaft früh in einen Rückstand zu bringen.

Comeback-Jungs
In dem Jahr, in dem wir unsere erste nationale Meisterschaft gewannen, kamen wir in drei der vier letzten Playoff-Spiele gegen die besten Mannschaften des Landes von hinten. Unsere Spieler in der damaligen Mannschaft hatten den unerschütterlichen Glauben, daß sie einfach nicht verlieren konnten. Mehrmals sahen wir der Niederlage in die Augen und schafften es dennoch zu gewinnen. Nichts konnte uns aufhalten. Ich konnte das fühlen, und das gleiche galt für die Spieler.

Nach dem Spiel

Wenn der Schlußpfiff ertönt, ist das erste, das wir tun, dem Gegner die Hand zu schütteln. Gleichgültig, wie das Spiel ausgegangen ist, unsere Spieler und die Trainer sollen dem Gegner die Sportlichkeit entgegenbringen, die wir auch von ihm erwarten.

Nach dem Gebet unterhalte ich mich im Umkleideraum kurz mit der Mannschaft über den in das Spiel investierten Einsatz. Wir sprechen darüber, was das Ergebnis für uns bedeutet, egal, ob wir gewonnen oder verloren haben. Es könnte sein, daß wir die Spieler bitten, ein wenig nach vorne zu schauen und damit zu beginnen, über unseren Gegner in der nächsten Woche nachzudenken.

Nach dem Spiel kann man seiner Mannschaft wirklich nicht viel über die Spieltechnik sagen. Sie haben die Filmaufzeichnung des Spiels noch nicht gesehen, es ist daher lächerlich, das Spiel analysieren zu wollen. Und da ich mich auch zunächst von den Emotionen des Spiels erholen muß, ist dies kein guter Zeitpunkt, meine Meinung zur Leistung der Spieler zu äußern.

Wenn wir verloren haben, versuche ich daraus kein Drama zu machen. Die Mannschaft fühlt sich angesichts ihrer Niederlage ohnehin schon schlecht genug. Es wäre daher kontraproduktiv, wenn ich jetzt auch noch auf sie einschlagen würde.

Nach einer Niederlage braucht eine Mannschaft ihren Trainer am dringendsten. Das bedeutet nicht, daß Sie viel sagen müssen. Im Gegenteil, es ist sogar besser, wenn Sie wenig sagen. Aber Sie müssen für die Mannschaft ein Vorbild sein und den emotionalen Ton bestimmen.

Nach einem Sieg gratuliere ich den Spielern für das, was sie als Gruppe geleistet haben. Dann gehe ich von einem zum anderen und gratuliere den Jungs einzeln für die gute Arbeit. Es könnte auch sein, daß ich ihren körperlichen Zustand überprüfe und sie auffordere, mit ihren Verletzungen zu einem Mitglied des medizinischen Betreuerstabes zu gehen. Wir sagen den Spielern, sie sollten den Sieg genießen und bereit sein, am Montag wieder zum Training zu erscheinen.

Angesichts all der Siege, die wir errungen haben und des sachlichen Ansatzes, den wir betonen, werden in unserem Umkleideraum keine richtigen Feste gefeiert. Tatsächlich ertappe ich mich manchmal dabei zu wünschen, daß die Spieler nach einer großen Leistung mehr Freude zeigen würden.

„Hey, Jungs, wir haben gewonnen!"
Ich erinnere mich, daß ich eines Samstagnachmittags, nachdem wir ein Spiel gewonnen hatten, in den Umkleideraum kam und dachte: „Hey, Jungs, wir haben gewonnen. Warum seid Ihr nicht fröhlicher?" Dann wurde mir klar, daß jeder mit einem Sieg gerechnet hatte und die Spieler daher nicht das Gefühl hatten, etwas Besonderes geschafft zu haben. Eine derartige Sichtweise ist falsch, und so etwas sollte nicht vorkommen, ganz egal, wie erfolgreich das Programm ist.

Zusammenfassung

1. Berücksichtigen Sie bei der Spielvorbereitung nicht nur den Spielplan, sondern auch den Spielort, das Wetter und die Motivation Ihrer Spieler.
2. Setzen Sie die Motivationshilfen ein, die dem Temperament Ihrer Mannschaft am ehesten entsprechen.
3. Ihre Spieler spiegeln Sie wider, bleiben Sie also während des Spiels konzentriert und gelassen.
4. Geben Sie Ihr System und Ihren Spielplan nicht auf, es sei denn, der Zeitpunkt und der Spielstand erfordern eine Änderung.
5. Verwenden Sie das Feedback Ihrer Spieler während der Halbzeitpause, um die Anpassungen vorzunehmen, von denen Sie annehmen, daß sie in der zweiten Spielhälfte hilfreich sein werden.
6. Wenn Sie eine Mannschaft, die bei Halbzeit zurückliegt, ausschimpfen, tragen Sie nur dazu bei, daß sie noch schlechter spielt.
7. Lernen Sie, mit Siegen und Niederlagen gleichermaßen gelassen und würdevoll umzugehen.

TEIL VI
TRAININGSAUSWERTUNG

17 Spieleranalyse

Wir kennen alle die Einschätzungen der Medien, daß bestimmte Trainer „große Talenterkenner" sind. Aber diejenigen unter uns, die schon einmal Trainer waren, wissen, daß die Beurteilung eines Talentes nicht so schwierig ist wie das *Finden* eines Talentes.

Eigentlich ist die Talenteinschätzung nur ein kleiner Teil des Auswertungsprozesses, dem man die Spieler unterzieht. In diesem Kapitel werfen wir einen Blick auf die Evaluation, der ein Trainer einzelne Spieler und die gesamte Mannschaft unterziehen sollte. Obwohl die Analyse der Spieler ein kontinuierlicher Prozeß ist, sehen wir uns die Schlüsselelemente der Spieleranalyse in folgenden Phasen an:

- während der spielfreien Zeit
- in der Vorsaison
- im Training
- während der Spiele und
- nach dem Spiel.

Individuelle Evaluation

Der erste Schritt der Evaluation ist die Identifikation Ihrer besten Sportler – diejenigen, die schnell sind, die Gewandten und die, die große, fangsichere Hände haben. Und identifizieren Sie auch die Spieler, die über die besten Eigenschaften verfügen, um in bestimmten Rollen in Ihrem System brillieren zu können.

Suchen Sie auch nach den schwer greifbaren Eigenschaften, die das ausmachen, was wir „Siegertypen" nennen. Die wichtigste dieser Eigenschaften ist der Wunsch, nie aufzugeben. Eine andere, wertvolle Eigenschaft ist der sogenannte Charakter.

Fragebogen zum Persönlichkeitsprofil eines Footballspielers

Name: _____
Alter: _____ Geburtsdatum: _____ Klasse: ___
Heimanschrift: _____ Telefon: _____
Name des Vaters: _____
Name der Mutter: _____
Beruf des Vaters: _____
Beruf der Mutter: _____
Namen und Alter der Geschwister: _____
Hauptfächer im College: _____
Weitere am Augustana-College betriebene Sportarten: _____
Im letzten Jahr gespielte Footballposition: _____
In diesem Jahr gerne gespielte Position: _____
Persönliche Ziele für die Footballsaison: _____

Wie kannst Du der Mannschaft in diesem Jahr am besten helfen: _____

Wann kannst Du in das Programm einsteigen? _____

In jedem Herbst lassen wir die Spieler einen Fragebogen zu ihrem Persönlichkeitsprofil ausfüllen. Je mehr Sie über die jungen Männer in Ihrer Mannschaft wissen, desto besser. Untersuchen Sie das Arbeitsethos eines jeden Spielers, seine Einstellung gegenüber anderen Menschen und seine persönliche Disziplin. Dieses Urteil ist manchmal in High Schools mit kleinerem Umfeld leichter zu fällen, denn Sie sehen dort die Spieler häufiger außerhalb der Schule. Sie können auch die schulischen Leistungen der Spieler als Anhaltspunkte nehmen, – Noten, Anwesenheit, Verhalten – um herauszufinden, wie Sie sich abseits des Footballfeldes verhalten.

Lernen Sie Ihre Spieler kennen
Ich erinnere mich an eine Konferenz der *„Fellowship of Christian Athletes"* vor Jahren, bei der heiß über die individuelle Anerkennung und Aufmerksamkeit, die wir unseren Spielern zuteil werden lassen, diskutiert wurde.

Während der Unterhaltung fragte der ehemalige große Trainer der Lawrence High School, Al Woolard, einen Division-I-Trainer: „Haben Sie jemals daran gedacht, am ersten Trainingstag Namensschildchen an die Helme der Jungs zu kleben?"

Der Trainer blickte leicht irritiert und erwiderte: „Warum stellen Sie diese Frage?"

Al sagte: „Wenn Sie einen Jungen rekrutieren, behandeln Sie ihn so wie einen lange nicht gesehenen Freund. Sie legen ständig Ihren Arm um ihn, Sie sind superfreundlich zu seinen Eltern, seinem Bruder, seiner Schwester, ja sogar zu seinem Hund. Dann schicken sie ihn auf das Spielfeld und sprechen ihn plötzlich folgendermaßen an: 'He, Du da, komm mal her.'"

Der Division-I-Trainer nickte und zuckte mit den Schultern, womit er zugab, daß die individuelle Aufmerksamkeit, die er den Spielern seines Programm zukommen lassen würde, sich mit den Namensschildchen ändern würde.

Je besser Sie die greifbaren und nicht greifbaren Qualitäten Ihrer Spieler kennen, desto leichter ist es, die Sportler mit dem stärksten Charakter in Schlüsselpositionen einzusetzen. Die korrekte Positionierung der Spieler ist entscheidend für den Erfolg einer Mannschaft. Die Fähigkeit Ihrer Athleten, ihre Rollen wahrzunehmen, steigert sich erheblich, wenn sie vorbereitet sind und Vertrauen in ihre Rollen haben. Umgekehrt reflektiert die Leistung Ihrer Mannschaft, wie bereit und fähig jeder Spieler ist, auf seiner Position erfolgreich zu sein.

Seien Sie jedoch gewarnt: Vermeiden Sie, daß die Evaluation eines Spielers einen Einfluß darauf ausübt, wie Sie denselben Spieler bei einer späteren Auswertung wahrnehmen. Ihr Programm sollte darauf ausgerichtet sein, die sportlichen Fähigkeiten der Spieler und ihr Verhalten auf dem Spielfeld und abseits des Spielfeldes zu verbessern. Junge Spieler entwickeln häufig mehr Selbstvertrauen und wollen die Führung übernehmen.

Wenn Ihr Programm diesen Effekt hat, werden die früher durchgeführten Spielerauswertungen vermutlich um so ungenauer, je weiter die Saison voranschreitet. Andere Spieler lassen trotz aller unserer Anstrengungen in ihrer Einstellung und Leistung nach. Was auch immer der Fall ist, evaluieren Sie Ihre Spieler häufig neu, und nehmen Sie begründete Veränderungen und Anpassungen in der Mannschaft vor.

Mannschaftsevaluation

Alle Spieler verdienen und brauchen persönliche Aufmerksamkeit, aber erfolgreiche Footballspieler müssen realisieren, daß sie nur ein Teil einer Gruppe sind – daß die Bedürfnisse der Mannschaft höherwertiger sind als die eines einzelnen Spielers. Nachdem Sie also Ihre individuellen Evaluationen vorgenommen und bestimmt haben, inwiefern jeder Spieler der Mannschaft am ehesten helfen kann, sollten Ihre Spieler bereit sein, die ihnen zugeordnete Rolle zum Wohle des Programms zu übernehmen.

Die Evaluation der kombinierten Leistungen all Ihrer Sportler ist manchmal schwieriger als die Evaluation einzelner Sportler. Wie messen Sie die Leistung der gesamten Mannschaft?

Verwenden Sie das simpelste Werkzeug, die Punktetabelle? Sehen Sie sich die Statistiken der Offense, Defense und der Special Teams an? Oder kontrollieren Sie subjektivere Merkmale, wie z.B. die Anerkennungen durch die Trainer, die Trainerkollegen und die Fans?

In meinen Augen muß die Evaluation der Mannschaft berücksichtigen, wie gut Ihre Mannschaft mit den vorhandenen Talenten und dem Spielplan der Woche gespielt hat. Hat Ihre Offense und Defense funktioniert und mentale Fehler vermieden? Am wichtigsten ist, ob die Spieler mit vollem Einsatz gespielt haben.

Wenn Sie mit Mittelmäßigkeit zufrieden sind, bewirken Sie garantiert noch mehr Mittelmäßigkeit. Evaluieren Sie fortlaufend, und versuchen Sie, die Leistung Ihrer Mannschaft zu verbessern. Wenn Sie dies nicht tun, werden Sie schlechter.

Konzentrieren Sie sich nicht nur auf die Punktetabelle

Ich rate davon ab, den Endpunktestand zu benutzen, um die Mannschaftsleistung und den Mannschaftseinsatz zu bewerten. Ich habe auch gesagt, daß ich nicht besonders scharf auf Statistiken als Barometer bin. Mannschaften, die sich darauf konzentrieren, den Gegner unter 100 Rushing Yards (Lauf mit dem Ball) oder unter zwölf Downs zu halten, verlieren den Blick für das Gesamtbild – den Gesamterfolg der Mannschaft.

Konzentrieren Sie sich nicht auf das Ergebnis der Wahl der besten Mannschaft

Einige Trainer messen den Erfolg ihrer Mannschaft am Ergebnis der Wahl der besten Mannschaft durch Trainer und Reporter. Das ist nichts für mich, denn wiederum basiert die Einschätzung Ihrer Mannschaft dann auf der Meinung von Leuten, die die Mannschaft weniger gut kennen als Sie selbst.

Sie können diese Wahlen nicht kontrollieren und ihnen in gewisser Weise auch keinen Glauben schenken. Die, die wählen, konzentrieren sich oft auf Punktabstände und die vermutete Stärke des Spielplans. Nur selten sehen die Wähler alle Mannschaften, und sie haben normalerweise ein persönliches Interesse an den Mannschaften, die sie regelmäßig sehen.

Das Ergebnis in Gesamtperspektive

Im Jahr 1970 stand unsere High School-Mannschaft bei der Wahl der Schulen mittlerer Größe (800 bis 1300 Schüler) im Staat Illinois an 1. Stelle. Beim vorletzten Spiel der Saison traten wir gegen die Mannschaft an, die an Nummer 5 bei der Wahl der großen Schulen (1300 und mehr Schüler) lag. Das Spiel wurde zum Schlagerspiel, da jede Mannschaft 51 ihrer letzten 52 Spiele gewonnen hatte.

Es war ein großes, emotionsgeladenes Spiel, das wir schließlich mit 42:6 für uns entschieden. Nach dem Spiel sagte der Herausgeber der Wahlzeitung, daß das Ergebnis der entscheidende Faktor sei und daß wir bei der Wahl State Champion bleiben würden. Ich war über seine Begründung verärgert und sagte ihm, daß, wenn ihn nur der Punkteunterschied überzeugt hatte, er das Team auf Platz zwei an die erste Stelle setzen sollte. Das Spiel war in Wirklichkeit bis gegen Schluß viel knapper, als wir aufgrund von Ballverlusten punkteten. Ich erinnerte ihn auch daran, daß die andere unbesiegte Schule in unserer Klasse weder gegen eine solch große Schule, wie wir sie gerade geschlagen hatten, spielen könnte noch wollte. Er stimmte zu, und wir wurden nicht nur aufgrund des Spielergebnisses State Champion. Dies war vor der Zeit, als in Illinois eine State-Playoff-Runde eingeführt wurde.

Evaluation in der spielfreien Zeit

Die Phase zwischen Dezember und August ist die Zeit, zu der Sie sich auf die Talente der zurückkommenden Spieler und der Spieler, die neu in Ihr Programm eintreten, konzentrieren können. Studieren Sie sie, unter dem Gesichtspunkt, wie Sie am besten in Ihr System passen. Verwenden Sie dazu Filme, Informationen der Positionstrainer und der Trainer auf den unteren Stufen, persönliche Beobachtungen, und sprechen Sie mit den Spielern selbst, um mehr über ihr Footballinteresse und ihre Eignung zu erfahren.

Dies ist auch der Zeitpunkt, zu dem Sie den Jungen helfen können, persönliche Probleme mit ihren Schularbeiten oder ihrem Charakter zu überwinden. Zeigen Sie ein über den Football hinausgehendes Interesse an Ihren Jungen. Je besser sie abseits vom Footballplatz zurechtkommen, desto mehr können sie zum Footballprogramm beitragen.

In der spielfreien Zeit kann es auch vorkommen, daß wir einen Spieler auf eine andere Position schieben, um ihm mehr Spielzeit zu geben und um unsere Spielstärke zu verbessern. Wenn er angesichts dieser Änderung protestiert, erklären wir ihm unsere Gründe und bitten ihn, im Hinblick auf die Saisonvorbereitung sein Bestes zu geben.

Wir merken in der spielfreien Zeit weder Starter vor noch erstellen wir eine Leistungshierarchie. Ich war nie für die Festlegung einer Aufstellung auf Basis der Leistung der Spieler im Bankdrücken. Wir ziehen es statt dessen vor, zu warten und zu sehen, was die Spieler tun, wenn sie in der Vorbereitungsperiode das Trainingsfeld betreten.

In der High School haben wir in der spielfreien Zeit stets versucht, unsere Senior-Führer zu entwickeln. Sie sollten den Ton für die Vorbereitung der nächsten Saison angeben, um zu zeigen, wo es langgeht.

Unsere vorausbestimmten Seniors wußten, daß sie die erste Wahl für die jeweilige Position waren und daß ein nachfolgender Spieler sie schlagen mußte, um einen Startplatz zu gewinnen, wenn wir mit dem Training begannen. Es ist erstaunlich zuzusehen, wie sehr sich einige Jungs vom Junior- zum Senior-Jahr verbesserten.

Keine Gratisgeschenke für Seniors
In unserem State-Championship-Team des Jahres 1976 waren neun Senior-Starter. Unser State-Titelgewinner des Jahres 1977 hatte auch neun Seniors in seiner Startaufstellung. Unser State-Championship-Team des Jahres 1978 hatte nur fünf Senior-Starter, aber als im August das Training begann, hatten wir alle Seniors in Startpositionen.

Obwohl eine starke Senior-Führung bei unseren beiden vorangegangenen State Championships entscheidend gewesen war, hielt uns dies nicht davon ab, den Einsatz und die Leistungen der Spieler unterer Klassen im Training fair zu beurteilen. Die Seniors, die in die zweite Mannschaft abstiegen, verloren zwar ihren Job auf dem Spielfeld, aber nicht im Büro des Trainers.

Streichen von Spielern aus der Mannschaft

Als Footballtrainer habe ich noch nie einen Spieler aus der Mannschaft entfernt. Gleichgültig, wie gering sein Können ist, ich glaube nicht, daß es richtig ist, einen Jungen, der mitspielen will und den grundsätzlichen Anforderungen der Mannschaft gerecht wird, aus derselben zu eliminieren. Und, wie ich bereits gesagt habe, alle Spieler können durch ihre Teilnahme wichtige Werte lernen. Warum sollte ich jemanden dieser Gelegenheit berauben?

Football ist auch ein Spiel, bei dem hohe Spielerzahlen erforderlich sind. Angesichts der zahlreichen Positionen, Special Teams und der hohen Verletzungsquote braucht man eine gute Spielerrate, um effektiv trainieren zu können.

Letztendlich wissen Sie, wenn Sie einen Spieler aus der Mannschaft entfernen, nie genau, ob dies für den Jungen selbst oder die Mannschaft ein Verlust ist. Fast alle Trainer haben schon einmal einen zunächst unerkannten „Rohdiamanten" oder einen „Spätentwickler" unter den Spielern gehabt. Wenn Sie diese Spieler in jungem Alter aus der Mannschaft entfernen, ist es sehr unwahrscheinlich, daß sie einen erneuten Versuch starten.

Weniger talentierte Spieler der oberen Klassen können sehr viel zu einem Programm beitragen. Wir haben viele Seniors gehabt, die trotz ihres begrenzten Könnens aufgrund ihres Einsatzes und der Beispiele, die sie für andere Spieler abgaben, das Rückgrat der Mannschaft waren.

Eine wirkliche Stütze
Als ich ans Augustana-College kam, hatten wir einen Senior, der es soeben schaffte, in das Spieleraufgebot für Auswärtsspiele aufgenommen zu werden. Während der Woche mußte er mit der Scout-Truppe spielen, hauptsächlich zusammen mit Freshmen. Aber was für ein großer Führer er war!
Er war ein Senior, der das Programm genug liebte, um sein Ego hintenanzustellen, und der so hart wie alle anderen in der Scout-Mannschaft arbeitete. Er gab ein gutes Beispiel für unsere Freshmen ab, die sich noch immer für All-Stars (die Besten auf ihrer Position) hielten (was sie ja auch im vorangegangen Jahr in der High School noch gewesen waren).
Statt niedergeschlagen zu sein, weil sie nicht spielen durften, ließen die Freshmen sich durch diesen Senior inspirieren, denn er gab alles, obwohl er kaum eine Chance hatte, am Samstag zu spielen. Ich hatte stets das Gefühl, daß seine selbstlose Einstellung uns erheblich dabei geholfen hat, das Programm auf das Niveau zu bringen, das wir letztendlich erreichten.

Trainingsevaluation

Mittlerweile wissen Sie, welchen hohen Wert ich dem Training beimesse. Die Redensart „Du spielst so, wie Du trainierst" ist für mich mehr als ein Klischee. Es ist die Wahrheit.

Daher sind die Leistung und der Einsatz, den die Spieler im täglichen Training zeigen, sehr wichtig für meine Evaluation. Sie müssen Fortschritte zeigen, je näher das Spiel rückt. Wenn Sie Ihr Training effektiv vorbereiten und organisieren (Kapitel 6), sollten Sie eigentlich sehen, wie die Bereitschaft der Spieler sich verbessert.

Durchschaut Ihre Defense die Offense des Scout-Teams am Donnerstag besser als am Mittwoch? Blocken Ihre Offense-Linespieler später in der Woche effizienter und korrekter? Ist die Konzentration Ihrer Spieler am Freitag besser als am Dienstag?

Wenn Ihr Training nicht zu diesen Verbesserungen führt, planen Sie Ihr Training nicht gut genug. Vielleicht brauchen Sie und nicht die Spieler eine Evaluation?

Spielauswertung

Jeder Footballtrainer weiß, daß das, was man mit bloßem Auge auf dem Feld während eines Spiels sieht, nicht immer genau ist. Selbst wenn Sie Trainer in der Pressekabine sitzen haben, können Sie nicht alles während eines Spiels erkennen.

Eine Sache, die einem Trainer wirklich bei der Evaluation von der Seitenlinie während eines Spiels hilft, ist das Bestimmen der offensiven und defensiven Spielzüge. Wenn Sie im voraus wissen, welcher Spielzug festgelegt wurde, können Sie sich auf den entsprechenden Bereich konzentrieren und Anpassungen vornehmen. Wenn Sie erst reagieren müssen, um den Spielzug zu erkennen, und sich dann erst konzentrieren, verlieren Sie Zeit bei der Beobachtung der Ausführung des Spielzugs.

Am Spieltag ist der Einsatz und Enthusiasmus Ihrer Mannschaft nahezu das einzige, was Sie definitiv messen können. Beobachten Sie Ihre Spieler beim Aufwärmen. Beobachten Sie, wie schnell sie auf das Feld und vom Feld herunterlaufen. Sehen Sie sich an, wie sich die Offense Line der Scrimmage Line nähert. Achten Sie auf die Frische des Spiels des Offense Backfields und der Laufwege der Receiver. Kontrollieren Sie die Autorität der Blocks der Abwehrspieler. Achten Sie darauf, ob die Linebacker und Defense Backs sofort auf ein Laufspiel oder ein Paßspiel reagieren. Beobachten Sie die Schnelligkeit, mit der die Kicking- und Punting-Teams sich in Richtung der gegnerischen Goal Line bewegen. Versuchen Sie, die Stimmung der Spieler an der Seitenlinie zu erfassen. All dies sind Indikatoren der Intensität, mit der Ihre Mannschaft spielt.

Weil die Evaluation der Leistung am Spieltag so schwierig ist, müssen Sie eine Videokamera zur Unterstützung einsetzen. Studieren Sie, wie die Mannschaft die Spielzüge ausführt und wie die Leistung einzelner Spieler bei spezifischen Techniken ist. Beobachten Sie jeden Spielzug, bis Sie wissen, warum er gelungen oder mißlungen ist. Analysieren Sie die Videoaufzeichnung separat nach Makroleistung (Mannschaft) und Mikroleistung (Spieler).

Setzen Sie das aus dieser Videoanalyse gewonnene Wissen klug ein, um die Spieler zu korrigieren und zu unterrichten. Dadurch werden sie nicht nur zu besseren Footballspielern, sondern Sie können auch wetten, daß Ihr nächster Gegner, wenn er die gleichen Schwächen Ihrer Mannschaft in der Videoaufzeichnung erkennt, diese ausnutzt.

Evaluation nach dem Spiel

Für den kontinuierlichen Erfolg eines Footballprogramms ist eine sinnvolle Analyse der Leistung nach dem Spiel entscheidend. Sinnvoll bedeutet nicht, daß man einen Blick auf das Endergebnis und die Statistik wirft. Ich meine damit, hinter das Offensichtliche - das jeder Fan auch sehen könnte – zu blicken und die *Ursachen* des Ergebnisses und der Statistik zu untersuchen. Wie bereits gesagt, ist dies durch eine Videoanalyse zu erreichen.

Nach dem Spiel wissen nur die Spieler wirklich, wie gut sie waren. Sie sind möglicherweise noch emotional mit dem Spiel befaßt und können noch nicht so analytisch vorgehen, wie Ihnen das vielleicht später möglich sein wird. Es ist daher besser, wenn Sie von jeder ernsthaften Evaluation der Mannschaftsleistung absehen, bis Sie sich die Videoaufzeichnung des Spiels genau angesehen haben.

Zusammenfassung

Erfolgreiche Footballtrainer fällen keine voreiligen Urteile über ihre Spieler oder ihre Mannschaft. Sie unterziehen die Leistungen einer genauen Evaluation, interpretieren die Informationen und ergreifen dann die notwendigen Maßnahmen. Im folgenden finden Sie die spezifischen Punkte, die in diesem Kapitel über die Spielerevaluation hervorgehoben wurden:
1. Die individuelle Evaluation ist ein kontinuierlicher Prozeß, der damit beginnt, daß Sie untersuchen, wer Ihre besten Spieler sind und wie sie am besten in Ihre Angriffs- und Abwehrstrategie passen.

2. Zur Evaluation der Mannschaft gehört, daß Sie untersuchen, wie alle Teile als Einheit funktionieren. Lassen Sie nicht zu, daß ein einzelner Spieler das reibungslose Funktionieren der restlichen Mannschaft stört.
3. Einer der wichtigsten Aspekte, auf den Sie im Rahmen der Evaluation in der spielfreien Zeit achten sollten, ist, wie gut Ihre kommenden Seniors Führungsrollen übernehmen. Dies entscheidet häufig darüber, welche Art von Saison Sie im nächsten Herbst haben werden.
4. Die wichtigste Evaluation, die Sie nach dem Training vornehmen, ist die Bestimmung, welchen Fortschritt Ihre Mannschaft bei der Vorbereitung auf das nächste Spiel gemacht hat.
5. Die einzige wirkliche Bestimmung, die während eines Spiels möglich ist, ist, ob Ihre Mannschaft mental und körperlich auf das Spiel vorbereitet war.
6. Die Zeit nach dem Spiel ist nicht der richtige Zeitpunkt, um den Spielern, cen Medien oder den Fans emotionsgeladene Bemerkungen oder hochspezielle Kommentare über die erbrachte Leistung zu geben. Warten Sie, bis Sie sich etwas beruhigt haben und die Videoaufzeichnung gesehen haben, ehe Sie die individuelle Leistung und die Mannschaftsleistung evaluieren.

18 Programmanalyse

Neben der sorgfältigen Evaluation unserer Spieler kontrollieren wir auch den Gesamtzustand unseres Programms. Dies ist entscheidend, denn wenn das Programm nicht hundertprozentig stimmt, schlägt sich dies auf dem Spielfeld nieder.

Selbst nach einer erfolgreichen Saison ist eine Evaluation des Programms notwendig. Man darf einfach keinen Zollbreit nachgeben. Sie müssen Probleme antizipieren und immer nach Bereichen suchen, die verbessert werden müssen. Wie wir alle wissen, brauchen Footballtrainer nicht lange zu suchen, um Komponenten ihres Programms zu finden, die noch verbessert werden können. Wenn sich Ihr Programm in einem wirklich schlechten Zustand befindet, müssen Sie Abhilfe schaffen.

Ich empfehle Ihnen, sich die besten verfügbaren Footballprogramme anzusehen, um sich einen Maßstab zu verschaffen, den Sie Ihrer Programmevaluation und -planung zugrunde legen können. Sie können nur dann der Beste werden, wenn Sie auch dem Beispiel der Besten folgen.

Die Evaluation von Meisterprogrammen

Wenn Sie die großen Sportdynastien studieren, wird Ihnen zuallererst klar, daß kein Zweifel darüber bestehen kann, wer die Verantwortung trägt. Egal, ob es die Green Bay Packers in den sechziger Jahren, die Crimson Tide in den siebziger oder die Nittany Lions in den achtziger Jahre waren, es besteht kein Zweifel, wer die Show leitete.

Zweitens lernen Sie beim Studium der großen Dynastien, daß Einigkeit, Teamwork und Kooperation entscheidend sind. Wenn Sie zurückgehen bis zur großen New York Yankee Dynastie im Baseball, wird Ihnen bewußt, wie sehr die Spieler aufeinander angewiesen waren.

Ein Gefühl des Vertrauens

Ich kann mich erinnern, über ein Baseballspiel der World Series gelesen zu haben, bei dem San Francisco der Yankee-Mannschaft gegenüberstand, der Elston Howard, Roger Maris, Mickey Mantle und Bob Richardson angehörten. Nach einem Spiel rätselten die Presse und die Fans, ob die Giants das Spiel platzen gelassen hatten, weil Sie einen Läufer am dritten Mal gehalten hatten, obwohl es schien, er könnte punkten, um die Serie zu gewinnen. Der Giant-Star Willie McCovey war als nächster dran, die Giants entschieden sich also, kein Risiko einzugehen. Die Yankees schalteten McCovey aus und gewannen damit das Spiel und die World Series.

Nachher wurde Elston Howard folgendermaßen zitiert: „Wenn der Läufer [am dritten Mal] zu punkten versucht hätte, hätte Bobby ihn hinausgeworfen. Keine Frage, mein Mannschaftskamerad hätte seinen Job erledigt und ihn ausgeschaltet." Es ist diese Art von Vertrauen, das die Spieler haben müssen, um ein prächtiges Programm zu haben.

Des weiteren lernen Sie von den großen Dynastien, daß man großen Respekt vor den Regeln und vor jedem einzelnen Spieler haben muß. Es gibt zu viele Leute, die nach dem einfachen Weg suchen, die Abkürzungen wählen und die sich in ihrem Programm mit schlechten Charakteren einlassen, weil sie den leichten Ausweg suchen. Es geht sicherlich manchmal schneller, wenn man einige große Spieler einkauft, aber wie lange wird sich ein derartiges Programm halten können? Solche Trainer können reich werden, aber ihr Erfolg ist kurzlebig, oder sie haben Spieler, die ständig Probleme haben. Dies ist kein Zufall.

Andererseits gewinnen einige Trainer nicht so viele Spiele, wie sie eigentlich gewinnen könnten. Sie schauen sie an und fragen sie, warum sie bei ihren hervorragenden Footballkenntnissen nicht erfolgreicher sind. Sie kennen das Footballeinmaleins in- und auswendig, warum gewinnen sie also nicht? In derartigen Fällen fehlt häufig erneut das schwer faßbare Rückgrat des Programms, die Philosophie.

Die Evaluation Ihres eigenen Programms

Wie ich bereits in Kapitel 17 gesagt habe, ist die wichtigste individuelle Evaluation, die jeder Sportler und jeder Trainer vornehmen muß, der ehrliche Blick, dem er sich selbst unterzieht. Es ist entscheidend, daß jeder von uns diese Eigenevaluation häufig vornimmt.

Betrachten Sie sich selbst, Ihren Mitarbeiterstab, Ihre Mannschaft und Ihre Gegner so ehrlich wie möglich. Werfen Sie einen Blick auf die Stärken und Schwächen. Suchen Sie dann nach den Anworten, um sich zu verbessern.

Manchmal kann das, was Sie finden, weh tun. Und die Entscheidungen, die Sie im besten Interesse des Programms treffen müssen, können sogar noch schmerzlicher sein. Aber wenn Sie gewinnen wollen, darf es in einer Mannschaftssituation keine heiligen Kühe geben.

Feedback von den Spielern

Die Spieler können Ihnen sehr viel beibringen, wenn Sie sie beobachten und ihnen zuhören. Durch ihre Handlungen und ihre Worte vermitteln sie Ihnen einen Einblick in das, was funktioniert und was nicht funktioniert; ob Sie sich nicht richtig mitgeteilt haben; ob ihre Kondition gut genug ist oder ob sie vielleicht übertrainiert sind; und ob sie dem Programm enthusiastisch und loyal gegenüberstehen.

Einer Sache können Sie sich sicher sein: Wenn es ein Problem gibt, wissen Ihre Spieler in der Regel eher davon als Sie selbst. Und Sie und Ihre Assistenztrainer spielen eine wichtige Rolle bei der Korrektur dieses Problems.

Eine gut geführte Mannschaft wird sich selbst korrigieren, wenn interne Probleme auftreten. Als Trainer erfahren Sie in der Regel erst nach der Saison von den Problemen. Je weniger Sie eine Mannschaft wegen persönlicher Probleme disziplinieren müssen, desto besser wird die Leistung Ihrer Mannschaft sein.

Seien Sie offen für alles. Es gibt niemanden, der alle Lösungen parat hat. In einer Mannschaft gewinnen oder verlieren immer alle zusammen. Prägen Sie dies Ihren Spielern ein, so daß sie ehrlich und konstruktiv sind, und Ihnen ihre Probleme oder Lösungen vortragen.

Am Ende der Saison sollten Sie die Spieler um eine Evaluation des Programms und all seiner Komponenten aus ihrer Sicht bitten. Sie können dies entweder informell in Form von Treffen mit einzelnen Spielern oder Gruppentreffen tun oder indem Sie einen Fragebogen an die Spieler verteilen, wie er im folgenden abgedruckt ist.

Name (freiwillige Angabe) _____

Programm-Evaluationsformular für Spieler

Beantworte bitte jede der folgenden Fragen. Sei so ehrlich und konstruktiv wie möglich. Dein Beitrag zu diesem Footballprogramm ist für seinen späteren Erfolg wichtig.

1. In Sachen Footballtechnik und -taktik habe ich ...
   | 1 | 2 | 3 | 4 | 5 | 6 | 7 |

   nichts gelernt   viel gelernt

2. Meine Leistungen im Hinblick auf die Footballtechnik und -taktik haben sich ...
   | 1 | 2 | 3 | 4 | 5 | 6 | 7 |

   gar nicht verbessert   erheblich verbessert

3. Ich habe am Footballspiel in dieser Saison ...
   | 1 | 2 | 3 | 4 | 5 | 6 | 7 |

   überhaupt keinen Spaß gehabt   sehr viel Spaß gehabt

4. Die Trainer haben mir bei meiner Entwicklung als Spieler ...
   | 1 | 2 | 3 | 4 | 5 | 6 | 7 |

   überhaupt nicht geholfen   sehr geholfen

5. Die Trainer haben mir bei meiner Entwicklung als Person ...
   | 1 | 2 | 3 | 4 | 5 | 6 | 7 |

   überhaupt nicht geholfen   sehr geholfen

6. Die Spieler werden in der Mannschaft ...
   | 1 | 2 | 3 | 4 | 5 | 6 | 7 |

   überhaupt nicht fair behandelt   sehr fair behandelt

7. Die Spieler der Mannschaft haben die Mannschaftsregeln respektiert.

   1　　　2　　　3　　　4　　　5　　　6　　　7

   Völlig falsch　　　　　　　　　　　　　　　Sehr richtig

8. Das Training war gut organisiert, herausfordernd und hat Spaß gemacht.

   1　　　2　　　3　　　4　　　5　　　6　　　7

   Völlig falsch　　　　　　　　　　　　　　　Sehr richtig

9. Die Rolle, die ich bei Spielen gespielt habe, hat dem Programm optimal genutzt.

   1　　　2　　　3　　　4　　　5　　　6　　　7

   Völlig falsch　　　　　　　　　　　　　　　Sehr richtig

10. Ich habe bezüglich des Programms jetzt eine positivere Einstellung als vor Saisonbeginn.

    1　　　2　　　3　　　4　　　5　　　6　　　7

    Völlig falsch　　　　　　　　　　　　　　　Sehr richtig

Das Beste daran, ein Spieler in diesem Footballprogramm zu sein, ist:
_____

Das Schlechteste daran, ein Spieler in diesem Footballprogramm zu sein, ist:
_____

Welche Änderungen würdest Du vornehmen, um die schlechtesten Aspekte dieses Footballprogramms zu verbessern oder ganz auszuschalten? (Gib eine konkrete Antwort!) _____
_____

Inwiefern können die Trainer dazu beitragen, daß das Programm in Zukunft besser wird, als es in der vergangenen Saison war?
_____

Zusätzliche Kommentare:

Feedback von seiten des Trainerstabs

Ich hatte stets das Glück, über einen großartigen Trainerstab zu verfügen. Wir sind Freunde, was bedeutet, daß wir unsere Vorstellungen teilen und sehr gut zusammenarbeiten. Wir sind schon sehr lange zusammen.

Es ist entscheidend, daß Ihre Assistenztrainer untereinander und den Spielern gegenüber ehrlich sind. Niemand sollte sich scheuen, Probleme vorzubringen – egal, ob es sich um tatsächliche Probleme oder nur um scheinbare handelt.

Während der gesamten Saison diskutieren und analysieren Sie jeden Trainingstag und jedes Spiel mit Ihren Assistenztrainern. Aber Sie sollten sich am Ende der Saison wirklich etwas Zeit nehmen, um einen Blick auf das Gesamtbild zu werfen. Arbeitet der Trainerstab gut zusammen? Wird jeder Trainer so eingesetzt, daß er dem Programm am besten nutzt? Sind alle Trainer mit ihrer Rolle zufrieden?

Wenn nur einer Ihrer Assistenztrainer unzufrieden ist, ist es vielleicht das Beste, wenn dieser Trainer seinen Job bei Ihnen aufgibt. Bleibt er, so könnte ihm die Arbeit im nächsten Jahr sogar noch weniger Spaß machen und dem Programm noch mehr schaden. Wenn jedoch andererseits mehrere Assistenztrainer unzufrieden sind, kann dies vielleicht seine Ursache darin haben, daß der Cheftrainer es nicht versteht, sich gut mitzuteilen, oder nicht delegieren kann.

Evaluationen der Trainer untereinander können hilfreich sein, wenn die Assistenztrainer diese Evaluationen mit dem Ziel vornehmen, das Programm zu verbessern und nicht, um sich einen persönlichen oder beruflichen Vorteil zu verschaffen.

Suchen Sie nach dem Positiven

Wenn Sie Ihr Programm kritisch untersuchen, sollten Sie auf das Gute wie auf das Schlechte achten. Selbst der härteste Kritiker – vorausgesetzt, er ist fair – führt auch Positives an. Eine ausgewogene Sichtweise ist für eine genaue Einschätzung notwendig.

Wie man das Beste aus den zur Verfügung stehenden Spielern macht

Nach unserer 1966er Saison, in der wir ungeschlagen blieben, gaben wir unsere beiden All-State-Runningbacks Barry Pearson und Steve Penny zurück. Wir hatten gute Backs, aber keine Line. Wir entschlossen uns daher, die besten und schnellsten Sportler aus der Sophomore-Mannschaft zu nehmen und sie zu Linespielern zu machen. Wir spielten dann „Homerun"-Football, indem wir unsere Flinkheit und Schnelligkeit in entscheidende Spielzüge umsetzten. Die Ergebnisse waren eine ungeschlagene Mannschaft im Jahr 1967 und ein durchschnittlicher Halbzeitstand von 27:0. Im Jahr 1968 setzten wir zwei Linespieler aus der Mannschaft des Jahres 1967 als Fullbacks und Tailbacks ein.

Die Betonung des Positiven ist auch wichtig beim Aufbau eines zukunftsorientierten Programms. Mit anderen Worten, Sie können sich nicht nur auf die Probleme (das, was Sie tun wollen) konzentrieren, wenn Sie eine Verbesserung erwarten. Sie müssen auch herausfinden, was gut funktioniert (was Sie also fortsetzen wollen) und bestimmen, wie Sie diese Aspekte stärken wollen.

Manchmal können Stärken und Schwächen gleichzeitig angegangen werden. Wenn Sie z.B. von der Studentenschaft und der Gemeinde sehr unterstützt werden, Ihre Trainingsanlagen jedoch unzureichend sind, sollten Sie Ihre Förderer und Freunde zum Training einladen (womit Sie Ihre Unterstützung des Programms stärken) und sie auf Ihr Sportanlagenproblem aufmerksam machen. Wer weiß, vielleicht bewirken Sie damit, daß Ihre Förderer finanzielle Mittel auftreiben, um die Trainingsanlagen zu verbessern.

Wie auch immer Sie sich entscheiden, die Evaluation durchzuführen, Sie sollten vermeiden, einen Teil des Programms zum Sündenbock für all Ihre Probleme zu machen. Wenn Sie dies tun, ignorieren Sie vielleicht viele andere Bereiche, die Ihre Aufmerksamkeit verdienen und übersehen positive Elemente. Und Ihre Besessenheit mit dem Negativen wird wahrscheinlich nicht besser, wenn Sie nicht mit dem Meckern aufhören und das Negative zu ändern versuchen!

Einen Spieler, einen Trainer, einen Funktionär, finanzielle Engpässe oder schlechte Anlagen für unangenehme Dinge, die Ihre Evaluation offenlegt, verantwortlich zu machen, ist die einfachste Sache der Welt. Statt dessen sollten Sie jedoch die Informationen, die Sie eingeholt haben, nehmen und nach *möglichen* Lösungen suchen. Wenn ein Bereich abgestützt werden muß, nehmen Sie die Herausforderung an, und tun Sie etwas. Dies ist immerhin auch das, was Sie von Ihren Spielern verlangen. Wir hätten alle gerne perfekte Anlagen und ein unbegrenztes Budget, aber wie in anderen Lebensbereichen auch, müssen wir lernen, mit dem, was wir haben, alles in unserer Macht Stehende zu tun.

Statistik

Wenn Sie Footballtrainern gegenüber das Wort „Statistik" erwähnen, denken die meisten an die Bilanz der Siege und Niederlagen einer Mannschaft. Es ist nicht zu leugnen, daß das Verhältnis der Siege zu den Niederlagen nach der Saison einen Teil Ihrer Evaluation ausmacht.

Es ist jedoch wichtig, daß Sie bei Ihrer Gesamtevaluation darüber hinausgehen. Spielt Ihre Mannschaft 5:5, kann dies bedeuten, daß sie sich auf dem auf- oder absteigenden Ast befindet. Eine Mannschaft, die 8:2 gewonnen hat, kann durchaus eine schwache Leistung geboten haben, während eine Mannschaft, die 2:8 verloren hat, trotzdem ihr Potential maximiert und ein solides Fundament für spätere Verbesserungen gelegt haben kann.

Andere Statistiken können genauso täuschend sein. Bedeutet es wirklich viel, wenn Sie 30 First Downs mehr als Ihre Gegner erreicht haben? Vielleicht haben die gegnerischen Spieler mit langen Läufen und Pässen gepunktet und haben sich nicht darum gekümmert, vor dem Punkten erst die Meßkette bewegen zu müssen! Die Statistik kann Ihnen bei der Programmevaluation sicherlich helfen, aber nur dann, wenn Sie sie klug interpretieren. Werfen Sie einen Blick auf das, was Sie während der Saison versucht haben zu erreichen (Ihre Ziele), nehmen Sie die Informationen aus der Evaluation der Stärken und Schwächen Ihrer Gegner, und bestimmen Sie dann, welche Statistiken für Ihr Programm aussagekräftig sind. Wenn Ihr Programm sich besser mit Ihren Zielen deckt, als dies am Ende der vorangegangenen Saison der Fall war, können Sie einen Fortschritt konstatieren.

Beginn von ganz unten
Als wir im Jahr 1962 unser High School-Programm begannen, war ich der dritte Chef-Footballtrainer dieser Schule in den letzten drei Jahren. Im Verlauf der beiden vorangegangenen Saisons hatte die Varsity-Mannschaft eine erbärmliche 1:17-Bilanz erreicht. Wir hofften, zwei Spiele zu gewinnen, um zumindest eine positive Einstellung zu gewinnen. Glücklicherweise gewannen wir im ersten Jahr vier Spiele und konnten die beabsichtigte positive Einstellung entwickeln. Im Jahr 1964 gewannen wir sechs Spiele, 1965 acht Spiele, und danach verloren wir über sechs Jahre hinweg kein einziges Mal mehr. Aber obwohl wir die Spitze erreichten, vergaßen wir nie, wo wir begonnen hatten und was es für ein Aufwand gewesen war, sich zu verbessern.

Kalkulieren Sie während dieses Teils Ihrer Evaluation Verletzungen ein. Vielleicht liegt ein mangelnder Fortschritt daran, daß einige Schlüsselspieler aufgrund von Verletzungen Trainingseinheiten oder Spiele verpaßt haben. Ist dies der Fall, sollten Sie darüber nachdenken, was Sie tun können, um ähnliche Verletzungen in der folgenden Saison zu vermeiden. Sprechen Sie die Verletzungsberichte mit Ihren medizinischen Betreuern durch. Entwickeln Sie Konditionstrainingsprogramme für Ihre Mannschaft, die die Spieler in der spielfreien Zeit absolvieren können. Warten Sie nicht darauf, daß in der nächsten Saison noch mehr Verletzungen auftreten und Sie dann sagen könnten: „Wenn wir nur gesund wären, lief alles besser."

Aufbau für die Zukunft

Denken Sie bei Ihrer Evaluation daran, daß Sie nicht der gleiche bleiben, egal, ob Sie sich verbessern oder verschlechtern. Football verändert sich dauernd, und das gleiche gilt für Ihre Spieler.

Greifen Sie auf das bei Ihrer Evaluation nach der Saison Gelernte zurück, und wenden Sie es in optimaler Weise auf die Situation an, mit der Ihr Programm in der folgenden Saison konfrontiert wird. Unabhängig vom Erfolg Ihrer vergangenen Saison wird im nächsten Jahr jeder fragen: „Was haben Sie in letzter Zeit für mich getan?"

Was haben Sie in letzter Zeit getan, oder noch besser, was hat das Football-Coaching für Sie bewirkt? Als College-Student spielte ich zuerst mit dem Gedanken, Ingenieur zu werden. Aber nach meinen ersten zwei Studienjahren an einem geisteswissenschaftlichen College wußte ich, daß ich Trainer werden wollte. Meine damaligen Sorgen sind auch heute noch präsent – daß so viele Trainer ihre Jobs verlieren und für den Spott, den sie oft ertragen müssen, finanziell nicht gut genug entschädigt werden.

Mein High School-Trainer, Leo Cabalka, war der Mann, der mich nach dem Tod meines Vaters sozusagen unter seine Fittiche nahm. Ich suchte ihn also auf, um meine Sorgen mit ihm zu diskutieren. Ich werde seine Worte nie vergessen. Er sagte: „Bob, Du hast recht. Du wirst als Trainer nie reich werden, aber ich kann Dir versichern, daß Du nie einen Job finden wirst, der Dir besser gefällt und den Du als befriedigender empfinden wirst."

Angesichts all der positiven Dinge, die mir im Trainerberuf widerfahren sind, bin ich sicher, daß der liebe Gott mich an den richtigen Ort gestellt hat, und die wahre Bedeutung der Worte von Coach Cabalka klingen mir noch laut und deutlich in den Ohren.

Die Evaluation Ihrer Position

Wenn Sie ein Kandidat für den Trainerjob sind, verleugnen Sie sich nie selbst. Versuchen Sie nie, eine Anstellung dadurch zu gewinnen, daß Sie den Leuten nach dem Mund reden. Sie können z.B. nicht sagen: „Ich spiele zwar die Wing-T-Formation in der Schule X, aber ich freue mich wirklich darauf, das Spiel mit einer Pro-Aufstellung in der Schule Z zu eröffnen." Wenn Sie anfangen, anderen das zu sagen, was diese Ihrer Meinung nach gerne hören möchten, verfangen Sie sich in Lügen und verlieren jegliche Glaubwürdigkeit. Das ist das, was ich an früherer Stelle in diesem Buch meinte, als ich Ihnen riet, zu jedem offen und ehrlich zu sein. Bleiben Sie sich selbst treu, und lassen Sie die Verwaltung entscheiden, ob Sie der Richtige für den Trainerjob sind.

Über Ehrlichkeit

Wir sagen Kindern: „Wenn Du immer die Wahrheit sagst, dann wirst Du immer die gleiche Geschichte erzählen und brauchst Dich nicht daran zu erinnern, welche Geschichte Du das letzte Mal erzählt hast." Das gleiche gilt für Erwachsene. Wenn Sie einem Menschen eine Geschichte erzählen, statt ehrlich zu sein, und einem anderen eine andere Geschichte, kann es passieren, daß beide Zuhörer das Gesagte vergleichen und herausfinden, daß Sie gelogen haben. Oder es kann sein, daß Sie vergessen, was Sie welcher Person erzählt haben. In jedem Fall haben Sie ein unnötiges Dilemma erzeugt, weil Sie nicht die Wahrheit gesagt haben.

Sie müssen ehrlich sein und hoffen, akzeptiert zu werden. Versuchen Sie einfach denjenigen, die sich für Sie als Trainer interessieren, Ihre Coaching-Philosophie schmackhaft zu machen; dann überlassen Sie ihnen zu entscheiden, ob sie Ihrer Philosophie oder der eines anderen Kandidaten den Vorzug geben. Einige Trainer sind bereit, ihre Seele für eine bestimmte Position zu verkaufen; so scheint es zumindest manchmal.

Ein Trainer an einem der angesehensten Colleges des Landes hat dies vor kurzem getan. Er verkaufte seine Seele und tat alles Mögliche, um den Job zu bekommen, den er immer haben wollte. Er mußte dann aber die Peinlichkeit ertragen, schlimmer zu scheitern als alle anderen, die an dieser Schule Trainer gewesen waren. Wenn Sie nicht bereit und sich nicht sicher sind, den Job leisten zu können, oder wenn Sie nicht den Preis zahlen wollen, um dem Job gerecht zu werden, sollten Sie die Finger davon lassen.

Es kann hilfreich sein, einige Nachforschungen hinsichtlich des Jobs anzustellen. So kann es nützlich sein zu wissen, welchen Stil die von Ihnen anvisierte Schule verwendet hat, mit welcher Art von Spielern Sie es zu tun haben werden und welche Gegner Sie schlagen müssen, um Ihren potentiellen Arbeitgeber zu beeindrucken. Wenn Sie dies wissen, können Sie zeigen, daß Sie wirklich interessiert sind. Sie können aus solchen Nachforschungen zwar keine konkreten Entscheidungen ableiten, aber es dient der Schaffung Ihrer eigenen Informationsgrundlage und ist gut für Ihre Public Relations. Es ist das gleiche wie bei jedem Vorstellungsgespräch in jeder Art von Busineß, zu dem Sie eingeladen werden könnten. Sie brauchen Hintergrundwissen, um überzeugend darlegen zu können, was Sie in der intendierten Position tun würden.

Andererseits sollten Sie sich nicht allzuviele Gedanken darüber machen, was die Schule in der Vergangenheit gemacht hat. Ich würde mir nicht allzuviele Filme ansehen, mit Ausnahme vielleicht der Filme, die Ihre zukünftigen Gegner zeigen. Sie wollen den zurückkommenden Spielern ja schließlich nicht mit Vorurteilen gegenüberstehen; warten Sie ab, und beurteilen Sie sie auf der Basis des Spiels, das sie Ihnen in Ihrem System zeigen.

Es kann auch hilfreich sein, mit anderen Trainern über die Position, mit der Sie liebäugeln, zu sprechen, obwohl ich es stets vorgezogen habe, mir selbst ein Bild von der Situation, die mich erwartet, zu machen. Wenn ich dann die Gelegenheit der Entscheidung hatte, war ich stets unabhängig genug, das Angebot abzulehnen, wenn ich etwas sah, das mir nicht paßte.

Ein Job, den niemand anders wollte
Ich glaube, daß ich meinen ersten Job annahm, weil niemand anders ihn haben wollte. Das Programm war wirklich schlecht und die Mannschaft hatte eine lange Serie von Niederlagen hinter sich. Aber ich wollte den Job so dringend, ich wollte so gerne Cheftrainer sein, daß ich bereit war, alles zu nehmen. Natürlich machte ich mir Gedanken über den Job; aber ich war noch jung und unerfahren, und ich dachte, wir würden schon gewinnen. Wir gewannen auch, aber ich frage mich, ob ich die Zeit gehabt hätte, mich so intensiv in der Schule zu engagieren, wenn ich zum damaligen Zeitpunkt eine Familie gehabt hätte.

Coaching-Ebenen

Ich könnte an der Geneseo High School oder am Augustana-College gleichermaßen zufrieden sein. Coaching ist Coaching, egal, auf welcher Ebene Sie es betreiben. Das Problem zahlreicher Trainer und der Grund, warum es ihnen nicht gelingt, jemals eine Grundlage zu schaffen, ist, daß sie sich zuviele Gedanken über ihre Karriereleiter machen, über die Möglichkeit, an einer größeren Schule zu unterrichten, an einem großen College oder in der Profiliga.

Es liegt in der Wettbewerbsnatur des Menschen, daß er immer eine andere Ebene ausprobieren will, daß er stets sehen will, ob er nicht noch höher kommen kann. Mit Sportlern verhält es sich ebenso. Ein Sportler ist stets bemüht, sich auszutesten. Ich frage mich, wie viele Jungs, die das College verlassen, gerne eine Chance bekommen würden, in einer Profimannschaft zu spielen und zu sehen, ob sie auf dieser Ebene spielen können. Mit dem Coaching verhält es sich ebenso. Ich glaube, alle von uns würden gerne einmal ausprobieren, wie gut wir auf der nächsten Leitersprosse zurechtkämen. Sie erweisen den Spielern Ihrer Mannschaft jedoch einen Bärendienst, wenn Sie sich nicht auf die Gegenwart konzentrieren und ihnen die beste Gelegenheit geben, erfolgreich zu sein.

Es gibt keinen Trainer, der nicht gerne einmal die Herausforderung annähme, an der Seitenlinie einem Ken Hatfield oder einem LaVell Edwards gegenüberzustehen. Dies bedeutet nicht, daß sie ebenso erfolgreich wären, aber sie würden gerne einmal herausfinden wollen, wie sie mit dieser Situation umgehen würden. Es verhält sich ähnlich wie mit der Frage: Warum besteigen Sie den Berg? Weil er da ist. Warum suchen Trainer nach herausfordernden Positionen? Weil es sie gibt – eben weil sie herausfordernd sind.

Mein Ratschlag ist, dort, wo Sie sich gerade befinden, alles in Ihrer Macht Stehende zu tun. Sitzen Sie nicht da und schauen sich andere Programme an und sagen: „Junge, wenn ich dieses Spielermaterial hätte [oder wenn ich am Notre-Dame-College wäre], würde ich die nationale Meisterschaft gewinnen." Das ist der schlimme Fehler, den Trainer manchmal begehen: Sie machen sich zuviele Gedanken über das, was andere haben, mit der Konsequenz, daß sie sich nicht mehr darauf konzentrieren können, ihre Programme zu den bestmöglichen zu machen.

Kein Trainer kann alles gewinnen; irgendwann wird jeder einen Rückschlag erleiden. Und selbst der konzentrierte Trainer fragt sich, ob eine bestimmte Niederlage oder eine schlechte Saisonbilanz seiner Karriere schaden wird. Dies wird nicht der Fall sein, wenn Sie sonst alles richtig machen. Jeder wird dann einsehen, daß es sich um einen Ausrutscher handelte.

Egal, wo er sich befindet, jeder Footballtrainer kann so gut sein, wie es ihm möglich ist. Er setzt seine Arbeit auf einer einmal geschaffenen Basis fort. Die Leute haben mich nach dem Druck gefragt, den es bedeutete, einige unserer langen Siegesserien durchzuhalten. Natürlich will ich, daß unsere Mannschaft am Freitagabend bzw. am Samstag oder wann immer wir spielen erfolgreich ist. Aber ich weiß auch, daß der Druck nicht nachlassen wird. Ich versuche, jede Woche so gut wie möglich zu sein, und wenn dies nicht gut genug ist, muß ich befürchten, daß jemand anders meinen Job übernehmen und mehr Erfolg haben wird, oder andernfalls auch bald gehen muß. Während Spielen unter hohem Druck oder Siegesserien ist es für mich am wichtigsten, daß ich mir sicher bin, so gut zu sein, wie es mir möglich ist. Das ist entscheidend.

Wenn Sie alles tun, was Sie tun können und trotzdem scheitern, können sie zumindest Ihren Kopf beim Rausgehen hochhalten. Wenn Sie nach einer Niederlage jedoch sagen „Ich wünschte, ich hätte den Gegner vorher genauer beobachtet oder ich hätte dieses oder jenes getan", dann müssen Sie sich im nachhinein kritisieren. Das gleiche gilt für das geschäftliche Leben. Der Geschäftsmann muß sich fragen: „Habe ich alles Erdenkliche getan, um den Handel unter Dach und Fach zu kriegen?" Vielleicht hat er am Donnerstagnachmittag Golf gespielt und deswegen ein Geschäft verpaßt und muß sich aufgrunddessen jetzt „Was-wäre-wenn"-Fragen stellen. Im nachhinein würde jeder gerne sicher sein, alles getan zu haben, was er tun konnte.

Karriereziele

Besteht Ihr Ziel darin, den angesehensten Cheftrainerposten im Land zu bekommen? Sollte dies der Fall sein, dann streben Sie diesen Posten an. Seien Sie jedoch darauf vorbereitet, daß Sie es nicht schaffen. Wenn Ihr Ehrgeiz sich jedoch andererseits darauf beschränkt, in Ihrer jetzigen Position zu bleiben und sich nicht zu verändern, dann sollten Sie nicht sagen, daß Sie diesen Job hätten haben *können* oder daß Sie ihn gewollt haben.

Ich wurde mit einem lustigen Aspekt des wettbewerbsorientierten Wesens des Menschen konfrontiert, als ich mit Mike White über das Angebot eines Vertrags auf Lebenszeit sprach, das die U.S.F.L. Howard Schnellenberger gemacht hatte. Ich sagte Mike spaßeshalber, daß er so einen Vertrag annehmen und bis zu seiner Pensionierung für 100.000 Dollar im Jahr coachen solle. Uns beiden war jedoch klar, daß er so etwas gar nicht hätte tun können, denn Mike muß diesen Wettbewerb spüren, diesen Kampf ums Überleben an jedem Wochenende. Ein derartiger Vertrag hätte seiner wettbewerbsorientierten Natur widersprochen. Er hätte dem Coaching den Kitzel genommen, denn das Spielergebnis hätte nicht mehr gezählt. Ich bin sicher, daß viele Trainer einen derartigen Vertrag nicht durchhalten würden. Es ist daher erstaunlich, daß so viele von einem Langzeitvertrag träumen. Einer der größten Trainer, Woody Hayes, hatte mehr als 20 Einjahresverträge an der Ohio State University.

Die Größe und der gute Ruf der Schule, an der Sie coachen, sind häufig nicht so wichtig wie die ökonomischen Vorteile und die Sicherheit. Und wenn Sie ein Vater sein sollten, der für das Einkommen seiner Familie verantwortlich ist, glaube ich, daß Sie es Ihrer Frau und Ihren Kindern schuldig sind, die beste sich anbietende Gelegenheit zu ergreifen, vorausgesetzt, es handelt sich um eine Position, die sich mit Ihrem Wertesystem deckt.

Ich könnte mit einem Trainerposten an einer High School noch immer glücklich sein, aber ich glaube, daß der Wechsel ans Augustana-College für mich und meine Familie am besten war. Ich habe mir alles gut überlegt und bin aus den folgenden beiden Gründen ans Augustana-College gewechselt:

- *Ich wollte beweisen, daß meine Methoden im College-Football genauso erfolgreich wie im High School-Football sind.* Aufgrund des ungewöhnlichen Erfolges, den ich im High School-Football hatte, wollte ich einfach einmal sehen, ob mein System auch woanders funktionieren würde. Obwohl ich von dem, was wir taten, sehr überzeugt war, war ich neugierig, ob es auch auf College-Ebene funktionieren würde, wo ich es vorher noch nie ausprobiert hatte. Ich hatte das Gefühl, daß das Coaching an einem kleinen College mir die Gelegenheit geben würde zu zeigen, daß meine Methode Hand und Fuß hatte und auch auf dieser Ebene funktionieren würde.
- *Ich wollte das Beste für meine Familie tun.* Ich habe eine sehr große Familie. Und da das Augustana-College keine Studiengebühren für die Kinder der Col-

lege-Angestellten erhebt, habe ich die Gelegenheit, meine Kinder an einem sehr guten College ausbilden zu lassen, wenn sie diesen Ausbildungsweg wählen. Obwohl jeder Job, den ich jemals annehmen würde, auch eine größere berufliche Herausforderung darstellen müßte, wäre es mir wichtiger, eine bessere Situation für meine Familie zu erreichen, aber auch für meine Assistenztrainer, denen gegenüber ich mich verantwortlich fühle.

Zusammenfassung

In diesem abschließenden Kapitel wurden verschiedene Ergebnisanalysen beschrieben, die jedes gute Footballprogramm am Ende einer Saison vornehmen sollte. Die entscheidenden Punkte sind zusammengefaßt:

1. Studieren Sie die großen Programme und verwenden Sie sie als Prototypen, um Ihnen bei der Evaluation und Verbesserung Ihres eigenen Programms behilflich zu sein.
2. „Bleiben Sie sich selbst treu." Seien Sie ehrlich bei Ihrer Selbsteinschätzung, bei der Einschätzung Ihrer Mitarbeiter und Ihrer Mannschaft.
3. Versuchen Sie, von Ihren Spielern und Ihren Trainerkollegen wertvolle Informationen über den Zustand Ihres Programms zu erhalten.

4. Gehen Sie bei Ihrer Evaluation hart, aber optimistisch vor. Fürchten Sie sich nicht davor, auf Negatives zu stoßen; sollte dies der Fall sein, entwickeln Sie positive Lösungen.
5. Blicken Sie stets nach vorne. Im Sport ist Ruhm eine flüchtige Angelegenheit, geben Sie sich als nicht so leicht mit Ihrem Programm zufrieden. Genießen Sie Ihre Erfolge, arbeiten Sie an Ihren Fehlern, und denken Sie stets daran, daß Sie Teil eines großen Spiels sind, nämlich des Footballspiels.

Anhang

Beispielhafter Trainingsplan für die Vorsaison

1. Woche		Mi.	Do.	Fr.	Sa.	So.	Mo.	Di.
		ohne Schutzpolster						
Stretching	F	✔•	✔•	✔•	K	✔•	✔•
Konditionsstationen	I	✔•	✔•	✔	E	✔	✔
Schußspiel	T				I		
Punt	N	✔•	✔•	✔•	N	✔•	✔•
Punt-Deckung	E	✔•	✔•	✔•		✔•	✔•
Punt-Return	S		✔•	✔•	T	✔•	✔
Kickoff (Anstoß)	S				R		•
Kickoff-Deckung	T			✔•	A	✔•	✔•
Return	E				I		•
Extrapunkt	S				N		✔•
Individualübungen (Line/Backs)	T	✔•	✔•	✔•	I	✔•	✔•
Gruppenübungen – Offense		•	✔•	✔•	N	✔•	✔•
Wing-T-Serie		•	✔•	✔•	G	✔•	✔•
Inside Belly			✔•	✔•		✔•	✔•
Outside Belly			✔•	✔•		✔•	✔•
Trap-Serie						✔•	✔•
Play-Action-Pässe							✔•
Dropback-Pässe							•
Gruppenübungen – Defense							
Position		•	✔•	✔•		✔•	✔•
Slant		•	✔•	✔•		✔•	✔•
Stunts		•	✔•	✔•		✔•	✔•
Deckung		•	✔•	✔•		✔•	✔•
Mannschaftstraining							
Huddle		✔•	✔•	✔•		✔•	✔•
Aufstellung (Formationen)		✔•	✔•	✔•		✔•	✔•
Scrimmage (passiv)			✔•	✔•		✔•	✔•
Scrimmage (live)				✔•		✔•	✔•
Testspiel							

2. Woche	Mi.	Do.	Fr.	Sa.	So.	Mo.	Di.
Stretching	✔•	✔•	✔•	•	K	•	•
Konditionsstationen	✔	✔	✔	•	E	•	•
Schußspiel					I		
Punt	✔•	✔•	✔•		N	•	•
Punt-Deckung	✔•	✔•	✔•			•	•
Punt-Return	✔•	•	✔•		T	•	•
Kickoff (Anstoß)		✔			R	•	•
Kickoff-Deckung		✔			A	•	•
Return		✔			I		•
Extrapunkt	•	•			N	•	•
Individualübungen (Line/Backs)	✔•	✔•	✔•	•	I	•	•
Gruppenübungen – Offense	✔•	✔•	✔•		N	•	•
Wing-T-Serie	✔•	✔•			G	•	•
Inside Belly	✔•	✔•	✔•			•	•
Outside Belly	✔•	✔•	✔•			•	•
Trap-Serie	✔•	✔•				•	•
Play-Action-Pässe	✔•	✔•	✔•			•	•
Dropback-Pässe	✔•	✔•	✔•				•
Gruppenübungen – Defense							
Position	✔	✔•	✔•			•	•
Slant	✔	✔•	✔•			•	•
Stunts	✔	✔•	✔•			•	•
Deckung	✔	✔•	✔•			•	•
Mannschaftstraining							
Huddle	✔	✔•	✔•			•	•
Aufstellung (Formationen)	✔	✔•	✔•			•	•
Scrimmage (passiv)	✔	✔•	✔•			•	•
Scrimmage (live)	✔	✔•	✔•			•	•
Testspiel				•			

3. Woche	Mi.	Do.	Fr.	Sa.
Stretching	•	•	•	E
Konditionsstationen	•	•		R
Schußspiel				S
Punt	•	•	•	T
Punt-Deckung	•	•	•	E
Punt-Return	•	•	•	S
Kickoff (Anstoß)	•	•	•	
Kickoff-Deckung	•			S
Return				P
Extrapunkt	•	•	•	I
Individualübungen (Line/Backs)	•	•		E
Gruppenübungen – Offense	•	•		L
Wing-T-Serie	•	•		
Inside Belly	•	•		
Outside Belly	•	•		
Trap-Serie	•	•		
Play-Action-Pässe	•	•		
Dropback-Pässe	•			
Gruppenübungen – Defense				
Position	•	•		
Slant	•	•		
Stunts	•	•		
Deckung	•	•		
Mannschaftstraining				
Huddle	•	•	•	
Aufstellung (Formationen)	•	•	•	
Scrimmage (passiv)	•	•		
Scrimmage (live)	•	•		
Testspiel				

Anmerkung:
Aufgrund einiger später Unterrichtsstunden führen wir auch ein sogenanntes Vortraining von 10 bis 15 Minuten Länge durch (z.B. von 15.30 bis 15.45 Uhr). In diesem Vortraining läuft die Offense Paßrouten gegen eine Skelett-Defense. Die Positionstrainer arbeiten mit ihren Gruppen und sprechen durch, worauf sie sich an dem betreffenden Tag im Training einzustellen haben. Während des Trainings in der Woche vor unserem ersten Spiel ist unsere gesamte Gruppenarbeit auf den in dieser Woche erwarteten Gegner ausgerichtet. ✔ = morgens; • = nachmittags

Sport und Freizeit

Dieter Niedlich
Handbuch für Baseball

250 Seiten, 20 Fotos,
200 Zeichnungen, geb.,
14,8 x 21 cm

ISBN 3-89124-186-0
DM 34,-
SFr 31,60/ÖS 248,-

Schmeilzl/ Church
Baseballtraining

200 Seiten, 100 Abbildungen,
Broschur, 14,8 x 21 cm

ISBN 3-89124-236-0
DM 29,80
SFr 27,70/ÖS 218,-

Big Shots Sport Edition
Benedikt Röskau
Baseball
Video (35 min)

ISBN 3-89124-364-2
DM 39,80
SFr 37,-/ÖS 295,-

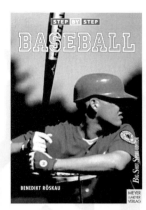

Deutscher Baseball und
Softball Verband e.V. (Hrsg.)
Regelheft Softball

264 Seiten, Broschur,
TB, 10,5 x 14,8 cm

ISBN 3-89124-291-3
DM 20,-
SFr 19,40/ÖS 146,-

Deutscher Baseball und
Softball Verband e.V. (Hrsg.)
Regelheft für Baseball

2. überarb. Aufl. 1996
171 S., Broschur, TB, 10,5 x 14,8 cm

ISBN 3-89124-394-4
DM 15,-
SFr 14,60/ÖS 110,-

Fordern Sie unser kostenloses Gesamtverzeichnis an:

MEYER & MEYER • DER SPORTVERLAG

Von-Coels-Str. 390 · D-52080 Aachen · Tel. 0241/55 60 33-35 · Fax 0241/55 82 81

Sport mit Format

Hannes Neumann
Basketballtraining

2. Auflage
208 Seiten, 234 Abbildungen,
geb., 14,8 x 21 cm

**ISBN 3-89124-095-3
DM 34,–
SFr 31,60/ÖS 248,–**

Dieter Niedlich
Streetballtraining

136 Seiten, Fotos und Zeichnungen,
Broschur, 14,8 x 21 cm

**ISBN 3-89124-239-5
DM 24,80
SFr 23,-/ÖS 181,–**

Jay Mikes
**Handbuch für Basketball
FundaMENTALES Training**

216 Seiten, 22 Zeichnungen, Tab.,
geb., 14,8 x 21 cm

**ISBN 3-89124-077-5
DM 34,–
SFr 31,60/ÖS 248,–**

HOMeRUN

Das offizielle Baseball- und
Softballmagazin des Deutschen
Baseball und Softball Verbandes e.V.

**Jahresabo (10 Hefte/ Jahr inkl.
Porto) DM 38,-/SFr 35,30/ÖS 278,–
Einzelheft (inkl. Porto) DM 6,-/
SFr 6,-/ÖS 47,– / Doppelnummer
DM 9,80/SFr 9,80/ÖS 72,-**

Fordern Sie unser kostenloses Gesamtverzeichnis an:

MEYER & MEYER • DER SPORTVERLAG
Von-Coels-Str. 390 · D-52080 Aachen · Tel. 0241/55 60 33-35 · Fax 0241/55 82 81